21世纪高职高专系列教材

（市场营销类）

国家级试点专业市场营销示范教材

丛书总主编　彭代武　黄金火

现代企业管理

第二版

主　编　姚　莉

副主编　付家荣　宋茂华

图书在版编目(CIP)数据

现代企业管理/姚莉主编;付家荣,宋茂华副主编.—2版.—武汉:武汉大学出版社,2010.8
21世纪高职高专系列教材(市场营销类)/彭代武,黄金火总主编
ISBN 978-7-307-07973-1

Ⅰ.现… Ⅱ.①姚… ②付… ③宋… Ⅲ.企业管理—高等学校:技术学校—教材 Ⅳ.F270

中国版本图书馆CIP数据核字(2010)第127162号

责任编辑:柴 艺　　责任校对:刘 欣　　版式设计:马 佳

出版发行:**武汉大学出版社** (430072 武昌 珞珈山)
(电子邮件:cbs22@whu.edu.cn 网址:www.wdp.com.cn)
印刷:湖北民政印刷厂
开本:720×1000 1/16 印张:21 字数:374千字 插页:1
版次:2004年9月第1版 2010年8月第2版
2010年8月第2版第1次印刷
ISBN 978-7-307-07973-1/F·1380 定价:28.00元

总 序

江泽民同志在党的十五大报告中指出："培养同现代化要求相适应的数以亿计高素质的劳动者和数以万计的专门人才，发挥我国巨大人力资源的优势，关系到21世纪社会主义事业的大局。"随着社会主义市场经济体制的建立与完善，市场营销在国民经济中发挥的作用越来越大。培养和造就大批高素质的营销专门人才，既是党中央、国务院对我们提出的要求，又是社会经济发展的迫切需要。近几年来，围绕深入贯彻党的教育路线、方针、政策，从经济全球化的发展趋势出发，对高职高专教育市场营销专业人才培养模式的探索，成为开设市场营销专业的高职高专院校教学改革的重要内容。

由于高职高专市场营销专业具有较强的实践性和操作性，因而该专业的人才培养必须适应社会实践变化的要求，按社会主义市场经济的人才需求规律，对专业的教与学进行改革与调整。课程建设与教材建设作为学科建设的重要组成部分，是改革中十分重要和必须首先解决的问题。市场营销专业改革就是要围绕培养合格的市场营销人才这个中心，使课程体系、教学内容和方式进一步得到改善，从而推动专业建设和教学改革的全面展开。

湖北经济学院市场营销专业1998年被湖北省教育厅确定为重点专业，2001年被国家教育部确定为首批改革试点专业，2004年通过省教育厅专家组验收。其中，实现产学研结合、校企联合培养的"订单"式教育教学模式得到了全社会和专家组的好评与认同。

这套由湖北经济学院牵头组织编写的市场营销专业系列教材，正是该校专业改革试点中教材建设成果的一次展示，是高职高专市场营销专业的示范性教材。第一批推出的教材包括《市场营销导论》、《推销技巧》、《商务谈判技术》、《连锁经营》、《营销调研》、《网络营销》、《现代企业管理》、《服务营销》和《营销策划》。此系列教材是在湖北省教育厅领导的关心和指导下组织编写的，湖北省教育厅高教处对这套教材的编写作了具体部署与安排；全国优秀出版社武汉大学出版社承担了这套教材的出版任务；湖北经济学院工商管理学院市场营销系负责组织和发动全省及外省部分高职高专院校的专业教师进行编写。武汉大学出版社组织市场营销学方面的有关专家对本套教材进行了审定，得到了专家们的肯定。教材紧紧围绕高职高专人才培养目标，按照适用、实用、够用的改革要求，注意对传统教学内容的更新，将最新的专业理论与实践内容充实进教材；注重通俗易懂，内容上按照适用、实用、够用的原则决定取舍，并突出理论联系实际的特点；体例上尽可能做到全面、适用、实用、新颖，每门教材按照各自的特点有选择性地给出教学目标、教学重点与难点、教学内容、教学小结和复习思考题、案例训练。概括起来说，该系列教材具有适用性、实用性、新颖性和示范性等特点，是高职高专院校市场营销专业的必备和首选教材，是财经类、其他管理类专业开设该类课程时的理想教材。

按照“订单”教育“市场点菜，学校与企业联合烹调，企业与学生共同买单”的人才培养思路，教材的选用必须适应新的人才培养模式的要求，尤其要突出实用性，加大实践性教学的比例。只有这样，才能培养和造就出一大批适应现代化人才市场需求的实用型专门人才。相信这套系列教材的推出，必将对推动高职高专教育教学改革的进一步深入，推动高职高专教材建设的进一步发展做出贡献。

丛书编委会

2004 年 7 月 21 日

第二版前言

全球经济一体化和知识经济的发展对当前世界有着深刻而全面的影响。世界各国的经济都面临着新的机遇和挑战，企业管理体系同样面临着许多重大变革，如环境的急速变化、生产方式的变革、科学技术创新的发展、企业组织模式的变革、社会关系的日益复杂，等等。与此同时，管理的作用愈发重要，管理对经济发展的巨大贡献也愈来愈为我国企业界所认识。为尽快培养一大批创新型的高素质经营管理人才，我们编写了这部教材。

我国每个企业既是国民经济的“细胞”，同时又是一个自主经营、自负盈亏、自我发展、自我约束的独立经济实体，是一个集中了各种生产要素并与外部环境发生物质与能量交换的投入产出系统，具有计划、组织、指挥、协调、控制以及创新的多方面功能。企业是否具有活力和生机，是关系到市场经济这一肌体是否具有生命力的关键性因素，同时也关系到国家的兴旺、经济的发展和社会的进步。因此，要使我国经济建设持续健康发展，就必须使企业充满活力，必须进一步加强和完善企业管理，迅速提高企业的经营管理水平，提高企业竞争力和竞争优势，实现企业健康和可持续发展。

本教材较系统地介绍了现代企业管理的基本理论和现代管理技术。本书坚持辩证唯物主义指导思想，以融合提炼、继承创新为原则，将我国企业管理的经验与国外企业的先进管理技术相结合，充分吸收反映本学科的最新知识和研究成果，兼顾基本理论、基础知识教育和实践性教学两个方面，以理论知识教育为核心，以专业管理为主线，适当增加图、表、案例思考内容的比例，强化知识的应用性、可操作性。本书体系完整、内容丰富、注重定性与定量分析结合，方法介绍全面，本次修订增删了部分内容，使本书的内容能够符合我国企业管理发展的客观需要，特别是为适应应用型人才培养需要，增加了较多的案例及练习。本书适用于高等财经院校和各类成人教育院校选作教材，也能满足各公司（集团）举办研究班、进修班的需要，亦可作为自学者的参考用书。

本教材是集体合作的成果，在编写过程中，我们广泛参阅了国内外企业管理的著作及其他资料文献，在内容上力求做到科学、丰富、操作性强；在结构上努力实现系统、合理、严谨。由于时间和水平的限制，本书尽管多次修改，但不妥之处恐难免除，恳请同行、企业管理人员和广大读者提出批评指教。本书由姚莉教授担任主编，并负责编写大纲及全书的统稿工作；付家荣教授、宋茂华老师任副主编。具体分工如下：姚莉（第一章、第三章、第十二章、第十三章、第十五章、第十八章）、宋茂华（第二章）、李巍（第四章）、傅晓明（第五章）、张林（第六章）、陈金波（第七章）、王国红（第八章）、牛毅君（第九章、第十六章）、陶君成（第十章）、付家荣（第十一章）、廖靓（第十四章）、陈黎（第十七章）。在此书的改版过程中，得到了湖北经济学院工商管理学院领导与同事们的大力支持，在此表示感谢。本书编写中参阅了大量的文献与资料，在此也一并向作者表示诚挚的谢意。

编　者

2010年7月

目　录

第一章　企业与企业管理概述

【教学目的与要求】 明确企业的概念、起源及其特征；了解现代企业的责任、权利和利益；掌握企业的类型划分以及企业系统及其系统特征；深入理解管理的内涵、特征，并明确企业管理各基本要素的功能。

企业管理的对象就是企业，因此，全面正确地认识企业是研究和搞好企业管理的立足点与出发点。本章主要论述企业的含义和属性、企业的创立与使命、企业类型等内容，以便能对企业有较全面的了解，为学习企业管理打下基础。

第一节　企业与企业特征

企业是现代社会经济的基本单位，它在一定的环境中生产和发展，并根据社会需要和自身目标进行选择、决策。企业管理是国民经济诸管理中的基础管理，基础管理的优劣，不仅反映国民文化的程度和政府的效能，而且直接影响各个方面的效益水平，企业活力决定国民经济的活力。

一、企业的含义

企业是从事生产、流通、服务等经济活动，以产品或劳务满足社会需要并获得赢利，自主经营、自负盈亏、依法设立的经济实体，是社会经济的基本单位。

企业是一个经济概念。企业（firm，在西方经济学中又称为厂商）是自商品经济产生之后就存在的一种经济组织形式。在现代市场经济中，企业已经成为最为重要的经济组织。但是，企业是什么？这个看起来很简单的问题并不容易回答。因为站在不同的角度，人们所看到的是企业的不同性质，给企业所下的定义也就必然不同。据一些西方经济学家统计，仅在经济学领域，理论家给企业所下的定义就达几十种。

古典经济学家和当代产权经济学家给企业所下的定义影响较大。古典经济学对企业的分析框架是一个生产单位，认为企业的功能是把土地、劳动、资本等生产要素投入转化为一定的产出，将企业的本质归结为技术关系。在每一种既定的技术条件下，都存在一个与之对应的生产函数。技术进步就决定着投入与产出的对应关系。古典经济学从技术这一生产力的角度来定义企业符合企业产生与发展的历史，有一定的科学性。但它不能解释为什么在同一技术条件下、同一行业中，企业的规模会不同，甚至同一企业在不同的时期有不同的规模边界。

产权经济学认为，企业是一种制度，是市场的替代物。企业最本质的功能不是它的技术特征，而是它的“取代市场，节约交易成本”的制度特征。产权经济学发现：古典经济学将企业当作一种生产函数来处理是不完全的，因为人们既可以结合成企业来进行生产，实现自己的利益；也可以依靠市场，通过出售自己的产品来实现自己的利益。那么，为什么人们要结合为企业，并且企业的规模还大小不等，内部包括的生产过程多少不一呢？产权经济学认为主要是交易费用的影响。企业的本质是替代市场的一种制度。当代产权经济学对企业本质的观点抓住了现代企业的特征，对于我们认识企业的内部结构，确定企业的合理边界，把握企业的行为模式有着现实意义。

我国在很长的一个时期实行的是计划经济体制。虽然我们也将众多的生产单位称为企业，但是我们并没有将其当作市场经济中那样的企业来对待。我国对企业本质的重新认识是随着社会主义经济改革实践的不断深入而深入的。随着对社会主义经济的重新认识和社会主义市场经济体制的确立，随着企业改革的不断深入，我们认识到，企业是一个独立的经济主体，是市场经济的微观基础。时至今日，我国理论界形成了这样一个基本上为各方都能接受的企业定义：企业是一个独立的商品生产者，是以营利为目的，自主经营、自负盈亏、自我约束、自求发展的经济实体。

二、企业的特征

（一）企业是一个和商品生产相联系的历史概念，它是商品生产的产物

人类社会生产活动是社会化活动。生产力发展水平不同，社会化程度不同，生产组织的形式也不同。任何一个社会形态，总有与它的生产力水平相适应的一定形式的基本生产单位。企业是商品经济发展到资本主义机器大工业时代的产物，随着商品经济的高度发展和机器的采用，逐渐出现了资本主义生产方式，社会生产组织形式发生了根本变化。社会生产的基本单位由家庭或作坊

逐步演变成由资本家雇用大批工人、使用现代化生产设备、高度社会化的企业。世界上第一个工厂企业是1771年在英国建立的。企业从其诞生到现在一直处于不断发展之中，具体形态变得越来越丰富多样。由于资本的集中和积累，企业规模和组织形式也在不断发展和变化。

（二）企业具有两重性质

商品具有两重性，作为商品生产者的企业，同样具有生产力和生产关系两重性。在现代市场经济中，企业不仅是社会生产力最微观的组织形式，而且也是社会生产关系最基本的实现形式。

从生产关系方面来看，决定企业性质最主要的因素仍然是企业生产资料的所有制属性。站在产权经济学的立场上来分析，企业是由出资人、劳动者、经营者构成的一个契约，企业家居于这个契约的中心，在企业中，出资人的利益居于最重要的地位。

从生产力的角度来看，企业作为生产力组织形式和商品经济的基本单位，其技术和组织特征是：

（1）企业是从事生产、流通、服务等活动的经济组织，它聚集一定数量的劳动者，为共同的生产目的服务并组成特殊的生产经营体系。

（2）企业生产经营的成果（产品或劳务），通过交换与消费者或其他生产单位发生经济联系，满足一定的社会需要，同时获得赢利。

（3）企业具有独立的经济权益，为了自身的发展，为了获得更多、更大的利益，它主动地、积极地发展自己的生产力。

（4）企业是社会经济的细胞、社会生产力的源泉，是人类物质财富的直接创造者，企业生产力的总和构成社会生产力。企业又是国民经济的细胞，在整个社会经济中具有举足轻重的地位和作用。企业的素质和效益是整个国民经济效益的基础。一个国家综合国力的大小，主要取决于该国企业经济力量的大小。

（三）企业是社会经济的基本单位

企业是一个自主经营、自负盈亏，具有自我改造和自我发展能力，有独立的经济利益的经济实体。

1. 企业必须是以营利为目的，从事商品生产和经营的经济组织

企业区别于从事非经济活动的学校、医院、政府机关等单位，区别于政党、军队等政治组织，以及宗教团体等社会组织。只有那些从事商品生产和经营的经济组织，才能划到企业这个范畴内。

2. 企业必须是自主经营、自负盈亏的经济组织

营利性的经济组织并非都能称为企业。一些工厂或分公司虽然独立核算，盈亏也同其经济利益挂钩，但是，它们不拥有属于自己的资产，投资决策权等一些重要的经营管理权掌握在它们上面的公司手中，不能也不应该承担自负盈亏的责任，因而不可能完全自主经营。所以，这些工厂、分公司不能称为企业，它们上面的公司才是真正的企业。

3. 企业必须是具有法人资格的经济组织

即企业必须严格依照法律规定的程序依法设立，具有法人资格，取得社会的承认，履行义务，拥有相应的权利，并受到法律的保护。

总之，企业是人类社会生产力发展到一定阶段的产物，特别是商品经济发展到一定程度的产物。尽管从其诞生至现在一直处于不断发展之中，具体形态变得越来越丰富多样，但就其本质而言，它始终是从事商品生产和经营的经济组织。

第二节　企业的创立及使命

一、企业的创立

创办一个企业不仅可以带来新的产品、服务和物质财富，推动技术创新和组织的变革，而且能够创造大量就业机会，使社会收入的分配更趋公平。那么如何才能更好地创立一个企业呢？众多企业家的成功经验告诉我们，以下几项内容是必不可少的。

（一）选择合适的行业

当今社会的发展使得行业之间分工越来越细，各种新的行业层出不穷。在这些行业之间既存在着差异，又有着千丝万缕的联系。面对日益复杂多变的经营环境，企业如果贸然进入，必将付出惨痛的代价。怎样降低创业风险？如何对行业进行理性的分析评判？只有当我们对某一行业有了全面系统的了解，并确信自己可以在该行业获得一席之地，才可以开始创业。

（二）确定可行的战略

面对瞬息万变的各种机遇和挑战，如何巧妙地回避风险，抓住机遇，迅速形成强大的竞争优势，成为企业创业成败的关键。为此，创业者必须根据对外部环境和内部条件的系统分析，确定企业发展的总体战略目标和方针，制定有效的战略方案，使企业获得有利的竞争地位，并确保这种优势能够长期保持下去。

（三）创建组织与队伍

当创业者制定出切实可行的战略方案后，有效的人力资源管理将提高创业成功的可能性。因为任何战略在最初都只是个美好的愿望，要想将它变为现实必须依靠一支高素质的员工队伍。只有企业的各个部门、各个岗位都配置了合适的人员，企业的各项工作才能按战略设计的要求正常运转。因此，创业者必须在最短的时间内，集合最优秀的人才，把企业的远景化为众人的目标，团结奋斗，实现企业和员工的共同发展。

（四）筹措必要的资金

企业在初创时期必须对资金的筹措制定详细周密的计划，做好充分的准备，以应对随时可能发生的不可测事件。具体来讲就是，首先，明确所筹资金应包括员工工资报酬、生产费用、固定资产投资、市场营销费用及日常管理费用等几个方面，同时应该做好在一段时间只有支出而无收入的心理准备。其次，若感到资金缺口明显，则应设法收缩原创业计划的规模，以适应投资额，以免产生较大风险。最后是应树立严格的成本控制观念。分析主要开支，以确定能否以更低的费用取得同样的或更好的效果。

二、企业的使命

（一）企业使命的概念

企业使命是企业在社会经济生活中所担当的角色，是企业区别于其他企业而存在的理由。一般来说，企业使命不是企业经营活动具体结果的表述，而是企业开展活动的方向、原则和哲学。作为一个寓个体于社会的双重存在的企业，它的经营目标从根本上说不是取决于服务方向、行业特点这些具体的物化的因素，而是取决于企业所追求的宗旨、企业的价值观这些观念性因素。

美国管理学者金尼斯（M. E. Ginnis）研究认为一个好的企业使命应具备以下条件：

（1）应该明确企业存在的目的；

（2）应该既允许企业创造性发展，同时又限制企业进行一些冒险行动；

（3）应该使本企业区别于其他同类企业；

（4）应该作为评价企业现在和未来的活动的框架；

（5）应该清楚明白，易于为整个企业所理解。

由于企业的经营环境、市场地位、消费者需要等发生变化，企业使命部分或全部会过时，不再适宜，这时便需要对企业使命进行调整。

(二) 企业使命的内容和构成要素

企业使命，主要包括三个方面的内容或九个基本要素。

三个方面的内容是企业生存目的、企业经营哲学和企业形象。

(1) 关于企业生存目的。美国著名管理学家德鲁克认为，企业存在的主要目的是创造顾客，只有顾客才能赋予企业存在的意义。虽然顾客所购买的是实实在在的产品，但顾客认为有价值的从来不是产品，而是一种效用，是一种产品或服务给他带来的满足程度。顾客是企业生存的基础和理由。因此，决定企业经营什么的应该是顾客，顾客愿意购买产品或服务才能使资源变为财富，将物变成产品。根据这一原理，在确定企业生存目的时，就应该说明企业要满足顾客的哪种需求，而不是说明企业要生产什么产品。西奥多·莱维特（Theodore Levit）提出了下述观点：企业的市场定义比企业的产品定义更为重要。如埃克森公司的企业使命强调“提供能源而不是出售石油和天然气”。

(2) 关于企业经营哲学。企业经营哲学是对企业经营活动本质性认识的高度概括，是包括企业的基础价值观、一致认可的行为准则及共同信仰等在内的管理哲学。它主要通过企业对外界环境和内部环境的态度来体现。

(3) 关于企业形象。企业形象是社会公众和企业员工对企业整体的看法和评价。良好的企业形象意味着企业在社会公众心目中留下了长期的信誉，是吸引现在和将来顾客的重要因素，也是形成企业内部凝聚力的重要原因。因此，企业在设计使命和指导方针时，应把社会信誉和形象置于首位。

九个基本要素包括：顾客——谁是企业的顾客；产品或服务——企业的主要产品或服务是什么；市场——企业服务于哪一区域或顾客；技术——企业采用的基本技术是什么；对生存、发展和赢利的关注——企业对经济目标的态度；经营哲学——企业经营的理念；价值观和行为准则、自我意识——企业的长处、短处和竞争优势是什么；公众形象——企业希望的公众形象是什么；对员工的关注及其他利益相关者的协调——企业对员工的认识和态度怎样、企业使命的表述是否有效地协调和反映了有关利益主体的要求。

上述九个方面是绝大多数企业所共同关注和重视的，也是企业经营中首先要解决的基本问题，是构成企业使命的基本要素。因此，在评价企业使命陈述时，可以将是否包括这些因素作为评价的重要指标。

企业的使命同企业的目标是紧密联系的。企业的目标是企业使命的具体体现。人们对企业使命的认识，必须基于企业的宗旨、价值观等这样一些抽象范畴的分析。企业使命的实现必然涉及企业的具体服务方向和服务范围的选择，但它在选择服务方向和服务范围时，又不能局限在企业能为顾客提供哪些服务和把现在已经在做的事情做好，而是要切实了解顾客需要我们做什么，以顾客的需要为导向，做企业应该做的事情。

（三）企业使命的作用

正确而清晰的企业使命是企业经营成功的起点，是企业战略的一个重要组成部分。以文字形式表述出来的企业使命有以下作用：

（1）能够明确地指出企业未来的发展方向，为有效分配和使用企业资源提供一个基本的行为框架，避免偏离企业发展方向的经营行为。

（2）能使企业的相关利益主体都有机会了解企业的经营宗旨和方向，有利于协调他们之间的关系，使大家的思想行动都统一到公司的宗旨和方向上来，形成整体力量。

（3）有助于界定企业的经营领域，从而为企业开展战略环境分析界定了范围。

（4）它是企业确定战略目标的前提和选择战略方案的依据。

（5）有利于树立自身形象和顾客对企业的辨识。

三、企业的责任、权利和利益

社会主义企业为了实现自身的任务，既需要向社会和国家承担应负的责任，又必须拥有完成自身任务的权利，并获得应有的利益。企业应以责任为核心，以权利为条件，以利益为动力。

（一）企业的责任

企业的责任是指企业在从事生产经营活动和处理对外经济关系时应履行的义务。企业的责任主要是：

（1）按照市场需要或国家要求，努力生产和提供社会需要的产品或服务；

（2）合理地使用人力、物力和财力，努力进行技术改造和创新，推动科技进步，提高产品质量和服务质量，严格依法订立和履行合同，全心全意为用户服务；

（3）认真贯彻执行国家法律法规和方针政策，依法按时足额缴纳税金，接受财税、审计、劳动工资和物价等机关的监督和检查；

（4）保障国有资产保值、增值，并对经营性亏损承担经济责任；

（5）提高劳动生产率、节约能源和原材料、降低成本，不断提高企业和社会经济效益；

(6) 搞好劳动保护和环境保护工作，贯彻安全生产制度、改善劳动条件，做到安全生产和文明生产，保证员工身心健康，维护社会利益；

(7) 加强员工思想政治教育、法制教育、爱国主义教育、科学文化教育和技术业务培训，提高员工队伍素质；

(8) 在发展生产和提高经济效益的基础上，相应地增加员工收入，搞好集体福利和社会保障事业，逐步提高员工的物质文化生活水平。

(二) 企业的权利

企业为了更好地担负盈亏责任，必须享有相应的经营权利。根据国家法律规定，企业的经营权是指企业对其经营管理的财产有占有、使用和依法处置的权利。具体来说，企业享有以下 14 项经营权：(1) 生产经营决策权；(2) 产品、服务定价权；(3) 产品销售权；(4) 物料采购权；(5) 进出口权；(6) 投资权；(7) 自有资金支配权；(8) 资产处置权；(9) 联营、兼并权；(10) 劳动用工权；(11) 人事管理权；(12) 工资、奖金分配权；(13) 内部机构设置权；(14) 拒绝摊派权。

(三) 企业利益

企业利益是企业在行使自己权利和履行自己应负责任时所取得的合法经济收入。企业经营管理得好，经济效益高，经济收入多，反之则少。企业的权利、责任和利益是统一的。有责无利，企业履行自己应负的责任没有保证和动力；有权有利而无责任，企业的财产就不会增值，甚至受到破坏和侵蚀。因此，企业的经营利益同经济权利一样，应受到国家法律的保护，任何单位和个人都不得侵犯。

第三节　企业类型与企业系统

一、企业类型

由于现代经济生活十分复杂，作为基本经济单位的企业有很多类别，为了更深入地研究企业管理的特点和规律，也需要将企业进行分类研究。目前，按不同的分类原则，有以下几种企业分类，如表 1-1 所示。

表 1-1 企业分类

企业分类原则	企业类型
根据企业财产构成和所担负的法律责任	(1) 独资企业 (2) 合伙企业 (3) 公司企业
根据企业所属经济部门	(1) 工业企业 (2) 农业企业 (3) 运输企业 (4) 建筑安装企业 (5) 邮电企业 (6) 商业企业 (7) 旅游企业 (8) 金融企业
按生产力要素比重	(1) 劳动密集型企业 (2) 资金密集型企业 (3) 知识技术密集型企业
根据企业经营规模	(1) 大型企业 (2) 中型企业 (3) 小型企业
根据企业经营方式	(1) 国有国营 (2) 国有民营 (3) 民有民营 (4) 私有私营
根据组织结构类型	(1) 企业集团 (2) 公司 (3) 总厂 (4) 工厂

下面对主要几种分类进行介绍：

(一) 不同经济部门企业

在企业满足社会生产、生活不同的特点基础上，可将企业按经营内容、经营方向、经营特点以及技术基础的不同，划分为工业企业、农业企业、商业企业、交通运输企业、建筑安装企业、旅游企业和金融企业等不同类型的企业。

（二）不同资源密集型企业

按照企业生产要素的密集程度划分，可分为劳动密集型企业、资金密集型企业和知识密集型企业。

1. 劳动密集型企业

劳动密集型企业的划分依据为：（1）按企业投入的技术装备等固定资产和劳动力配合比例划分，即单位劳动力使用技术装备等固定资产量少的企业；（2）按生产经营成本构成来划分，即成本中活劳动消耗所占比重较大的企业；（3）按资本有机构成高低来划分，即有机构成低的企业。发展劳动密集型企业对那些资金短缺、技术基础薄弱而劳动力资源丰富的发展中国家来说，是经济发展的一项重要策略。不能把发展劳动密集型企业与提高劳动生产效率、实现企业现代化对立起来。凡是可用半机械化、机械化、自动化代替手工劳动的企业要尽可能地实现技术改造。在发展过程中，要适应生产力发展的实际水平和可能条件，采用适宜技术，才会有好的经济效果。

2. 资金密集型企业

资金密集型企业是指单位产品所需投资较多、技术装备程度较高、用人少的企业。它是相对于劳动密集型企业而言的。通常把钢铁工业企业、重型机械制造企业、汽车制造企业、石油化工企业等划入资金密集型企业。

资金密集型企业一般具有劳动生产率高、物资消耗省、单位产品成本低、竞争能力强等优点，但是它需要大量的资金，技术装备复杂，还要有掌握现代技术的各类人才、相应的配套服务设施，否则就难以发挥其应有的经济效果。资金密集型企业的单位产品所需投资多，因此企业的技术装备程度也往往比较高，故又称为技术密集型企业。由于技术密集型企业同知识密集型企业相近，有人就把技术密集型企业作为知识密集型企业的别称，或称之为知识技术密集型企业。

3. 知识技术密集型企业

知识技术密集型企业是指综合运用先进的、现代化的科学技术成就的企业。这类企业一般具有需要综合运用多门学科的最新科学研究成果，技术装备比较先进、复杂，投资费用大，中高级科技人员比重大，操作人员也要求有较高的文化科学知识，使用劳动力和消耗原材料较少，对环境的污染较少等特点。这类企业有电子计算机企业、飞机和宇宙航空企业、大规模和超大规模集成电路企业、原子能企业、电子计算机软件设计企业、技术和管理的咨询服务企业等。

从发达国家的经济发展过程来看，其经历了一个从劳动密集型企业向资金密集型企业过渡的过程，而且随着现代科学技术的发展，知识技术密集型企业对于那些拥有强大智力优势和雄厚科技基础的发达国家和地区有着重要意义。

（三）不同生产组织形式的企业

按照企业的生产组织形式不同，企业可分为单厂企业、多厂企业、经济联合体和企业集团等类型。

1. 单厂企业

单厂企业是指一个工厂就是一个企业。这种企业由在生产技术上有密切联系的若干车间和一些管理部门、服务部门所组成。单厂企业必须独立地承担财产责任与经营责任，有独立的权利和利益，具有法人地位。

2. 多厂企业

所谓多厂企业，是指由两个以上工厂组成的企业。多厂企业不同于行政性的工业公司，它不是行政管理机构，而是企业性的实体公司。它是按照专业化、联合化及经济合理的原则，由若干个分散的工厂所组成的经济法人组织。多厂企业的主要形式有：

（1）同类产品或相同工艺技术的工厂组成的专业公司，如电力工业公司。

（2）由工艺过程前后衔接的工厂组成的联合公司，如钢铁联合企业。

（3）装配厂和所需零部件的生产厂联合组成的总厂或公司，如汽车工业公司、计算机公司等。

（4）建立在物资综合利用基础上的联合企业，如石油化工联合企业等。

（5）把科研单位与生产企业，或把新产品研制厂与产品制造厂联合起来，组成的专业公司或联合公司。

3. 经济联合体

经济联合体是松散的、相对稳定的经济联合组织。其特点是参加联合的各方本着自愿、互利、效益原则，在生产、科研、技术、设备、人力、物资及销售等方面彼此联合。联合各方独立核算、自负盈亏，按照等价有偿原则，在各成员之间进行产品配套、物资协作以及技术转让等生产经营活动。联合各方的联合内容与项目一律用合同固定下来。

经济联合体的主要形式有：生产要素的联合，工艺的联合，工业和商业、工业和外贸的联合，农、工、商的联合，生产、科研、销售的联合以及跨行业、跨地区的联合等。

4. 企业集团

企业集团是以资本为纽带联结起来的若干独立企业法人所组成的集合体，

是独立核算企业的复合组织，它是一种具有较紧密联系的企业群体组织，它的核心是技术、经济和资金实力较雄厚的集团公司。集团公司本身是企业法人，且通过控股、参股，控制和影响一批企业的经营方向甚至经营活动。参加企业集团的成员企业，按不同的情况，形成紧密程度不同的多层次结构，一般有三四个层次，如集团公司（核心层）、控股层（紧密层）、参股层（半紧密层）、协议层（松散层），通常称为母公司、子公司、关联公司等不同层次。企业集团因其以控股、参股为其主要的资本联结形式，并在经营上共担风险，在利益上共负盈亏，一般也没有期限上的规定，因此具有长期可靠的稳定性。

企业集团有不同的经营形式，有的以生产为主，有的以贸易为主，有的是科、工、贸结合，也有的兼有工、农、商、科技、外贸、运输、金融的综合形式。

（四）不同规模的企业

按照企业规模划分，可分为大型企业、中型企业和小型企业。

将企业规模粗分为大、中、小型三类，是国际上普遍使用的方法，但区分标准不大一样。总的来看，企业规模主要可以用企业拥有的职工人数、固定资产原值以及企业年销售额和利润额等指标来衡量。具体的数量标准并不是绝对的，而是相对的，往往因不同的国家、不同的时期、不同的部门和行业而异。

（五）不同经营方式的企业

随着经济体制改革的不断深入，所有制改革是一条根本出路。产权制度改革势在必行。根据党的十七大精神及国有经济有进有退、有所为有所不为的方针，我国正在积极探索公有制的多种实现形式，积极发展混合所有制经济，积极支持个体经济、私营经济的加快发展。我国宪法规定，在法律规定范围内的个体经济、私营经济是社会主义经济的重要组成部分。

（六）不同企业财产组织形式和法律形式的企业

根据国际惯例，世界各国最流行的划分企业类型的方法，是将企业划分为独资企业、合伙企业、公司企业三种。详细分析见第三章有关内容。

二、现代企业系统及特征

所谓系统，是指由若干个相互联系、互相依存的部分组成的，具有特定的某种功能的有机整体。在自然界和人类社会，一切事物都是以系统的形式存在的，任何事物也都可以看作一个系统。企业系统是为实现其特定功能由许多车间、职能部门等组成的人造系统，它有明显的系统特征：集合性（整体性）、相关性、目的性和动态环境适应性。根据系统理论，可以把企业看作一个

“输入——→转换——→输出”的过程。系统的输入就是从社会环境中取得的企业生产经营所需的一切资源要素；然后，运用物理的、化学的或生物的方法，按照人们预定的目的将诸要素有机地结合起来，生产出新的产品或劳务，实现物质变换；最后，再向社会输出，以满足用户或社会的需要，并获得经济效益。

（一）现代企业系统的基本构成要素

企业作为一个完整的经营体系，为了从事生产或提供劳务，实现经营目标，就必须具备实现目标的特殊功能，即必须拥有生产某种产品或提供某种劳务所需要的人力、物力、财力，以及反映这些要素相互结合运动的各种信息。因此，企业系统主要由人、财、物、技术、信息等五个基本要素构成。

（1）人力。包括操作人员、技术人员和管理人员及其知识和技能。人是企业的主体和灵魂。企业各类人员的数量、结构以及素质将决定系统的运行状态和运行效果。

（2）物力。包括土地、建筑物，是系统运行的“空间”条件；机电设备、仪表、工具，即劳动手段；天然资源或外购原材料、半成品或成品，属于劳动对象。这些是企业生产经营活动的物质基础。这些物质条件，以其质量及技术状况影响和决定着系统的运行状况和运行效果。

（3）财力。即资金。这是物的价值转化形态或货币表现形式。企业的生产经营活动过程，从其价值形态看就是资金运动和价值增值的过程。现代企业系统的全部资金通常以固定资金和流动资金两种形式存在。资金主要从数量、构成、周转速度等方面对系统产生影响。

（4）技术。指各种设计、配方、工艺流程、工艺方法等。现代企业系统的技术要素在生产过程中同时体现在劳动者、劳动手段和劳动对象等物质要素上。它以先进性、适用性程度影响和决定着系统运行的状态和运行效果。

（5）信息。指各种情报、数据、图纸、规章、指令等。它是人、财、物诸要素运动状态的反映，是维持企业正常运营的神经细胞 。它包括系统内部信息和系统外部信息两个方面，并以其准确、及时、可靠的程度影响和决定着系统运行的状态和运行效果。企业信息吞吐量是企业对外适应能力的综合反映。

上述五种资源要素无论在属性上，还是在形态上都不相同，但在企业系统中，它们相互作用、相互依存，形成了一个有机的整体。企业系统的五种资源要素中，前三项属于有形资源，后两项属于无形资源，在传统观念中，往往只重视有形资源，而忽视无形资源，但现代企业真正的潜力和活力却隐藏在无形资源之中。

（二）现代企业系统的结构

现代企业系统的结构可从静态组织结构和动态组织结构两个方面来分析。

1. 企业系统的静态组织结构

从静态的角度来分析企业系统结构，便可分为垂直分系统结构和水平分系统结构两种。

（1）垂直分系统结构。这种划分是根据企业系统中不同管理业务职能划分为五个一级子系统，即生产子系统、营销子系统、技术子系统、财务子系统和人事子系统。它们各有其自身特定的功能和目标，通过分工与协作，实现企业系统的总目标。

（2）水平分系统结构。它是指为了对各个职能子系统进行协调和控制，从横向划分的水平子系统。它一般可分为高层经营决策子系统、中层管理子系统和基层作业子系统。

以上两种分系统结构，便形成了现代企业系统的一个纵横交错的静态组织结构，如图 1-1 所示。

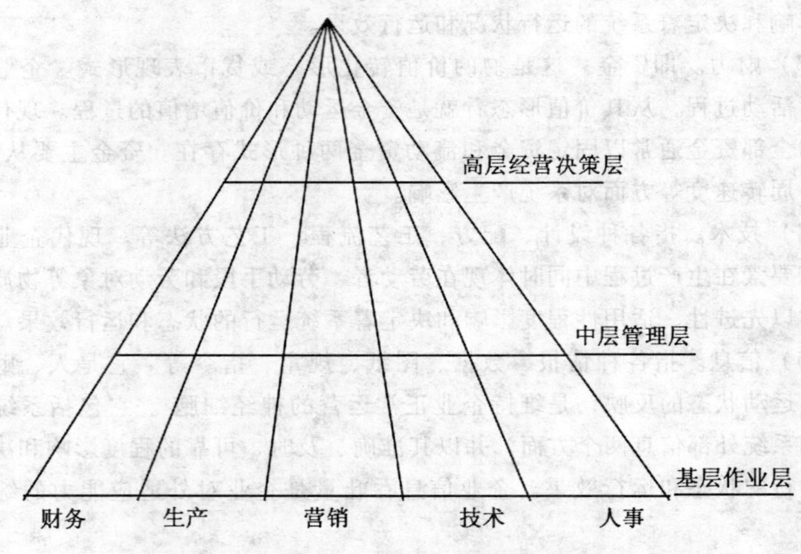

图 1-1　现代企业系统静态组织结构示意图

2. 企业系统的动态组织结构

现代企业系统是一个不断地由输入经过转换到输出的动态系统。在系统的不断转换过程中，同时存在着物流、人流、价值流和信息流等“四种流”，从而形成了企业系统的动态组织结构，如图 1-2 所示。

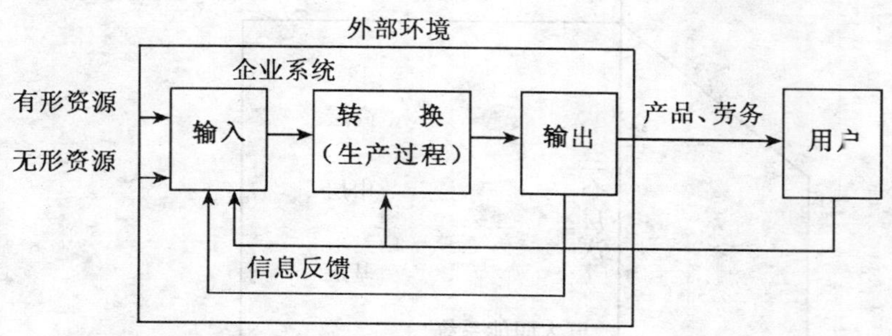

图 1-2　企业系统动态组织结构示意图

（1）物流。指由物资、设备、制品、能源等汇合而成的物质流动。它贯穿于物质从外部环境流入后进行内部流转，直至物质流出的全过程。物流是企业系统最基本的运动形态。物流的特征由产品和加工工艺的特性所决定，其流量的大小受制于企业系统的规模和一定时期的市场供求状况。

（2）人流。指人力资源的流动。人流在整个企业系统中处于主要地位，企业系统的全部活动都是在人流的推动和控制下进行的，并受到人流能量的限制。

（3）价值流。指企业系统运动中，价值的转移、交换和增值的过程。它直观地表现为企业资金的运动过程。现代企业既是商品生产经营者，同时又是资本运营者。企业系统的生产经营活动，既是原有使用价值的消费和新的使用价值的再生产过程，同时又是原价值的转移和新价值实现的过程。因此，价值流与物流同时并存于企业系统的运动之中，并综合地反映着企业生产经营的状况和成果。

（4）信息流。指由各种数据、标准、图纸、情报、计划、规章制度、指令等汇合而成的指导生产过程和管理过程的信息流动。信息流在系统的“四种流”中占有十分重要的地位，它影响和制约着其他三大流的流向和流量。

上述企业系统静态组织结构中的三个层次和五大职能子系统，与其动态组织结构中的“四种流”相互渗透并有机地结合在一起，从而形成了现代企业系统有序的“三四五立体结构”，如图 1-3 所示。

（三）现代企业系统结构的特征

依据现代企业系统的构成要素及其结构状态的分析，现代企业系统结构具有以下三个方面的特征。

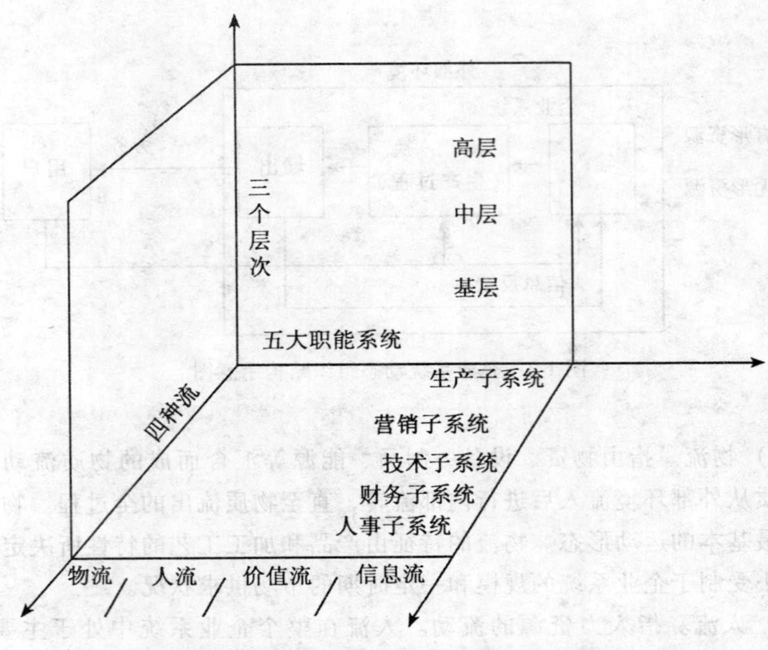

图 1-3　企业系统“三四五立体结构”模型

1. 企业系统是一个人—机系统

任何企业都是由提供人力资源的人和形成劳动手段的机器设备、工具等构成的。只有发挥人的积极性，才能发挥劳动手段的效能，在人机的合理结合中，创造企业效益。

2. 企业系统是一个动态的开放系统

企业所处的外部环境的变化，经常影响企业系统正常的生产经营活动。建立内、外部的信息反馈网络，就是为了适时调整企业结构和行为，更好地适应外部环境和内部条件的变化，提高企业自身适应能力，同时对环境施加影响，并在同环境的相互影响中达到动态的平衡。

3. 企业系统是一个多层次、多目标的系统

任何一个企业系统，都可划分为若干分系统。企业系统与分系统、分系统与子系统之间的关联，表现为总目标、分目标与各项具体目标之间的关联，时间、空间上的关联，人力、物力和财力分配的关联，以及信息的关联。因而根据企业系统的层次和目标来设计企业的结构和功能，并使其合理化，是企业活

动正常运行的必要条件。

【案例 1-1】

联想刚成立时，通过为顾客维修机器、讲课、帮顾客攻克技术难题等，筹集了必要的资金，柳传志戏称为“提篮小卖”。1985 年 11 月，联想式汉卡开启了联想事业的飞速发展。但是，柳传志却认为，联想“还只是一叶飘零的小舟，经不起大风大浪的冲击”。

创建外向型高科技企业是联想的目标，为此，联想制定了一个海外发展战略。海外发展战略包括三步曲：在海外建立一个贸易公司；建立一个包括研发、生产、国际经销网点的跨国集团公司；在海外股票市场上市。

联想的决策者认识到，没有一支组织严密、战斗力强的队伍，企业就成不了气候，也就无从谈起进军海外市场。在这样的背景下，他们提出了“大船结构”管理模式，其主要特点是“集中指挥，分工协作”，根据市场竞争规律，企业内部实行目标管理和指令性工作方式，统一思想，统一号令，接近于半军事化管理。

第四节　管理与企业管理

一、管理

管理（manage）起源于人类的共同劳动，自古就有。它是人类各项活动中最重要的活动之一。当人们开始组成集体去达到共同目标时就必须进行管理，以协调集体中每个成员的活动。什么是“管理”，从汉语词义来看，“管理”一词是“管辖”、“处理”的意思。

西方各个管理学派对管理的概念说法不一。古典学派如泰罗、法约尔等认为，管理就是计划、组织、指挥、协调和控制等职能的活动；行为科学学派如梅奥等认为，管理就是做人的工作，它的主要内容是以研究人的心理、生理、社会环境影响为中心，激励职工的行为动机，调动人的积极性；决策理论学派的代表——美国管理学家西蒙认为“管理就是决策”。当代管理过程学派的代表美国管理学家孔茨认为：“管理就是设计一种良好环境，使人在群体里高效率地完成既定目标。”管理大师德鲁克认为，管理就是协调一个团体的活动，以达到共同目标。

随着管理研究范围不断扩大，特别是由于各方面专家运用各种现代科学知识来研究管理理论，人们对管理概念的认识就更加多种多样。例如，有人从系统论角度出发，认为管理就是对整个系统运动、发展和变化的有目的、有意义的控制行为。有人从信息论的角度出发，认为管理就是信息不断输入、输出和反馈的过程。

综上分析，根据国内外管理学者对“管理”这一概念的解释，我们对“管理”作如下定义：管理是指在一定组织中的管理者，运用一定的职能、原则和手段来协调组织和个人高效率地实现既定目标的活动过程。

为进一步理解管理的含义，必须把握下列要点：

(1) 管理是人类的活动。管理活动必须有人参与，它体现为管理的主体一定是人，管理的客体除了客观事物之外还有人。现代管理理论认为，在管理客体中，人是日益重要的要素，对客观事物管理效率的高低取决于对人管理的效率。

(2) 管理是有目的的活动。管理的目的与管理者意欲达成的目标相关，这一目标可以是组织的目标。

(3) 管理要达到组织既定的目标，就必须采取特定的方式，使用特定的方法。

(4) 管理是一种系统活动。这表现为管理的对象具有系统特征，管理活动是由一系列相互联系的职能而组成的综合的系统活动。

(5) 管理是一个动态的概念。无论是管理的主体客体，还是管理的理论、手段及其相互关系都随组织内部条件和外部环境的变化而变化。

二、企业管理

(一) 企业管理的概念与特征

企业管理是指企业围绕生产经营目标，对全部生产经营活动进行计划、组织、指挥、协调、控制，使企业的各项工作在时间上、空间上协调运作，紧密配合，从而提高工作效率的活动过程。

为了更全面地理解企业管理的概念，理解企业管理研究的特点、范围和内容，需要对企业管理的特征作进一步的分析。一般来说，企业管理具有以下特征：

1. 企业管理的目的性

企业管理是企业一种有意识的活动，企业生产经营过程中的每一项活动都是有计划、有目的的经济活动。例如一个企业要开发一个新产品，首先是看到有一个消费群体有某种消费需求，满足这种需求能为企业带来一定的收益。其次，就要做市场调查，了解消费者的人数、地区分布、家庭收入情况、对产品的具体要求等。然后，才能按照市场调查的资料开发新产品。可见企业管理具有明显的目的性。

2. 企业管理的组织性

管理的“载体”就是“组织与信息”。在生产经营活动过程中，因为个体的能力是有限的，个体的无序组合也是不能发挥作用的。因此，现实社会普遍存在着由两个或两个以上的人组成的、为一定目标而进行协作活动的集体，这就形成了组织。显然，组织是社会生活中广泛存在的现象。同时，对任何性质、任何类型的组织都要保证组织中的各种要素合理配置，从而实现组织目标，这就需要在组织中实施管理。所以说，组织是管理的载体，而信息是组织活动的媒介，组织与信息是企业管理中必不可少的活动与要素。

3. 企业管理中的人本性

所谓“人本性”是指以人为根本。企业管理的人本性，是指在生产经营管理过程中以人为中心，把调动人的积极性放在首位。从管理者来看，因为管理者是实施管理的人，所以管理者的管理能力直接影响组织管理的水平；从被管理者来看，被管理者与管理过程、管理效果也有直接的关系。如果被管理者素质过低，无法如实接受和理解管理者发出的各种管理信息，或无法自我约束、自主管理，也不能保证管理目标的实施；从管理过程中人与物的关系来看，物的要素的数量与质量很大程度上受人的要素的影响，物的要素先进，也必须由人来使用和管理，否则只是一堆废物；从人与科学技术的关系来看，科学与技术的成果是人类智慧的结晶，越是先进的科学技术，越是需要高素质的管理者和工作人员进行使用和管理，因此从某种意义上说，管理的核心是处理各种人际关系。所以，在管理过程中，只有把人的要素作为根本，才能协调好其他要素，实现高水平的管理。

4. 企业管理的创新性

这是指企业管理本身在市场环境、企业内部条件不断变化的条件下的一种不断变革、不断创新的社会活动。通过管理的变革，推动社会和经济的发展，在一定条件下，还可以转化为一种新的生产力。认识企业管理的创新性有助于我们克服重技术、轻管理的倾向，真正把技术和管理看作经济起飞的两个轮子。

5. 企业管理的艺术性

管理的艺术性是指在掌握一定理论和方法的基础上，灵活运用这些知识和技能的技巧和诀窍。管理之所以有艺术性，主要是因为影响管理的因素，不仅有确定的因素，还有非确定的因素；不仅有相对稳定的因素，还有突发性、偶然性因素。这些影响因素复杂多变，决定了进行管理不仅要制定具有普遍意义的科学原则，运用能解决规律性问题的科学方法，而且还要有随机应变的能力和灵活发挥的艺术。如果不考虑具体情景，生搬硬套管理理论和原则，就不会有管理的最佳效果。

管理的艺术性与管理的科学性二者之间是不矛盾的，管理理论是管理实践的概括与抽象，具有较高的原则性。可是每一项具体的管理活动都是在特定条件下展开的，它要求管理者结合实际进行创造性的管理。因而管理艺术是对管理科学理论的合理发挥，一个不懂管理理论的人很难掌握管理的艺术性。

管理的艺术性表明，仅仅学习书本上的管理理论，能熟记管理的原理与原则是不可能成为成功的管理者的，成功的管理者必须学会熟练地掌握实际情况，学会因势利导，学会总结经验，学会理论联系实际。企业管理的艺术性，对管理者搞好管理提出了更高的要求，是成功管理者的一项重要保证。

（二）企业管理的要素

国外一些管理学者非常简洁地将企业管理的基本要素概括为“七个 M”。

(1) 人事（men）。人事要素包括职工的招聘、培训、考核、奖惩、升降、任免。

(2) 金钱（money）。金钱要素包括资金来源、预算控制、成本分析、财务分析。

(3) 方法（method）。方法要素包括生产计划、质量管理、作业研究。

(4) 机器（machine）。机器要素包括工厂布局、工艺装备等。

(5) 物料（material）。物料要素包括材料的采购、运输、储存。

(6) 市场（market）。市场要素包括市场需求预测、生产方向分析以及价格和销售策略制定等。

(7) 工作精神（morale）。工作精神要素包括提高工作效率，把职工的兴趣、热情、志向引导到生产或工作上，发挥人的积极性、创造性。

（三）企业管理的产生与发展

管理的历史由来已久，它是生产力发展的产物，是由人们的共同劳动所引起的。当社会生产力还很落后，人们在生产活动中还没有分工时，就不需要什么管理。随着社会生产力的发展，人们在一起从事共同劳动，劳动者之间存在着分工与协作，为了使劳动者能密切配合，有效地从事生产活动，就必须进行管理。现代经济的复杂性，更加说明了企业管理的重要性和必要性：一方面，共同劳动的规模越大、技术越复杂，管理也就越复杂；另一方面，共同劳动的分工越精细、协作越密切，社会经济联系越广泛、越来越全球化，管理也就越复杂。目前，世界上无论是发达国家，还是发展中国家，都在自己的社会经济发展的实践中认识到，企业管理具有重要的社会作用。

企业管理最初产生于资本主义社会，随着商品经济、社会化大生产及科学技术的飞速发展，生产力的发展水平和生产关系的变化导致企业管理的发展，生产方式决定着管理方式，生产力的水平决定了企业管理的水平。

西方资本主义企业管理的发展，经历了传统管理、科学管理和现代管理三个阶段。

1. 传统管理阶段

这一阶段是从 18 世纪末期到 20 世纪初期，经历了 100 多年的时间。18 世纪下半叶，西方国家爆发了产业革命，产生了资本主义工厂制度。工厂不同于原来的分散经营的手工业作坊，开始用机器生产代替手工生产，用动力、机械力代替人力。工厂主把劳动者、劳动对象和劳动工具集中在一起，共同进行产品的生产。随着工厂规模逐渐扩大，分工协作亦逐渐复杂，生产方式也较前发生了变化。在开始阶段，管理者由资本家担任。后来由于管理工作日益复杂，管理工作逐渐成为一种专门的职业，出现了经理、厂长、工头和领班等资本家代理人，行使企业管理的职能。传统管理主要是解决怎样实行分工协作，保证生产过程正常进行，以及怎样充分利用人力、物力、财力，减少资本的耗费，降低生产成本，以取得更多利润的问题。但这时的管理还是小生产者管理方式，一切凭经验，因而传统管理也称为经验管理，其主要特点是：

（1）管理的指导思想认为工人总是偷懒的，必须进行强制性的管理；

（2）管理的方式是家长式的独断专行；

（3）管理的依据是靠个人的经验和感觉，靠主观判断进行；

（4）管理的内容主要是生产管理、工资管理和成本管理。

2. 科学管理阶段

这一阶段大约从 20 世纪初到 40 年代中期，经历了近半个世纪。科学管理是随资本主义从自由竞争阶段向垄断阶段过渡而逐渐形成的。这一阶段企业生产规模更大、更集中，分工协作更加紧密，生产技术更加复杂，竞争更加激烈，阶级矛盾更加尖锐。每个企业使用了更多的设备、人员、原材料和资金。这些要求生产本身必须加强计划性、组织性、协调性和控制性，要求实行标准化、专业化、定额化和数据化的管理。因此单凭个人的经验和判断已不能有效地管理企业，要求按照社会化大生产和科学规律来进行管理。

科学管理阶段的主要特点是：

（1）冲破了传统管理的观念，将实践经验上升为科学的管理理论；

（2）泰罗、甘特、法约尔等人所创立的科学理论和方法，对提高劳动生产率、降低成本、获得高额利润起了重要的作用；

（3）企业内开始实行计划管理、生产管理、劳动管理、物资管理、销售管理、质量管理、财务成本管理等多项专项管理，管理水平不断提高；

（4）企业内部的管理组织设计理论和方法趋于合理；

（5）技术与经济已密切结合。

这一阶段着重研究的还是工厂内部生产管理方面的问题，主要是解决属于生产组织及提高生产效率方面的问题，而对企业经营管理中的重大决策问题，还未进行综合系统的研究。

3. 现代管理阶段

这一阶段大体从20世纪40年代中期开始，直到现在。第二次世界大战结束后，资本主义经济发展中出现了许多新的变化。科学技术和工业生产空前迅速发展。经济全球化，企业规模进一步扩大，生产过程的连续化和自动化程度大大提高，技术更新周期越来越短，市场竞争异常激烈，生产社会化程度空前提高。许多复杂产品和大型工程项目都需要组织大规模的分工协作，需要更加复杂的组织和控制。社会需求、市场需求和用户需求的变化越来越快，外部环境的变化更加捉摸不定。企业的经营目标、经营方针、经营决策是否正确，关系到企业的兴衰存亡。企业取得成功，不仅要靠先进的科学技术方法，而且要靠发挥人的主动性、积极性和创造性。这就对企业管理提出了更多、更高、更新的要求。现代管理与科学管理相比，具有以下主要特点：

（1）战略管理成为企业生存和发展的关键问题，强调经营决策和经营战略。注重企业外部环境和市场的变化，重视企业内部核心能力的精心培育，不仅着眼于企业的“今天”，更着眼于企业的“明天”；不仅着眼于国内市场，更着眼于世界市场。

（2）广泛应用现代科学技术新成就。将一些数学方法和电子计算机等运用于企业管理，极大地提高了管理水平和工作效率。

（3）实行以人为中心的管理。重视人力资源开发，注重调动人的积极性，强调对职工实行终身教育。

（4）加强研究与开发，提倡技术创新。当代世界科学技术迅速发展，用户需求多样化，新产品层出不穷，企业能否进行技术创新，不断提高技术水平是关系到一个企业生存与发展的关键问题。因此许多企业将大量的资源投入到高精尖新技术和新产品的研究与开发中。

（5）实行系统管理。即把系统论的观念引入企业管理，企业既是整个社会系统的一部分，受到外部整个社会系统政治经济因素的制约，内部又分为若干子系统。从企业整个系统的最优化出发，把系统工程、系统分析、系统方法应用于企业管理。

（6）现代信息技术发展导致企业管理发生了深刻变革。信息化渗透到企业管理的各个层面，信息技术已形成全球范围的网络。这一变化大大促进了全球经济一体化的进程，市场的国际化造成了竞争的国际化。虚拟企业、企业再造、网络营销等管理模式的创新，使企业管理的内容和方法发生了崭新的变化。保持企业的管理创新能力是每一个企业都应该认真思考的课题。

【案例 1-2】

当华为刚刚推出"中国人自己的 GSM"时，也曾感叹于跨国公司精湛的无线技术、稳定的设备性能和大规模的应用。但是 8 年后，华为 GSM 在全球应用已经超过 1 亿用户。从中国移动 GSM 应用第一个用户开始，经过多年的磨砺和耕耘，华为无线逐渐聚沙成塔、星火燎原，搭建全球 11 个 WCDMA 商用网络、10 个 CDMA2000 1xEV-DO 商用网络，软交换应用突破 4000 万用户，成为少数实现 HSDPA 商用的供应商之一。自 2003 年以来，华为成为全球无线领域成长最快的供应商，2005 年 5 月被评为"亚太最佳无线设备供应商"。华为也由世人眼中的交换技术和固网网络领域的领导者成功转型为全球领先的无线设备供应商。依靠海外市场的强劲增长，2005 年上半年，华为无线全球销售 16 亿美元，占公司总销售的 40%，并成为新市场的领导者。欧洲某大运营商在评价华为时如是说："华为居然能率先推出 WCDMA 分布式基站技术，如此发展下去，预计两年内将全面超越所有其他供应商！"

【复习思考题】

1. 现代企业的含义什么？有何基本特征？
2. 企业的创立主要应该考虑哪些因素？
3. 如何理解企业的使命和社会责任？企业有哪些责、权、利？
4. 企业系统由哪些部分组成？这些部分相互之间存在怎样的联系？简述企业系统的"三四五立体结构"。
5. 何为企业管理？企业管理的基本要素有哪些？

【本章案例】

英特尔改变公司使命的决策

有时，公司所在的环境会发生巨大的变化，这些变化往往会改变公司的未来前景，要求公司对自己的发展方向和战略方向进行大幅度的修订，英特尔的总裁安德鲁·格罗夫把这种情况叫做“战略转折点”。英特尔在20世纪80年代中期遇到了一次“战略转折点”。当时，计算机存储芯片是英特尔的主要业务，而日本制造商想要占领存储芯片业务，因此将它们相对英特尔及其他芯片生产商的价格降低了10%，每一次美国生产商在日本生产商降价之后回应其降价行为时，日本生产商又降价10%，为了应对日本竞争对手这种挑衅性的定价策略，英特尔公司研究了很多战略选择——建立大规模的存储芯片工厂，以应对日本生产商的成本优势；投资研究与开发，设计出更加高级的存储芯片；撤退到日本生产商并不感兴趣的小市场上去。最后格罗夫认为，所有这些战略选择都不能为公司带来很好的前景，最好的长期解决方案是放弃存储芯片业务，尽管这一业务占英特尔公司收入的70%。

然后，格罗夫将英特尔的全部资源致力于为个人计算机开发出更强大的微处理器。英特尔早在20世纪70年代早期就已经开发出一种微处理器，但是由于微处理器市场上的竞争很激烈，生产能力过剩，所以英特尔才将公司的资源集中在存储芯片业务上。

从存储芯片业务撤退，使英特尔公司在1986年承担了1.73亿美元的账面价值注销，并全力以赴参与微处理器业务——格罗夫所做的这项大胆的决策实际上给英特尔公司带来了一个新的战略使命：成为个人计算机行业微处理器最主要的供应商，使个人计算机成为公司和家庭应用的核心，成为推动个人计算机技术前进的一个无可争辩的领导者。今天，85%的个人电脑带有“Intel Inside”的标签。

资料来源：A. 汤姆森等．战略管理：概念与案例．北京：机械工业出版社，2005.

案例思考题

1. 英特尔公司为什么改变企业的使命？
2. 设想一下，英特尔公司以前的使命是什么？

第二章　企业管理基本理论

【教学目的与要求】掌握管理的二重性和管理的职能；了解企业管理理论的三个发展阶段及特点；熟悉现代企业管理的原理与方法及企业管理的基础工作的内容，并对企业文化的性质以及在企业中的作用有充分的认识。

第一节　企业管理的性质、职能、任务

一、现代企业管理的性质

企业管理具有二重性，这是马克思在分析资本主义企业管理时提出来的。他认为，凡是直接生产过程具有社会结合过程的形态，而不是表现独立生产者的孤立劳动的地方，都必然会产生监督劳动和指挥劳动，不过它具有二重性。一方面，凡是有许多个人进行协作的劳动，过程的联系和统一都必然要表现在一个指挥的意志上，表现在各种与局部劳动无关而与工场全部活动有关的职能上，就像一个乐队要有一个指挥一样。另一方面，完全撇开商业部门不说，凡是建立在作为直接生产者的劳动者和生产资料所有者之间的对立上的生产方式，都必然会产生这种监督劳动。这种对立越严重，这种监督劳动所起的作用也越大。

从马克思的论述中可以看出，所谓企业管理的二重性，就是指一方面它具有与生产力、社会化大生产相联系的自然属性；另一方面，它又具有与生产关系、社会制度相联系的社会属性。企业管理的自然属性，是社会化大生产的必要条件，是社会劳动过程的一般要求，发挥着合理组织生产力的作用。企业管理的这种属性，主要取决于生产力发展水平和劳动社会化程度，而不取决于生产关系的性质。在企业管理中，有关合理组织生产力的一些形式和方法，虽然总是在一定的生产关系下产生的，但并不为某种生产方式所特有，只要是社会化大生产都能应用。但是，任何一种管理都离不开一定的生产关系，生产关系

的特殊性质必然会制约和影响管理。生产关系的性质不同，企业管理的社会属性也就不同；企业管理的社会属性，主要取决于社会生产关系的性质。

二、现代企业管理的职能

（一）计划职能

计划就是在调查研究和总结经验的基础上，预测未来，以一种合理的、经济的和系统的方式对企业未来的发展目标做出决策，然后把确定的目标进行具体安排，制定长期和短期计划，确定实现计划的措施和方法。

（二）组织职能

组织是指通过建立组织机构，确定职能、职责和职权，协调相互关系。将企业生产经营的各个要素、各个部门和各个环节，在劳动分工与协作上，在上下左右的相互关系上，在对外往来上，在时间和空间的联结上，合理地组织起来，形成统一整体，实现最佳组合。

（三）指挥职能

指挥是对企业各级各类人员的领导、沟通与督促。企业计划目标确定以后，要靠组织来实施，在这个过程中就要有指挥。指挥是管理的一种执行职能，是企业有效运行的保证。否则，即使有计划有组织，也不可能保证生产经营的顺利进行和既定目标的实现

（四）控制职能

为了保证目标及为此而制定的计划得以实现，就需要有控制职能。控制的实质就是使实践活动符合计划。计划就是控制的标准。管理者必须及时取得计划执行情况的信息，并将有关信息与计划进行比较，发现实践活动中存在的问题，分析原因，及时采取有效的纠正措施。管理中可能有不信任的控制，但绝不存在没有控制的信任。

（五）创新职能

迄今为止很多研究者没有把创新列为一种管理职能。但是，最近几十年来，由于科学技术迅猛发展，社会经济活动空前活跃，市场需求瞬息万变，社会关系也日益复杂。每位管理者每天都会遇到新情况、新问题。如果因循守旧墨守陈规，就无法应对新形势的挑战，也就无法完成肩负的任务。现在已经到了不创新就无法维持的地步。许多事业获得成功的管理者成功的诀窍就在于创新。

三、现代企业管理的任务

（一）合理组织生产力

合理地组织生产力是企业管理最基本的任务。合理组织生产力有以下两个方面的含义：（1）使企业现有的生产要素得到合理配置与有效利用。（2）不断开发新的生产力。

（二）维护并不断地改善社会关系

企业管理总是在某种特定的社会生产关系下进行的，一定的社会生产关系是企业管理的基础，它从根本上决定着企业管理的社会属性，从全局上制约着企业管理的基本过程。因此，企业管理的重要任务之一就是要维护其赖以产生、存在的社会关系。另一方面，由于生产关系具有相对稳定性，在相当长的一个历史阶段内，其基本性质可以保持不变，而生产力却是非常活跃、不断变革的因素，必然会与原有的生产关系在某些环节、某些方面发生矛盾。这时，为了保证生产力的不断发展，完全有必要在保持现有生产关系的基本性质不变的前提下，通过改进企业管理手段、方法的途径对生产关系的某些环节、某些方面进行调整、改善，以适应生产力不断发展的需要。

【案例 2-1】

A 公司是一家新兴企业，几年前以房地产开发业务起家。公司初创时只有几个人，资产 1600 万元，发展到现在的 1400 余人，5.8 亿元资产，业务范围包括房地产开发、娱乐、餐饮、咨询、汽车修理、百货零售等。

随着公司的不断发展，人员开始膨胀，部门设置日益复杂。总公司下设五个分公司及一个娱乐中心，娱乐中心下设嬉水、餐饮、健身、保龄球、滑冰等项目。另外，总公司所属的房屋开发公司、装修公司、汽车维修公司和物业公司又都自成体系，管理层次也不断增加，总公司有三级，各分公司又各有三级以上的管理层，最突出的是娱乐中心，管理层次多达七级。职能部门重叠设置，总公司有人力资源部，而下属公司也相应设立人力资源部门，管理混乱。事实证明，原有的直线职能制已不适应公司的发展了。此外，财务管理也很混乱，各个分公司独立核算后，都有自己的账户，总公司可控制的资金越来越少，因此有必要在财务上实行集权。

但是，组织变革意味着利益的重新分配，可能引起管理层的震荡。因此，A 公司的领导层面临考验。

第二节 企业管理理论及其发展

企业管理是一种社会分工。它随着西方资本主义工厂制度的出现而出现，并随着生产技术的发展和生产社会化程度的提高而不断发展和完善。

西方企业管理的发展，经历了不同的阶段，出现许多不同的学派。企业管理思想的出现虽然由来已久，但在西方形成系统的管理理论，则公认为是在19世纪末20世纪初。由此开始，从其发展的历史和内容来看，大体上可分为三个阶段，即古典管理理论阶段、行为科学理论阶段和现代管理理论阶段。

一、古典管理理论阶段

古典管理理论是在19世纪末20世纪初形成的，这一学派的代表人物有美国的泰罗、法国的法约尔、德国的韦伯等人。这一时期，随着资本主义生产力的迅速发展，企业管理工作日趋复杂而逐渐发展成为一种专门职业，人们在管理活动中也积累了不少经验。为了适应生产力的发展和企业管理实践的要求，一些人开始专门研究管理问题，把经验上升为理论，据以指导管理实践，从而促进了科学管理的形成与发展。

（一）泰罗的科学管理理论

泰罗倡导的科学管理，主要探讨了提高劳动生产率的问题。其主要著作有1903年出版的《工厂管理》和1911年出版的《科学管理原理》。由于泰罗对管理理论的开创性研究，他在西方管理发展史上被誉为“科学管理之父”。

科学管理理论主要包括以下内容：

（1）任务管理。科学管理的中心问题是提高劳动生产率，基本的方法就是实行任务管理，也就是“对每个工人每日的工作制定一个测定的定额”，同时提出差别计件工资制，以刺激工人完成工作定额。

（2）标准化原理，即对工人使用的工具、机械、材料以及作业环境加以标准化。

（3）职能化。把计划职能与执行职能分离，管理者承担计划职能，工人依计划承担执行职能。

此外，泰罗的科学管理理论还就例外事项的管理问题、职能管理问题，以及管理者与工人之间的协调与合作问题进行了探讨。

（二）法约尔的“一般管理理论”

法约尔是从企业高层管理角度，以大企业整体为对象来研究管理问题的，他把自己的理论称为“一般管理”。他的管理理论主要包含在1916年的《工业管理与一般管理》一书中。法约尔认为，经营与管理是两个不同的概念。经营是指导或引导一个整体趋向一个目标，它包括技术、商业、财务、安全、会计和管理六项职能活动。管理是经营的职能活动之一。法约尔认为，管理就是进行计划、组织、指挥、协调、控制。他对这五项要素进行了详细的分析。法约尔还系统地提炼出管理的14项原则，即分工、权利与责任、纪律、命令的统一、指挥的统一、个别利益服从整体利益、报酬、集权、等级链、秩序、公平、保持人员的稳定、首创精神、集体精神。法约尔还特别强调管理教育的重要性，认为管理理论和原则完全可以通过学习来掌握。

（三）韦伯的行政组织体系理论

韦伯对管理理论的贡献是他提出了所谓“理想的行政组织体系”理论，这一理论集中表现在他1921年的代表作《社会组织与经济的组织理论》一书中。韦伯认为，理想的组织应具有明确的权力等级和工作分工、严格的权责规章制度和完善的工作程序；人与人之间的关系要“非人格化”；人员选用和提升要依据人的才能，有严格的选择标准。韦伯认为，这样的组织是最有效的组织形式，对现代社会的复杂组织来说是最理想的。

泰罗、法约尔、韦伯等人在管理研究上虽各有侧重，但他们却不约而同地认为管理不能单凭经验办事，主张用科学的方法研究和解决一切管理问题，把经验上升为理论。正是由于他们大力倡导和传播科学管理思想，使企业管理开始向科学化演变，这是他们对企业管理发展所做的最大贡献。而且他们所开创的许多研究课题和研究方法，如时间动作研究、职能制、管理原则、管理职能等，也为后来许多新的管理理论和方法的发展奠定了基础。

二、行为科学理论阶段

所谓行为科学，就是对企业员工在生产中的行为以及此行为产生的原因进行分析研究，以便调节企业中的人际关系，从而提高劳动生产率。行为科学理论起源于20世纪20年代梅奥创立的“人际关系论”。

（一）梅奥的人际关系学说

梅奥的人际关系学说，又称为早期的行为科学。它是以梅奥在20年代后期到30年代初期所领导进行的“霍桑实验”的结果为依据提出的，其主要论点有：企业职工不仅是“经济人”，还要看成是“社会人”。他们除了追求金钱收入外，还会追求友情、安全感、归属感等方面的社会的心理的需要。企业中除正式组织外，还存在着“非正式组织”。非正式组织是企业成员在共同工作过程中，由于思想、感情、爱好等相通或相近而形成的非正式团体，它与正式团体相互依存，并对生产率的提高有很大影响。新型的领导能力在于提高职工的满足度，以激励职工的“士气”，从而提高劳动生产率，而职工的满足度在很大程度上是由社会的心理的因素决定的。梅奥的这些观点主要反映在他的代表作《工业文明的人性问题》和《工业文明的社会问题》这两本书中。继梅奥创立人际关系论以后，西方许多学者开始从事行为科学的研究，促进了行为科学的发展。

（二）需要、动机和激励问题的研究

著名的理论观点有马斯洛的“人类需要层次论”和赫茨伯格的“双因素理论”。

美国心理学家马斯洛把人的需要按照其重要性和发生的先后次序排列成五个层次：第一层，生理的需要；第二层，安全的需要；第三层，感情和归属的需要；第四层，尊重的需要；第五层，自我实现的需要。马斯洛认为，人们一般是按照这个次序来追求各项需要的满足的，据此可以解释人的行为动机。

美国心理学家赫茨伯格则认为，影响人们工作行为的因素有两种，一种是“保健因素”，它不能直接起激励职工的作用，但能预防职工产生不满；另一种是“激励因素”，它能使职工产生满意感，激发职工的积极性。属于保健因素的有：公司的政策和管理、督导、工资、同事关系、工作条件等。属于激励因素的有：成就、上级赏识、工作责任、发展机会等。

（三）企业中的“人性”问题研究

代表性理论是美国学者麦戈雷尔的“X 理论—Y 理论”。麦戈雷尔把传统的管理观点叫做“X 理论”，它是基于以下一种片面认识而形成的，即认为工人的本质不诚实、懒惰、愚蠢、不负责任等，从而造成劳动效率不高，因而“X 理论”强调对工人的管束和强制。与此相反，“Y 理论”则认为人不是被动的，人都希望自己的工作取得成就，人的行为受动机的支配，只要给其创造一定的条件，他就会努力工作，从这个认识出发，“Y 理论”主张以诱导的方法，鼓励职工发挥主动性、积极性。麦戈雷尔认为，只有运用“Y 理论”，才能在管理上取得成功。

（四）团体行为的研究

这方面代表性的理论有德国学者卢因的“团体力学”理论。这一理论主要论述了作为非正式组织的团体的要素、目标、内聚力、规范、结构、领导方式、参与者、行为分类、规模、对变动的反应等。

（五）领导方式的研究

这方面代表性理论有利克特的“支持关系理论”和布莱克与穆顿的“管理方格理论”。

利克特认为，有效能的领导者是注重面向下属的，他们依靠信息沟通使所有各个部门像一个整体那样行事。群体的所有成员（包括领导者在内）实行一种相互支持的关系，在各种关系中他们感到在需要、价值、愿望、目标与期望方面有真正共同的利益。利克特认为这是最有效的领导方法。

布莱克和穆顿认为，领导者不仅要关心生产而且要关心人，关心生产的程度和关心人的程度的相互结合就形成了各种不同的领导方式。他们设计了一张方格图来表示这些不同的领导方式。他们认为，把对生产的高度关心同对人的高度关心结合起来的领导方式是最有效率的。

行为科学理论强调“以人为中心”的管理，强调通过激发动机，把职工的行为纳入企业所需要的轨道，强调职工参与管理，这些给管理理论和实践带来了一系列根本性的变化。行为科学的主要局限是：它对人的解释还远远不够，许多理论观点仍然带有推测性质，在实践中验证的结果也很不一致。此外，人的行为是复杂的，这种复杂性是管理者成功地实践行为科学的障碍，对此应有充分的认识。

三、现代管理理论阶段

自20世纪50年代以来，西方管理理论出现了众说纷纭、学派林立的局面。其中主要的学派有：

（一）社会系统学派

该学派以巴纳德为代表，注重从社会学的角度研究分析企业与组织，把企业组织看成一种社会系统，是一种人的相互关系的体系，而且这个体系是社会大系统中一个分支部分，受到社会环境各方面因素的影响。

（二）决策理论学派

该学派以西蒙为代表，它把决策作为管理的中心，认为“管理就是决策”。该学派把系统理论、运筹学、计算机科学和心理学综合运用于管理决策的分析，形成一门有关决策过程、准则、方法等较为完整的理论体系。

（三）系统管理学派

该学派以卡斯特为代表，它试图将各种管理学说兼收并蓄、融为一体，寻求统一适用的模式与原则，从而建立最新的管理理论。该学派强调应用系统的观点和方法全面分析和研究管理问题。

（四）经验学派

该学派以德鲁克为代表，它十分注重通过分析企业或管理者的成功经验，为各级管理人员提供在类似的情况下进行管理活动的策略和技能，从而尽快达到组织目标。

（五）权变管理学派

该学派以卢桑斯为代表，它强调要根据组织所处的环境的变化而随机应变，针对不同的情况，探求不同的最合适的管理模式与方法，不承认有普遍适用和一成不变的最好的管理理论。

（六）管理过程学派

该学派以孔茨和奥唐奈为代表，它认为管理是由一些基本职能（如计划、组织、控制等）所组成的一个独特过程，这些职能之间相互联系，交错运转，形成了管理过程的整体运动。

（七）人类行为学派

该学派以阿普莱等行为科学家为代表，它运用心理学的理论和方法来研究组织行为（包括个人行为、团体行为及其动力、团体之间关系等），研究如何有效地达到共同的目的。

（八）经理角色学派

该学派以明茨伯格为代表，注重考察经理在实际工作中所担任的各种角色和工作活动，从而提出提高管理效率的途径。该学派还把经理工作概括为人际关系、信息沟通、决策等三个方面共十种角色。

应该提出的是，尽管从西方企业管理的发展过程来看，不同学派的管理观点不同，不同时期的管理特点各异，不同学派之间也确实存在着很多争论，但是它们并非相互对立，而是相互补充的。它们体现了人们多角度、多层次、多方法和在不同社会环境条件下进行管理的成果。正是这些研究成果共同丰富了现代管理理论。虽然管理学未来发展的细节研究难以预料，但有一点可以肯定，管理学界将会不断探讨新的管理课题，提出新的理论和新的方法；同样可以肯定的是，在产生新观点的过程中，各种理论观点相互融合、综合发展的趋势将会不可避免地存在。

【案例 2-2】

联合邮包服务公司（UPS）雇用了15万名员工，平均每天将900万个包裹发送到美国各地和180个国家。他们的宗旨是“在邮运业中办理最快捷的运送”。下面以UPS送货司机的工作为例，介绍一下他们的管理风格。

UPS的工程师们对每一位司机的行驶路线进行了时间研究，并对每种送货、暂停和取货活动都设立了标准。工程师记录红灯、通行、按门铃、穿院子、上楼梯、中间休息喝咖啡的时间，甚至上厕所时间，将这些数据输入计算机中，从而给出每一位司机每天工作的详细时间标准。

为了完成每天取送130件包裹的目标，司机们必须严格遵循工程师设定的程序。当他们接近发送站时，就松开安全带，按喇叭，关发动机，拉起紧急制动，把变速器推到1档上，为送货完毕的启动离开作好准备。然后，司机从驾驶室跑出来，右臂夹着文件夹，左手拿着包裹，右手拿着车钥匙。他们看一眼包裹上的地址把它记在脑子里，然后以每秒3英尺的速度快步跑到顾客的门前，先敲一下门以免浪费时间找门铃。送完货后，他们在回到卡车的路途中完成登录工作。

生产效率专家公认，UPS是世界上效率最高的公司之一。举例来说，联邦捷运公司平均每人每天不过取送80件包裹，而UPS却是130件。在提高效率方面的不懈努力，对UPS的净利润产生了积极的影响。

第三节 现代企业管理原理与方法

一、现代企业管理基本原理

（一）系统原理

现代企业是一个高度复杂的开放系统，它具有集合性、相关性、层次性、目的性、整体性、环境适应性等系统特征。管理本身也是一个系统，管理的客体和主体都是系统，因此就需要运用系统的思想和方法来管理企业。这样，系统原理便构成了管理活动的一个基本原理。所谓系统原理就是指为了达到管理的优化目的，必须运用系统的观点、理论和方法来分析和解决管理中的各种问题。在企业管理中运用系统原理，必须抓住系统最基本的特征：

1. 集合性

要把现代企业看成一个系统，这个系统按其功能划分，又由若干子系统组成，如物资供应子系统、生产子系统、销售子系统、财务子系统、人事子系统、信息子系统等，每个子系统又由若干个更小的子系统或要素组成。现代企业系统就是这样一个复杂的集合。

2. 相关性

相关性是指系统中要素与要素之间、子系统与子系统之间按照一种什么样的关系联系起来，如人与人之间的关系、设备之间的工艺流程、资产之间的关系等均反映了相关性。按照系统原理，决定企业的功能不仅是集合性在起作用，相关性也起了重要的作用。这就不难解释为什么两个企业的设备条件、技术力量、生产能力都差不多，而经济效益相差悬殊了。

3. 层次性

系统原理要求，在管理活动中必须分清层次，明确每个层次的职能。管理系统中的每个层次都有两项职能：一是向下一层次发出指令并协调下一层次各子系统之间的关系；二是从上一层次接受指令并结合自己的实际情况加以执行。这样，层层责任明确，各负其责，才能调动各个层次的积极性、主动性和创造性，保证管理工作应有的活力。

4. 目的性

系统原理的目的性要求每个系统都要有明确的目的。企业作为一个系统，应该有它明确的目标，企业内部各部门、各层次在服从企业总目标的前提下，也应有各自的分目标，形成一个目标系统。应该根据这样一个目标来设置机构、安排人员、建立制度，并采取相应的管理方式。

5. 整体性

在现代企业中，应立足整体，统筹全局，科学地协调各部分的关系，以保证整体的优化。因为系统是由它的各个组成部分所构成的一个有机整体，它具有各个组成部分所不具备的新功能，这种整体功能比各部分功能的总和要优越得多。如果撇开整体而片面强调某个部分，则整体优势就会受到损害，到头来局部优势也难以保证。

6. 环境适应性

企业是一个开放的系统，它存在于社会大系统之中，同外界环境有着密切的联系。这就要求企业必须适应外部环境的变化，根据生产发展趋势、社会需求等一系列环境因素的变化，采取相应的措施灵活经营，才能实现企业的目标。

在管理中，运用系统原理，就是要把企业作为一个系统进行设计和研究，使企业的各个要素按照系统的要求进行组织和运行。首先，在管理中要树立整体观念，企业内部各子系统要服从企业整体利益；其次，要充分发挥各个子系统的功能和作用，提高各个子系统的效益，以促进整个系统效益的提高；最后，要提高整个适应环境变动的能力，保持内外环境的动态平衡。

（二）反馈原理

反馈是控制论的一个重要概念，企业系统是人们为实现一定的经营目标而建立的可控系统，企业管理实质上就是一种控制，而反馈是系统控制的客观要求。所谓反馈，就是由控制系统把信息输出去，又把其作用结果返送回来，并对信息的再输出发生影响，以保证系统的运行不偏离系统目标。管理的反馈原理，就是指管理系统通过指令计划发出各种信息，又根据指令或情况做出分析和判断，再发出新的指令或调整计划，以保证企业管理系统的运行合乎目标。

现代企业系统本身及其所处的环境在不断地发展变化，有效的管理必须能对这种发展变化做出及时的反应，这就需要建立有效的信息反馈。有效的信息反馈的基本要求是：

(1) 灵敏。就是能及时地反映管理活动客观实际和管理目标之间的差距。

(2) 准确。就是所提供的反馈信息真实可靠。

(3) 适用。就是能根据管理的实际需要提供各种有用的信息。

(三) 弹性原理

有效的管理必须在坚持原则的基础上，保持充分的灵活性和很强的应变能力，及时适应客观事物各种可能的变化，实现灵活的动态管理，这就是弹性原理。它是现代企业所处的复杂多变的外部环境和内部条件的客观要求。

管理弹性有两类：一类是局部弹性，就是任何管理必须在一系列管理环节上保持可以调节的弹性，特别是在某些关键环节上保持可调节性；另一类是整体弹性，它标志着系统的可塑性或适应能力。

运用弹性原理就是要求管理者在做规划、想问题时要留有充分的回旋余地，以适应客观情况可能的变化。为此，需要事先对客观事物的变化趋势和可能性进行科学预测，事先考虑各种应变方案，这样就能使管理始终保持主动。

(四) 动力原理

管理必须采取各种有效手段，为职工注入强大的动力，充分调动职工的积极性和创造性，推动各项管理活动持续而有效地进行下去，这就是动力原理。及时地引导、考核、认可、奖励是增加职工工作动力的有效手段。

企业管理中有三类基本动力：物质动力、精神动力和信息动力。物质动力是基础，是促使社会生产力不断发展的根本动力。精神动力是支柱，其核心是促进人们追求理想、信念和目标的实现。应该指出的是，当物质极为短缺或十分丰富时，精神的补偿作用往往特别显著。信息动力是指一个人掌握的信息和知识越多时，往往越感到自己的不足，前进的方向越明确，工作的动力也就越大。现代社会中信息的动力将越来越大。

要正确运用动力原理，必须注意处理以下几个问题：

(1) 三类动力既相互补充、相互促进，又相互制约，只有综合运用，才能形成强大的合力。

(2) 正确认识个体动力和集体动力的关系。个体和集体都有他们各自的三类动力，相互之间并不完全一致，必须正确处理个体和集体之间的矛盾，因势利导，综合平衡。

(3) 正确处理眼前动力和长远动力的关系，个体一般容易看重眼前动力，而集体动力与长远动力又紧密相联，切不可只顾眼前动力而忽视了长远动力。

(五) 人本原理

世界上一切科学技术的进步，一切物质财富的创造，一切社会生产力的发展，一切社会经济系统的进行，都离不开人的服务、人的劳动与人的管理。人本原理就是以人为中心的管理思想。这是管理理论发展到20世纪末的主要特点。人本原理主要包括下述主要观点：职工是企业的主体；职工参与是有效管理的关键；使人性得到最完美的发展是现代管理的核心；为人服务是管理的根本目的。

(六) 效益原理

效益是管理的永恒主题。任何组织的管理是为了获得某种效益。效益的高低直接影响着组织的生存和发展。效益是与效果和效率既相互联系又相互区别的概念。效果是指由投入经过转换而产出的有用成果，其中有的是有效益的，有的是无效益的。例如，有的企业生产的产品虽然质量合格，但它不符合社会需要，在市场卖不出去，积压在仓库里，最后甚至会变成废弃物资。这些产品是不具有效益的。所以，只有那些为社会所接受的效果，才是有效益的。效率是指单位时间内所取得的效果和数量，反映了劳动时间的利用状况，与效益有一定的联系。但在实践中，效益与效率并不一定是一致的。例如，企业花费巨额投资增添技术设备来提高生产率，如果实际结果使单位产品生产的物化劳动消耗的增量超过了活劳动的减量，从而导致生产成本增加，就会出现效率提高而效益降低的现象。

二、现代企业管理方法

(一) 行政方法

行政方法是指在一定的组织内部，以组织行政权力为依据，运用行政手段(如行政命令、指示、规定)，按照行政隶属关系来执行管理职能，实施管理的一种方法。行政方法是管理的基本方法。为了在组织中保证行为的协调统一，目标一致，行政方法就必不可少。行政方法的特点有：

(1) 行政方法具有强制性，它以行政权力为基础，以下级服从上级为原则。

(2) 行政方法具有明确的范围性，即它只能在所属的行政系统之中才能生效。

(3) 行政方法具有速效性，因为下级必须服从上级，所以，行政方法能够很快见效。

运用行政方法，必须按客观规律办事，讲究科学性，注意从实际出发，只有正确的指令、规定，才能保证管理的效率。在经济管理活动中，行政管理方法是必要的，但有很大的局限性。

(二) 经济方法

经济方法是指以人们的物质利益需要为基础，按照客观经济规律的要求，运用经济手段（如工资、奖金、罚款）来执行管理职能，实现管理任务的方法。

管理的经济方法是经济管理的主要方法，在现阶段，生产力发展水平决定，物质利益需要仍是人们的第一需要。无论人们进入什么样的组织，经济利益都是人们所考虑的重要因素。所以，无论是国家对经济组织的管理，还是组织内对各组织成员的管理，经济杠杆、经济手段都有其独到的作用，特别是在经济组织内部就更是如此。

经济方法与行政方法不同，它不带有强制性。它需要正确地运用物质利益原则来激励或约束成员的行为。经济方法的实质是执行按劳分配原则。在社会主义市场经济中，经济方法的作用显得更为重要。但必须看到，经济方法也有一定的局限性，因为它是以利用价值规律为基础的。如果不与其他管理方法相结合，就会产生一定的盲目性和矛盾，达不到预期的目的。

(三) 法律方法

法律方法指根据国家制定的法律法规，对人们的经济活动和其他活动依法管理的方法。法律是具有普遍强制力的行为规范，是一切管理活动的基本依据。在经济活动中，经济法规是管理、调整国家机关、企业、事业单位和其他社会组织之间，以及它们与公民之间在经济活动中发生社会关系的法律规范；是国家和企业进行经济管理和从事经济活动的规范。

用法律方法进行经济管理包括两个内容：一是经济立法，二是经济执法。经济立法解决社会经济活动应在什么样的规范下开展，而经济执法则是对违法行为的查处，以杜绝这种行为再生，使制定的法律规范发挥应有的作用。

(四) 教育方法

教育方法指运用思想政治工作，企业文化、企业精神的建设等来提高职工的积极性，加强组织的向心力，增强组织的凝聚力，促进组织目标实现的管理方法。教育方法通过感情投入、思想政治工作、企业文化建设等创造出满足职工物质利益之外的要求的环境和条件，使职工振奋精神，积极向上。

管理的发展史表明，教育的方法不是万能的，但缺少教育方法，在现代管理中也是万万不能的。西方企业在20世纪80年代掀起的企业文化热潮就是确认教育方法重要性的佐证。发展社会主义市场经济，要求注重经济方法、法律方法的运用，但不能摒弃教育方法。

(五) 数量分析方法

数量分析方法是指运用有关数学和新兴学科的理论进行管理，解决管理问题，提高管理科学性的方法。现代管理除了是一种哲学外，还包括大量规范分析特别是模型化的数学分析。数学分析方法与定性分析方法相结合，不仅会使决策更科学、可靠，而且会大大提高管理的效率。当然，数学分析方法不是万能的，模型不能取代个人决策，特别是非程序性决策。所以，对数学方法应有一个正确的态度，既要看到它的科学性和有用性，同时也要认识到它的局限性；不能迷信，也不能一概否定。特别是在决策过程中，不能完全靠运用数量决策模型来做重大决策，但又必须充分重视数量决策模型的分析结果，提高管理的效率。

第四节 企业管理基础工作

一、企业管理基础工作的定义、特点和作用

企业管理的基础工作是为实现企业的经营目标和有效地执行管理职能提供资料依据、共同准则、基本手段和前提条件的工作，是开展科学管理、实现管理现代化的基础。

(一) 企业管理基础工作的特点

1. 科学性

基础工作体现和反映了企业生产经营活动的客观规律，是实现科学管理的客观要求。因此，基础工作必须尊重科学，按客观规律办事，才能发挥作用。

2. 群众性

基础工作是为各项专业管理发挥其职能作用创造条件的一项经常性工作。它涉及面广、工作量大，与企业每个职工都密切相关，而且在企业的日常管理工作中处处都离不开基础工作。因此，需要依靠全体职工制定工作细则并持之以恒地贯彻执行才能搞好管理工作。

3. 先行性

基础工作是为了各项专业管理提供资料、准则、条件和手段，因此，它必须走在各项专业管理业务职能工作之前，是一项前提性工作。否则，各项专业管理业务职能工作，就将成为无源之水、无本之木，无法发挥它应有的作用。

4. 变动性

基础工作确立以后，必须保持相对稳定。但企业的生产技术组织条件是会发生变化的，生产力发展和企业管理的水平是会不断提高的。因此，基础工作必须随着这些客观条件的变化而相应变化和不断完善，不是一成不变的，不能一劳永逸。

（二）企业管理基础工作的作用

企业管理基础工作的作用主要表现在以下几个方面：

（1）它使管理者做到心中有数。

（2）它是实现各项管理职能的基本前提。

（3）它是推行经济责任制、贯彻按劳分配原则的必要条件。

（4）它是向企业管理现代化发展的基本条件。

二、企业管理基础工作的内容

不同行业、不同生产特点的企业，其基础工作的具体内容和表现形式各不相同。就其共同性来看，其主要内容包括以下几个方面。

（一）标准化工作

标准化是指以制定和贯彻标准为主要内容的有组织的活动过程。标准化工作，就是指标准的制定、执行和管理工作。标准是标准化活动的核心。标准化的目的和作用，都是通过制定和贯彻具体的标准来体现的。所谓标准，是指为取得全局的最佳效果，依据科学技术和实践经验的综合成果，在充分协商的基础上，对经济、技术和管理等活动，以特定的程序和形式颁布统一的规定。

1. 标准按其性质可分为技术标准、管理标准

（1）技术标准。技术标准是企业标准的核心和主体。它是对生产对象、生产条件、生产方法以及包装储运等所作的应该达到的程度和必须共同遵守的规定，是一种技术上的法规。技术标准种类繁多，而且有不同的分类方法，按其内容来说，主要有：

①基础标准。它是指现代工业生产技术活动中最基本的、具有一般共性的广泛指导意义的标准。基础标准是标准化工作的基础，是制定其他各类标准的前提。

②产品标准。它是为某一类（或某一种）产品的尺寸、主要性能参数、质量指标、检验方法以至包装、储存、运输等方面所制定的标准。

③工艺标准。它是指根据企业的产品特点和生产情况，对产品的工艺要素、工艺规程和工艺文件等进行合理的统一和简化而形成的标准。

④工艺装备标准。它是指工、卡、量、刀具及其零部件标准。

⑤设备使用维修规程。它是指设备在使用中和进行维护保养，以及进行种种修理时所应遵守的各项标准。它主要是关于设备的开动、停机、负荷、润滑、清扫、检查、修理及其他使用时注意事项等方面的规定。

⑥安全与环境保护标准。一切有关设备与人身安全、卫生以及保护环境的专门标准都归入这一类，包括产品中的安全标准、工程建设中的“三废”排放标准、食品卫生标准等。

技术标准化在工业企业中的作用是多方面的。它是保证产品在技术上的衔接与协作配合、组织现代化生产的重要手段，可见，技术标准化工作，对企业来说，是关系到全面提高经济效益的大事，企业一定要把技术标准化工作作为提高经济效益的重要基础工作，认真抓起来。

（2）管理标准。管理标准是对企业各项管理工作的业务内容、职责范围、工作程序、工作方法和必须达到的工作质量以及考核奖惩办法等所规定的准则。

2. 标准按其适应领域和有效范围，可分为国家标准、专业标准、企业标准、国际标准和国际地区标准：

（1）国家标准。指对全国经济、技术发展有重大意义而必须在全国范围内统一的标准。

（2）专业标准（行业标准）。指全国性的各专业范围内统一的标准。它适用于该专业的所有企业和单位，以及使用该专业产品的其他的企业和单位。

（3）企业标准。指对企业生产技术组织工作具有重要意义而需要统一的标准。凡是没有国家标准和专业标准的产品都需制定企业标准。为了不断提高产品质量，企业还可以制定比国家标准、专业标准更先进的产品质量标准，作为“内控”标准。

以上是我国标准的分级办法。不同的国家可以有不同的分级办法，但一般来说都是国家、专业（行业）和企业三级。

（4）国际标准和国际地区标准。国际标准是由国际标准化组织（ISO）和国际电工委员会（IEC）制定颁布的标准。采用国际标准对于扩大国际上的贸易往来和科学文化交流，以及增强我国产品在国际市场上的竞争能力，有着极为重要的意义。国际地区标准是由国际地区性（或国家集团性）组织制定颁布的标准，如欧洲标准化委员会（主要是西欧国家）制定发布的标准。

（二）定额工作

定额工作是指各类技术经济定额的制定、执行和管理等工作。定额是企业在一定生产技术组织条件下，对人力、物力、财力的消耗、利用和占用所应遵守和达到的标准，是用数量或价值形式规定的界限。

企业的定额多种多样，归纳起来有如下几类：（1）劳动定额；（2）设备定额；（3）物资定额；（4）流动资金定额；（5）管理费用定额。

（三）信息工作

企业管理中的信息是经过加工处理对技术经济管理活动有影响的数据。数据是记录下来的事实，对它进行整理分析后，就成为对管理活动有用的信息。信息工作主要是指企业生产经营及执行决策所必需的资料数据的收集、处理、储存等管理工作。信息在管理系统中流动，形成管理信息系统。科学的信息系统由原始记录、统计资料、科技经济情报和科技经济档案等构成。

（四）规章制度

企业的规章制度是企业对生产技术经济活动所制定的各种规则、程序、章程和办法的总称，是企业全体职工在生产技术经济等各项活动中共同遵守的规范和准则。它是现代化大生产的客观要求，是从经验管理转为科学管理的一个重要标志。企业的规章制度主要包括各种形式的责任制度和专项管理制度两大类。

第五节　企业文化

一、企业文化的性质

（一）企业文化的概念

企业文化是在一定的社会历史条件下，企业及企业职工在生产经营和企业管理中逐步形成的观念形态、形式和价值体系的总和。

作为一种组织文化，企业文化中包含着三种不同的文化形态：一是物质文化，包括企业的产品、物质技术设备、工艺水平、服务项目、环境设施等；二是制度文化，包括企业的组织制度、规章条例、奖惩措施、管理方式、仪式、习俗、人际关系等；三是精神文化，特指企业精神、企业的价值观、企业信誉和形象、职工的道德规范、职工的文化素质与行为取向等。以上三种文化形态在企业文化结构中处于不同的层次和地位，其中物质文化着眼于企业中物质要素的存在方式，具有直观的物质形态，处于企业文化结构的表层，又称外显文化或表层文化；精神文化着眼于企业中人的存在方式，蕴含于企业领导者与职工的心理及行为活动之中，处于企业文化的核心层，又称内隐文化或深层文化；制度文化则是通过组织和制度规范将人与物联结组合起来的纽带，因而处于企业文化结构的中间层次。可见，企业文化实质是由物质文化、制度文化和精神文化按照一定方式和层次结合而成的有机结构体。

（二）企业文化的性质

企业文化作为企业组织的特殊存在方式，具有如下基本性质：

1. 企业文化是一种客观存在的文化现象

作为人类文化系统的一个重要组成部分，企业文化如同其他文化现象一样，是与其载体共生的，即企业文化依赖于企业的存在，没有企业就没有企业文化。企业文化直接取自于企业的生产活动，必然与企业相伴而生，共其始终。

2. 企业文化是社会文化和民族文化的现实反映

社会文化是一定社会特有的文化，是该社会生产方式、社会制度、社会结构以及主要民族的历史传统的综合体现。企业是社会的主体成员之一，企业亚文化也因此受到其他社会主体亚文化的影响和制约，其中尤以民族文化的影响最为深刻，并对企业文化的深层结构发生影响，使企业文化具有鲜明的民族文化的烙印。企业文化的社会性、民族特征，决定了社会文化和民族文化对于企业的基础作用。只有深深根植于社会及本民族文化的土壤之中，才能培育出具有强大生命力和深厚底蕴的企业文化。

3. 企业文化的本质是企业的“人化”

人是一切文化的缔造者，同样，人是企业的物质、制度及精神文化的直接创造者。在构成企业文化的诸要素中，人始终居于首要的主体地位。企业文化的主旨与核心就是以人为中心，关心人，重视人，尊重人，为人的全面发展和价值实现创造条件，力求使企业成为人的价值实现的舞台，达到企业兴旺发达与个人全面发展的双重目标。

4. 企业文化具有明显的个性或独特性

作为一种组织文化或群体文化，企业文化的形成还受到本企业组织环境和群体特性的影响和制约。任何企业之间都不可能具有完全相同的组织环境和群体特性，因此，企业文化的个性或独特性也是普遍的、绝对的。企业文化这一性质使每个企业形成仅为本企业认可和通行的价值观念、道德规范和行为方式，同时使企业在与众多企业的市场竞争中表现出独特的形象和风格。

二、企业文化的构成

企业文化是具有丰富内涵的亚文化系统，其中包括一系列基本构成要素。企业文化是由多种要素按照一定方式组合而成的。

（一）价值观念

价值观念是企业及全体员工一致赞同的关于客观事物对于企业是否具有价值，以及价值大小的共同认识或看法。它体现了一个企业的基本概念和信仰，反映了企业的内部衡量事物重要程度及是非优劣的根本标准，因而是企业文化的核心和基石。价值观念的确立对企业文化的其他要素具有决定作用，体现了企业的最高目标和宗旨。

（二）企业精神

企业精神是指企业及全体员工共同具有的精神状态和思想境界。它与企业价值既有区别又有联系。二者的区别表现在，价值观是企业主体对客体对象的价值判断，体现了人对客观事物的观念反映。企业精神则是描述一个企业全体职工的主观精神状态，塑造企业精神，主要是对思想境界提出要求，强调人的主观能动性。企业文化之所以要在确立价值观体系的基础上塑造企业精神，是由于后者的作用更侧重于激发职工的主观能动性，增强企业的凝聚力和职工行为的一致性。

（三）制度规范

制度是企业内部按照组织程序正式制定的成文的规章和规定，如人事制度、奖惩制度等。规范则可以是成文的，也可以约定俗成，如道德规范、行为规范等。制度规范是企业价值观念、道德观念和行为准则的具体化和条例化，是企业文化的组织保障系统。它把企业职工的价值共识以及在分工协作、协调相互关系、保持行为一致性方面的共同要求以条文的形式确定下来，从而对职工行为形成有形或无形的约束。

（四）习俗仪式

习俗仪式包括企业内带有普遍性和程式化的各种风俗、习惯、传统、典礼、仪式、集体活动、娱乐方式等。习俗仪式作为企业文化的构成要素之一，是企业在成长和发展过程中长期积累、不断重复而逐渐形成的，实质是企业的价值观念、精神境界与存在方式的积淀和体现。与制度规范相比，习俗仪式带有明显的动态性质，具有鲜明的文化特色。企业活动一旦习俗化，就会形成自然风气和职工的习惯化行为，即使没有外在制度规范的约束和内在价值追求的激励，也会做到自然地实行，并且作为文化传统代代相传，经久不衰。因此，使价值观念、企业精神、制度规范等文化要素习俗化，是企业文化生长发展的最终目标，也是企业文化发育成熟的标志。

（五）英雄人物

英雄人物是指企业中具有超出一般职工的思想境界和行为表现，能够成为榜样和表率的先进个人或群体。他们可使企业文化得以人格化、品质化，成为生动具体的形象。不仅如此，领袖型的英雄人物往往还是企业文化的设计者、倡导者和培育者。英雄人物具有榜样作用，通过对英雄人物的仿效和追随，使职工群体的文化素养得到普遍提高。

（六）物化环境

物化环境是指企业内部的物质条件和企业向社会提供的物质成果，包括厂房设施、技术设备、环境布置、文化设施、产品、服务、环境保护、社会赞助等。物化环境是企业文化的物质表现和凝结，也是企业职工赖以生存发展的场所和条件，良好的内部环境设施可以促使职工为追求理想目标和自我完善而更好地生活、工作、学习，求得自身的全面发展。此外，物化环境作为物质文明的体现，与企业的精神文明互为条件。培育优良的物化环境可以促进精神文明建设，为优秀企业文化的形成奠定物质基础。

【案例 2-3】

海尔集团是以企业文化为软系统的现代企业，它的每一次经营上的创新都来自于一次企业文化的革命。海尔集团的领导层认为，企业文化是企业管理中最持久的驱动力和约束力，它高度融合了企业理念、经营哲学、价值观和个人的人生观，是一个企业的凝聚剂。

海尔的经营理念具有鲜明的个性，同时有较强的哲理性和实用性，具体表现为海尔定律（斜坡球论）：企业如同爬坡的一个球，受到来自市场竞争和内部职工惰性而形成的压力。如果没有一个止动力，它就会下滑，这个止动力就是基础管理。以这一理念为依据，海尔集团创造了 OEC 管理，即海尔模式；80/20 原则，即管理人员与员工责任分配的 80/20 原则，也即“关键的少数制约次要的多数”。

海尔的市场观念有：“市场唯一不变的法则就是永远在变”，“只有淡季的思想，没有淡季的市场”，“卖信誉，不是卖产品”，“否定自我，创造市场”。

【复习思考题】

1. 如何理解企业管理的性质？企业管理有哪些职能？

2. 你认为今天还有必要学习古典管理理论吗？为什么？

3. 梅奥对管理理论的发展有哪些贡献？

4. 你如何评价西方管理理论？从中可获得哪些启示？

5. 现代企业管理有哪些基本原理？谈谈你对效益原理的理解。

6. 企业文化有哪些功能？企业文化能提高企业业绩吗？谈谈你的看法。

【本章案例】

微软管理的基本原则

在公司组织和管理方面，微软始终遵循着这样一项策略，即坚持挑选那些既懂专业技术又懂经营之道的精明人士担任领导职位。这项策略可归结为四个原则：

（1）聘请一位对技术和经营管理都有极深造诣的总裁。

（2）围绕产品市场，超越经营职能，灵活地组织和管理。

（3）尽可能任用最具头脑的经理人员——既懂技术又善经营。

（4）聘用对专业技术和经营管理都有较深了解的一流职员。

从理论上来说，这些原则并非微软独家所创，但从实践看，很少有公司能够拥有像比尔·盖茨这样既精通专业技术又知道如何把它们转化为数十亿美元资产的总裁。事实上，许多公司在采用与微软类似的管理方法，即围绕产品市场，超越经营职能进行组织和管理。但是，它们往往不能同时维持一个强大的产品市场和一系列领先的核心技术。而微软在加强组织管理以适应不断变化的市场方面做得颇为出色，有时甚至可以领导市场潮流。它逐步建立起来的技术力量已经能够满足巨大且日益增加的产品系列的需要。

许多公司雇用或提升经理人员的条件仅仅基于对管理能力的考虑，而并不看重他们的技术知识和经营管理相结合的程度。微软在选拔经理人员时，把他们的技术知识和运用技术知识去赚钱的能力放在首位。虽然这种方法可能导致公司缺乏素质良好的中层管理人员，但这对微软在竞争激烈的高科技产业中进行软件开发是大有裨益的。此外，通过新一轮的雇用，微软可以不断地扩大已经具备的技术基础，比如为用户的软件增加新的程序等。

微软对筛选职员，尤其是软件开发员的条件特别苛刻。在挑选软件开发员时，往往在所有的应征者中只雇用2%～3%。在聘任经理人员时，微软则重视选拔那些既拥有较高的技术能力，又睿智明理，知道如何运用自己的技术来为公司推出新产品的出色职员。

在很多方面，微软的生产单位经理们就像两千年前古罗马军团中的百夫长那样运作。他们都精明能干，不需要过多的指示，对于突如其来的机会和威胁反应迅速。他们在组织机构中拥有足够的资源，独立运作；平时各尽其责，只是偶尔进行汇报，但他们只处于一定的职责范围内而不能越雷池一步。当然，首领也深信这些百夫长以及他们的部属是在为整个团体的利益而奋斗。微软的业绩证明：虽然无法做到使每位用户都满意，然而毋庸置疑，微软拥有一位杰出的领导者、一支卓越的高层管理队伍、一群勤奋努力的职员；他们不仅对专业技术和软件业有很深的了解，也知道如何去赢得成功。

资料来源：中国明星企业网（www.ucnu.com）

案例思考题

1. 本案例提到了微软的哪些职能管理活动？
2. 你认为微软的管理制度遵循了哪些管理原理？
3. 你认为该公司还应该进行哪些方面的管理变革？

第三章　现代企业制度与国有企业改革

【教学目的与要求】 明确企业制度的内涵以及公司制企业的类型；准确把握现代企业制度的基本特征；明确董事会领导下的总经理负责制内容和公司制企业法人治理结构的特点；对国有企业改革的历程和国有企业改革的任务有更深入的认识。

企业是市场的基本经济单元和竞争主体。现代市场经济的一个重要支点和微观基础，就是现代企业制度。不确立企业在市场中的主体地位，不建立起现代企业制度，也就没有现代市场经济。因此，在构造市场经济体制的宏观框架的同时，必须对计划经济体制下形成的原有企业制度进行改革创新，重塑市场经济体制的微观基础。

第一节　企业制度及其基本形态

一、企业制度的内涵

企业制度是一种企业财产的组织形式，决定着企业的资产运营和经营机制。或者说企业制度是以企业产权制度为核心，包括企业经营制度（经营方式）和管理制度等的总称。它是一定历史条件下形成的一种企业经营关系，也是一定社会经济制度的重要体现，并受到一定经济管理体制的制约。企业制度所包含的内容比较广泛，大致包括：企业的经济形态、经营形态、法律形态和企业管理制度。

（1）企业的经济形态。即通常所说的所有制形态。它是以出资的主体来划分的，其核心是产权问题。企业的经济形态是企业制度最基本的内容，它对企业制度的其他方面具有决定作用。

（2）企业的经营形态。即通常所说的企业经营方式。它包括企业中谁经营和如何经营，即所有者与经营者之间的责、权、利关系问题。

(3) 企业的法律形态。是指对一定经济形态的企业通过立法、依法确立的企业形态，以便使企业受法律的保护和约束。

(4) 企业的管理制度。主要是指企业内部的治理组织结构、领导与管理体制，以及各种基本经营管理制度，如劳动人事制度、分配制度、财务会计制度等。

二、企业制度的四种基本形态

在资本主义市场经济数百年的发展中，随着生产力的不断发展和资本主义财产关系的不断变化，企业制度也经历了一个由简单到复杂，由低级到高级的演变过程。历史上先后出现的企业形式大体上有以下四种形态：

(一) 个人业主制企业

个人业主制企业又称个体企业，它是由业主个人出资兴办，由业主自己直接经营的企业。业主享有企业的全部经营所得，同时对企业的债务负有完全责任。如果经营失败，出现资不抵债时，业主要用自己的家财来抵偿。这种企业在法律上称作自然人企业，不具有法人资格。我国现在的个体户企业和私营企业属于此类企业。

个人业主制企业一般规模较小，内部管理机构简单。其主要优点是：产权可以自由转让，经营者与所有者合一，经营方式灵活，决策快速，精打细算。它的弱点在于：企业本身财力有限，而且受偿债能力的限制，取得贷款的能力较差，难于从事需要大量投资的大规模工商业活动，企业经营的成败完全依赖于业主个人的素质。

(二) 合伙制企业

合伙制企业是由两个或两个以上的个人联合出资和经营的企业，合伙人共同分享企业经营所得，并对经营亏损共同承担责任。它可以由部分合伙人经营，其他合伙人仅出资并共负盈亏，也可以由所有合伙人共同经营。英、美等国视合伙制企业为自然人企业，但在法、德、日等国，以无限公司形式出现的合伙制企业则被承认为法人组织。

合伙制企业与个人业主制企业相比较，其主要优点是：由众多合伙人共筹资本，共同偿债及承担风险责任，其筹资能力大大提高。同时，合伙人对企业盈亏负全部责任，这就意味着他们以自己的全部家产共同为企业担保，因而有助于提高企业的信誉。但合伙制企业也有自己的缺点。由于合伙制企业是根据合伙人之间的契约建立并按照协商一致的原则共同经营的，所以在接纳新的合伙人增加资本时，法律上手续复杂，经营中容易造成决策上的延误。另外，所有合伙人对于企业债务都负有连带无限清偿责任，这会使那些并不能控制企业的合伙人面临很大的风险。

（三）合作制企业

合作制企业是指所有加入者共同投资、合作经营、共同分担股本与劳动的企业。其主要特征有：企业的所有者同时是企业的职工，劳动者与所有者实现结合。这是它与合伙制企业的根本区别（合伙人并不一定都参加本企业的工作）。企业税后利润一部分按劳分配，另一部分按股本金分配。具有劳动者自带资本金性质，外部人员不能入股，企业资产的股权分属于职工个人或社员所有。这是它与股份制企业的主要区别。合作社制度在市场经济发达国家有悠久的历史，在我国也曾普遍实行，并被视为一种集体所有制企业。经验证明，合作制有利于调动企业职工的积极性，有利于增强企业活力，提高经济效益。

（四）公司制企业

公司制企业一般是指由两人或两人以上（既可以是自然人，也可以是法人）集资联合组成的法人企业。公司与个人业主制企业、合伙制企业虽然都是法律承认的企业组织形式，但它不同于作为自然人的上述企业，与自然人企业的组建程序和责任形式都是有区别的。尤其是现代公司制企业，包括有限责任公司和股份有限公司，同合伙制企业相比，由于公司拥有法人财产、出资者只对公司承担有限责任，以及资本的所有权与法人财产权和经营权相分离等特点，更便于大规模筹集资金和提高资本的流动性，并有利于保证公司决策的及时性和正确性，从而更符合市场经济和社会化大生产的要求。

市场经济条件下企业制度的演变，是与生产的社会化和商品经济的发展紧密联系在一起的，是社会生产力发展的必然结果。同时，由于社会生产力发展的渐进性和不平衡性，企业制度演变的结果则是个人业主制企业、合伙制企业、合作制企业和公司制企业同时并存，而公司制企业占有支配地位。

三、公司制企业形式

在现代市场经济国家中，公司制企业虽然在数量上不是最多的，但它们却占据支配地位。在组织构造上，公司制企业比其他企业要复杂得多。现代市场经济中企业制度的演变，主要表现在公司制度的逐步完善和成熟上。

公司的形式即公司存在的方式。公司按其存在的方式不同可分为许多种类。其一般的分类方法有：公司按其债务承担方式和资本是否分为等额股份可分为无限责任公司、有限责任公司、两合公司、股份有限公司、股份两合公司；按照公司的信用基础可分为人合公司、资合公司、人资两合公司；按照下属单位分布情况可分为地区性公司、跨地区性公司、全国性公司、跨国公司；按照所属单位的生产技术经济联系情况可分为专业公司、联合公司、综合性集团公司，等等。

以上各种分类中，最主要的分类方法是按债务清偿责任的分类，它是公司的法律形式，也是公司的基本形式。它既反映了公司内部的经济关系和法律关系，也反映了公司与外部的经济关系与法律关系。下面仅对几类典型的公司法律形式加以介绍。

（一）有限责任公司

有限责任公司，或称有限公司，是指由法定的一定人数的股东共同出资，不公开发行股票，股东以其所认缴的出资额对公司承担有限责任，公司以其全部资产对其债务承担责任的法人企业。

有限责任公司的基本特征是：（1）公司的股东人数不但有法定的最低人数下限，而且还有法定的最高人数上限（我国公司法规定为2人以上50人以下）。（2）公司股东向公司的出资额由股东协商确定，公司的资本由若干份额所组成，但不分为等额股份，公司向股东签发出资证明书，不发行股票。股东根据出资份额负有限清偿责任，并以其出资份额享受不同的权利承担不同的义务，公司以其全部资产对公司债务承担责任。

有限责任公司的主要优点是：（1）公司不发行股票，股东人数有限，公司内外部关系比较简单，公司比较容易组建。（2）公司股东人数较少和规模较小的，可以不设董事会，而只设一名执行董事并可以兼任公司经理，其管理机构简单，更适宜于中小规模企业的需要。（3）公司股东人数较少而且固定，他们更加关心公司经营，同时也有利于彼此之间沟通情况，协调意见。

有限责任公司的主要缺点是：（1）公司由于只负有限责任，其信用程度不如无限公司高。（2）有限责任公司兼有资合公司和人合公司的双重特点，股东转让股本必须征得其他股东的同意，因此，公司股东转让股本比较困难。

（二）股份有限公司

股份有限公司是由若干人以上的股东所组成，注册资本由等额股份构成，并通过发行股票（或股权证）筹集资本，股东以其所认购股份对公司承担有限责任，公司以其全部资产对公司债务承担责任的企业法人。

股份有限公司的基本特征是：

（1）公司的资本（股本）总额分为等额股份。股份是股份有限公司最重要的条件之一，是股份有限公司区别于其他公司法律形式的一个基本标志。这里所说的资本，是指由股东出资购买股票所构成的资本金数额，它不同于公司的资产。

（2）股东以其所认购的股份对公司承担有限责任，公司则以其全部资产对公司债务承担责任。公司债权人只能向股份有限公司行使债权，而不能直接对它的股东行使债权。

（3）股东人数不得少于规定的数目（我国公司法规定一般应当有5人以上为发起人），但没有最高的上限，股东以其持有的股份享受公司的权利和承担义务。

股份有限公司的主要优点是：

（1）有利于吸收资本。它可以采取发行各种形式的股票的办法来吸引投资者，从而使股份有限公司资本来源广泛，可以很快地集聚巨额资本，以便从事大型项目的经营。

（2）有利于保护股东利益。由于公司采取有限责任制，当公司破产时，股东除了其认购股份外，不会受其他牵连。

（3）股份有限公司实行资本证券化，股票可以自由交易和转让，保证其资本的流动性，有利于公司之间的竞争和经济结构的调整。

（4）股份有限公司是典型的资合公司，公司的所有权与经营权分离，可以由受过专门训练、经验丰富的专业人员来经营管理，从而有利于提高管理水平和效率。

（5）本公司职工可以买股票入股，这样可以使公司的经营成败与职工的切身利益紧密结合起来，有利于调动公司职工搞好生产经营和参与管理的积极性。

股份有限公司的缺点主要是：（1）公司设立程序繁杂，不易组建，且要定期向社会公布财务状况，保密性差。（2）由于股票可以自由买卖，股东流动性大，公司难以控制。同时，股东买卖股票多数是为赚取差价，对公司往往缺乏责任感。

（三）独资公司

独资公司或称一人有限责任公司，是指由一人（法人或自然人）拥有全资，公司以其全部资产对其债务承担责任的企业法人。它是资本主义国家近些年来才出现的一种新的有限责任公司形式。关于一人有限公司的组织与管理，资本主义各国的公司立法都不尽相同，一般来说其主要特征是：

（1）突破传统公司法关于必须由两个以上的股东组成有限责任公司的规定，由一个法人或自然人做股东组成有限责任公司，股东以注册资本承担有限责任。

（2）每一自然人只允许成立一个一人有限责任公司，而对法人则没有数量上的限制，但法人的一人公司不得再成立另一个一人公司。

（3）在对独资公司的经营管理上，一人股东可身兼多职，拥有全权。独资公司也可以委托和雇用他人经营公司。

我国《公司法》明确规定，“国务院确定的生产特殊产品的公司或者属于特定行业的公司，应当采取国有独资公司形式”，并指出，“本法所谓国有独资公司是指国家授权投资的机构或者国家授权的部门单独投资设立的有限责任公司”。

第二节　现代企业制度

一、现代企业制度的内涵

所谓现代企业制度是指适应现代市场经济和社会化大生产要求，以法人财产权为基础，以有限责任制度为核心，以公司制为基本形式，规范企业各方面基本经济关系的制度体系。要正确理解现代企业制度的概念，应注意以下几点：

“现代”一词，不仅是一种自然时间的概念，而且是一个包含着丰富历史内容的概念。它区别于过去传统的企业制度，如传统的业主制和合伙制企业。这类企业是典型的自然人企业，其特征是企业不具有法人资格，而只是它们的所有者的延伸。在法律上，企业无法同成立它们的作为自然人的所有者分开。自然人企业无限责任的风险性及生产规模的有限性，也使得企业无法适应现代市场经济和社会化大生产的要求。

“制度”一般指行为的约定或行为的规范。现代企业制度的实质是处理现代企业基本经济关系的规则。现代企业所涉及的基本经济关系主要是出资者、经营者、员工、企业、企业债权人以及与企业有关的其他民事主体这六个利益主体间的相互责任、权利、利益关系。如果上述关系得不到妥善处理，不仅无法保证企业内外合作，使企业具有活力；而且将使整个经济系统处于无序的低效率状态。因此，必须制定一整套规范，引导和约束各利益主体的行为。

正确理解现代企业制度应注意区分现代企业制度与现代企业经营管理制度。现代企业的经营管理是极为复杂的活动，为保证其效率，需要一整套经营管理制度加以规范，它既包括涉及基本经济关系的产权制度、领导制度等，也包括企业的各项专业管理制度。上述两类制度属于不同的层次，前者构成现代企业制度的主要内容；后者即企业内部的各项专业管理制度，是规范企业具体生产经营活动的，处于从属地位。因此，应该区别两种不同层次的制度，把建立现代企业制度明确定位在理顺企业基本经济关系方面，才有利于抓住主要矛盾，推动企业改革深入发展。

二、现代企业制度的特征

现代企业制度的基本特征包括三个主要方面：

（一）企业法人制度

企业法人制度是以企业法人财产权为基础的。所谓产权，即财产权，一般是指以所有权为核心并从所有权派生出来的占有权、使用权、收益权、处置权等权利及与之相应承担的义务的总称。在业主制、合伙制、合作制等企业中，出资者（所有者）往往同时是主要的经营者。因此，产权的施行往往是所有权与经营权（即占有、使用、收益、处置等权利）合一，它们是不分离的，从而不存在法人财产权。随着公司制的建立，特别是股份公司的建立，公司的财产是由为数众多的股东出资形成的，出现了所有权的多元化和分散化。但公司的经营管理必须是统一的，并且要把分散的财产集合为统一的资产，从而形成了所有权分散与经营权统一的矛盾，引起了“两权”分离。所有者除保留财产的终极所有权（常称原始产权）和应得利益外，把财产的占有、使用等权利交给经营者执行，这就是企业法人财产权形成的契机。而企业法人财产权，就是指企业这个法人所拥有的占用、使用、收益和处置等权利，并以法人财产承担民事责任。只要企业法人仍然存在，也就是说只要企业不解散、清算或破产，任何人，即使是企业出资者（企业的所有者）也无权从企业中直接抽回或支配他出资的部分，企业法人财产权是从所有者的财产所有权分离出来，组合形成的。

（二）有限责任制度

所谓有限责任制度，包括两层意思：一是企业以其全部法人财产为限，对其债务承担有限责任；二是企业破产清理债务时，出资者只以其原投入企业的出资额为限，对企业债务承担有限责任，不涉及出资者的其他财产。有限责任制度是在激烈的市场竞争环境中，出资者实行自我保护的一种有效办法，它可以解除投资者的顾虑，吸收更多投资；同时，有限责任制度可以使企业不受出资者其他企业的破产的牵连，也是企业法人财产权自我保护的一种方式。这使得企业制度对现代经济有很强的适应力，是现代企业制度的重要标志。

有限责任制度和企业法人财产权制度之间是权责一致的关系。企业以其法人财产行使占有、使用、收益、处置等生产经营活动的权利，并以此承担应有的责任，超出这种权利范围的责任，企业是不可能承担的，也不应该承担。

(三) 科学的组织管理制度

现代企业法人财产权和法人制度的建立需要有一套与之相适应的科学的组织管理制度，它包括：首先，要建立一个与企业法人财产权和法人制度相协调的治理结构，形成一个调节所有者和经营者之间的利益关系的机制。其次，要有一个正确反映企业法人财产权关系以及企业经营业绩的财务会计制度，使企业的关系人，如所有者、债权人、政府税务部门和有关机构、经营者、生产者、社会公众都能了解和评价企业的经营绩效，以便作出相应的决策。再次，要有一套适应大规模生产和市场经济要求的内部管理组织体系，如事业部制、超事业部制的发展等。此外，还要实现管理的技术、手段和方法的现代化。

【案例 3-1】

随着社会主义市场经济体制的逐步建立，联想集团原有的经营机制已经不能充分调动职工的积极性，有关产权制度的矛盾越来越尖锐，严重束缚和阻碍企业的发展。员工持股计划是企业改制的方向。联想顺应这一变革的趋势，按照 1993 年确定的比例，中科院和联想正式确定中科院拥有联想 65% 的股权，联想自身占有其余 35% 的股权。1999 年，联想又在集团内部推行员工持股计划，分掉联想集团所拥有的 35% 的股份。按照 1994 年就已经确定的方案，第一部分是创业员工，总共有 15 个人，获得其中的 35%，这些人是 1984 年、1985 年创业时的骨干；第二部分是核心员工，约 160 人，他们主要是 1988 年 6 月 1 日以前的老员工，获得其中的 20%；第三部分是未来的骨干员工，包括现在的联想员工，获得其余的 45%。

第三节　企业领导制度及法人治理结构

企业领导制度是指确定企业所有者、经营管理者、生产劳动者在企业中各自所处的地位、作用及其职责分工和权利划分以及相互关系的一种制度。在企业管理中，企业领导制度是根本，其他管理制度都必须反映领导制度的要求。

企业领导制度是一个十分复杂而又重要的问题。它应该反映生产力和生产关系两个方面的要求，即它既要与社会生产力水平和企业规模相适应，又要受到社会政治制度、经济体制和企业形式等的制约。因而一个企业具体实行什么样的领导制度是不以人的主观愿望而转移的，它必须从实际出发，实事求是地加以制定。

在我国国有工业企业中，长期实行的是党委领导下的厂长负责制和党委领导下的职工代表大会制的领导体制，它在协调党、政、工关系等方面，曾起到积极作用，但也存在着党政不分、以党代政，政出多门，责权分离的弊端，不利于真正加强党的领导和发挥厂长（经理）的行政指挥作用，不适应现代化大生产的客观要求，不适应企业作为商品生产经营者的要求，因此需要进行改革。按照现行体制，我国国有独资企业和国有控股企业基本完成了由工厂制向公司制的改革，企业的领导制度也由过去的厂长（经理）负责制，改变为公司制企业的董事会领导下的总经理负责制。

董事会领导下的总经理负责制，是现代公司制企业普遍采用的一种领导制度。这种领导制度是董事会授权总经理，由总经理全面负责公司的日常生产行政和经营管理工作的制度。公司总经理由董事会聘任，他是公司法定代表人（董事长）的代理人及公司行政工作的主持者。他依照董事会的宗旨，对公司的一切业务工作和行政工作进行全权经营管理，处理日常对内对外的各种业务活动，并对董事会负责。

一、总经理的职权

为保证总经理所承担的生产行政和经营管理工作顺利进行，公司必须赋予总经理相应的职权。《公司法》规定总经理行使的主要职权有：

（1）主持公司的生产经营管理工作，组织实施董事会决策；

（2）组织实施公司年度计划和投资方案；

（3）拟定公司内部管理机构设置方案；

（4）拟定公司基本管理制度；

（5）制定公司的具体规章；

（6）提请聘任或者解聘公司副经理、财务负责人等；

（7）聘任或者解聘除了应由董事会聘任或者解聘以外的负责管理人员；

（8）公司章程和董事会授予的其他职权。

二、总经理的行政工作系统

以总经理为首的行政领导班子包括：总经理、副总经理、各部门经理、总经济师、总会计师、总工程师、公司秘书等。副总经理是总经理的助手，协助总经理总揽公司业务工作，在总经理缺席或无行为能力时，代行总经理的职务。各部门经理主管一个部门或一项工作的某一方面的工作。总经济师、总会计师、总工程师是协助公司总经理分管整个公司的总体效益、财务、技术等方面的负责人。公司秘书只从事行政工作，不承担管理职能。

三、公司企业法人治理结构

公司企业在长期的发展中，已经形成一套完整的组织制度。其显著特点是：所有者、经营者、生产者之间通过公司的权力机构、监督机构、决策机构和管理机构，形成各自独立、责权分明、相互制约的关系，并以法律和公司章程加以确立和实现，具体通过公司治理组织结构体现出来。公司治理结构按分析的角度不同可归纳为六种类型，如表3-1所示。

表3-1　　关于“公司治理”的不同理解

角度	定义的核心内容
公司治理的具体形式	公司接管市场；机构投资者；市场竞争机制；董事会
公司治理的制度构成	公司治理的制度结构；公司治理的市场结构
公司治理的制度功能	是一套制度性安排；处理各方参与者之间的关系
公司治理的理论基础	委托代理关系；信托责任关系；产权与控制关系
公司治理的基本问题	谁从公司决策/高层管理者的行为中获益；谁应该从公司决策/高层管理者的行为中获益
公司治理的潜在冲突	公司治理与公司管理的冲突；所有权和控制权分离后的问题

资料来源：陈朝阳，林玉妹．中国现代企业制度．北京：中国发展出版社，2002：94.

综合国内外学者的观点，公司治理结构实质上要解决的是因所有权和经营权相分离后产生的委托代理问题，它是规范委托代理各方之间关系的一种制度安排，并由此而形成的企业组织结构、体制或制度。狭义的公司治理结构主要是关于企业所有者与经营者之间的关系和利益以及为维持这种关系和利益在体制或制度方面所作的安排；而广义的公司治理结构涉及不同利益相关者即股东、贷款人、管理人及企业职工之间的关系，并通过一整套制度安排来实现各自的经济目标。根据我国《公司法》的规定，我国公司制企业的领导体制，就是指股东大会、董事会、监事会和高层经理人员所组成的权责分明、相互制衡的公司治理结构，如图3-1所示。

（一）股东大会

股东大会是公司的最高权力机构，由全体股东组成。股东大会有权选举和

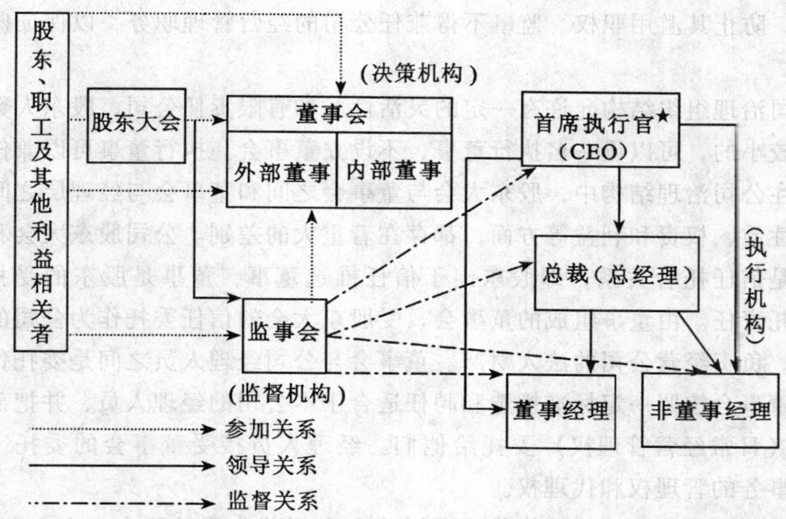

★ 西方有些公司中，首席执行官由董事长兼任，另一些公司首席执行官是单独设置的职务，还有些公司直接由总裁或总经理担任。在我国，公司执行机构的负责人通常就是总经理。

图 3-1　“三权分离”机构的相互关系示意图

罢免董事会与监事会成员，制定和修改公司章程，审核和批准公司财务预决算、投资及收益分配等重大事项。

（二）董事会

董事会是公司的经营决策机构，其成员由股东代表和其他方面的代表组成，董事长由董事会选举产生，一般为公司的法定代表人。董事会执行股东大会的决议，决定公司生产经营的重大决策和任免公司总经理等重大事项。董事会实行集体决策，采取每人一票和简单多数通过的原则，董事会成员对其投票要签字在案并承担责任。这样有利于决策的民主化和科学化，同时，对董事的决策能力进行检验。

（三）总经理

总经理是公司日常生产、经营工作的最高主管，主持公司的生产经营管理工作。对总经理实行董事会聘任制，不实行上级任命制。总经理依照公司章程和董事会授权对董事会负责。

（四）监事会

监事会是公司的监督机构，由股东代表和职工代表按照一定比例组成，对股东大会负责。监事会依照法律和公司章程对董事会和经理行使职权的活动进行监督，防止其滥用职权。监事不得兼任公司的经营管理职务，以保证监督的独立性。

公司治理组织结构允许有一定的灵活性。如有限责任公司，股东人数较少和规模较小的，可以设一名执行董事，不设立董事会。执行董事可以兼任公司经理。在公司治理结构中，股东大会与董事会之间和董事会与经理层之间的关系，在性质、权责和利益等方面，都存在着重大的差别。公司股东大会和董事会之间是信任托管关系，即股东出于信任推选董事，董事是股东的受托者，承担受托责任。由董事组成的董事会，受股东大会的信任委托作为公司的法定代表人，负责经营公司的法人财产。董事会与公司经理人员之间是委托代理关系，即董事会按照一定标准挑选和聘任适合于本公司的经理人员，并把部分经营权力（日常经营管理权）委托给他们。经理人员接受董事会的委托，行使对公司事务的管理权和代理权。

综上所述，公司治理结构是要通过建立和规范公司的股东大会、董事会、监事会和经理班子等分层次的治理组织结构，使公司的权力机构、监督机构、决策和执行机构之间相互独立，责权明确，各司其职，各负其责，相互制衡，更好地调节所有者、经营者和生产者之间的关系，形成激励和约束相结合的经营机制。

【案例 3-2】

A 集团是一家成立于 1994 年、以生产食品为主的民营企业集团。该集团在成立之初就采用股份制形式，通过吸收社会闲散资金，增强自己的竞争实力，在短短的几年内就发展成为一个大型企业集团。

在随后的生产经营过程中，由于生产规模的不断扩大和市场风险越来越大，集团的管理工作也日趋复杂。原先的管理水平远远不能适应生产发展速度的要求。为实现企业迅速腾飞，促进生产力发展，集团决策者冲破各种思想束缚，果断实行企业所有权与决策权、经营管理权、监督权相分离，用专门人才的科学化管理取代了业主的经验型管理。集团实行董事会领导下的经理聘任制，建立了科学的管理机制——企业管理委员会，形成了高效而完善的决策管理机制，从而为集团的发展壮大奠定了制度基础。

实践证明，该集团的管理制度改革取得了良好效果，使企业得到了健康快速的发展。

【复习思考题】

1. 何为现代企业制度？其基本特征和主要内容有哪些？

2. 现代公司制度有哪几种形式？

3. 现代公司制度的发展有哪些新特点？试举例说明。

4. 何为公司治理结构？其内容有什么特点？

【本章案例】

宝钢的企业制度创新

随着市场经济体制的逐步建立和企业改革的逐步深化，国有企业已从过去单纯的生产单位逐步转变为市场主体。企业的经营机制必须进行转换，否则在市场经济中将无所适从。宝山钢铁（集团）公司（以下简称宝钢）对此有充分的认识，在全国率先提出了以市场为中心的经营理念，并且在狠抓管理的同时，不断进行制度创新，初步建立了符合市场经济要求的企业经营机制。这主要体现在：

1. 坚持精简定员

这是一项非常复杂、难度很大的工作，其主要做法是：

(1) 按照组织体制和机制不重叠、专业不重复的原则，精简撤并各级管理机构和人员。

(2) 按岗位劳动满负荷的要求，严格核定定员。达不到规定的工作量和劳动负荷不满6.5小时标准的，坚持撤岗、并岗，以岗定员。

(3) 把减员的行政指令与职工的切身利益结合起来。例如，完成减员指标的生产厂职工将率先实行每周五天工作制。因此，各单位争先恐后地完成减员指标。

(4) 妥善安置下岗人员，成立负责下岗人员再就业的管理单位，如新事业公司、人才交流中心等，做到减员自我消化，不把矛盾推向社会。同时，宝钢坚持大力开展在职教育，培养“一专多能”人才。在宝钢，掌握四五种技能的技术工人数以千计，这就是宝钢的“多能工”或“大工种”。随着科学技术在生产领域的广泛应用，生产方式从大机器生产向自动化的现代化生产发展，由于学科的交叉、技术的关联，对现代工人素质的要求已经向一专多能发展。宝钢实行了“大工种”制度后，明显提高了工效。

2. 财务制度改革

在宝钢的经营机制转换中，财务走在了前列。经过一段时间的摸索，宝钢目前已初步形成了一套适应现代企业制度需要的财会机制，在企业的绩效指标方面，宝钢提出了“经营贡献”这一综合衡量企业经营绩效的指标。所谓经营贡献指标，就是企业不能单纯从自己的角度看问题，还应考虑对国家的贡献，对社会的回报进行分析。因此经营贡献由三部分组成：第一部分是应交税金，这是企业对国家财政的贡献；第二部分是社会公益费，属于对社会的回报，如扶贫救灾、高雅艺术奖励基金、教育奖励基金、希望工程、义务兵优待金等；第三部分是资金净流量，这是企业可以自由支配的资金，这三个部分加起来，就是企业在一个会计年度通过生产经营对国家、对社会、对自己所做的贡献。

案例思考题

1. 宝钢在进行现代企业制度建设过程中进行了哪些改革？
2. 宝钢在人事管理制度上进行了哪些改革？改革取得了怎样的成效？

第四章　企业组织管理

【教学目的与要求】明确企业组织的定义和分类；熟悉企业组织结构及其类型；把握组织结构变化的影响因素；明确企业组织发展的目标；掌握企业组织变革与发展的内容和方法；理解学习型组织的有关内容。

第一节　企业组织概述

组织是企业管理活动中关键的一环，是企业管理理论中一个十分重要的课题。

一、组织的基本概念

对于组织的概念，从不同的角度出发可以有不同的理解。

首先，组织被认为是管理的一项重要职能，是决定工作结构和分配的过程，即为了执行企业计划、实现企业目标，对人力、物力、财力和信息四大类资源在空间和时间上进行调配和有效整合的过程。

其次，从组织行为学家的视角，组织则被多定义了一层功能，即组织是为了达成某些目标而设计的人群集合体，是每个成员在这个集合体中进行各种活动的构架系统，是人类社会为完成复杂任务协调更多人的努力的工作模式。现代企业组织理论实际上是研究企业如何通过一定的手段和方法充分发挥这种协同作用，并在这一过程中使企业其他资源得到更有效利用的科学。

最后，在日常生活中，人们还习惯于从组织的名词性含义和动词性含义认识组织：

(1) 组织的名词性含义。一种意指组织机构，另一种意指组织结构。所谓组织机构是指为了达到某种特定工作目标，在社会分工中从事特定活动的具有一定权利和责任体系的社会单位。一般我们所说的企业、机关、医院、工会、协会、学校等就是这种名词意义上的组织。所谓组织结构，通俗地讲是组织经由内部分工与合作在一定原则下形成的管理框架体系，具有不同组织结构特征的组织效能有所不同。组织结构是一种工具，管理者用它来驾驭资源、完成任务。

(2) 组织的动词性含义指组织工作或组织职能，它强调“组织”是一个动态过程。组织是指在目标确定情况下，企业将必须进行的各项业务活动加以分类组合，通过组织的工作专门化、正式的命令链以及不同组织任务之间的合作机制建立起组织的权利和责任制度，协调人们的工作。其目的就是要通过建立一个适于组织成员相互合作、发挥各自才能的良好环境，尽量减少由于工作或职责不清导致的冲突。简而言之，组织是为了达到组织战略目标而对组织资源持续开发利用的过程。企业战略设定了企业应该干什么，而组织则在机制、制度上给予保证。

以上观点从不同角度揭示了组织的本质，对于我们深入认识和理解组织及组织管理很有启示。从中我们看到一些共同的方面，即组织是存在于特定社会环境中，由人群构成的，为了达到共同目标，通过责权分配和层次结构所构成的一个完整的有机体。

二、组织工作的基本原则

(一) 目标统一原则

组织结构设计和组织形式选择必须以有利于组织目标实现为前提。任何组织都是由其特定目标决定的，组织的各项设计和局部工作都要与组织目标有机联系，这样才能确保组织职能良好实现。

(二) 分工协调原则

组织结构设计与组织形式选择必须符合为组织目标实现所必需的各项任务工作的分工及其相互间的协调要求，正是这种合理规划的分工与合作关系使得组织能够在运行中保持较高的效率。

(三) 权责一致原则

组织中各岗位部门的职权和职责必须相互匹配。组织设计时既要明确规定每一管理层次和各部门的职责范围，又要赋予与之相匹配的管理权限，过大或过小均不利于工作开展。以职务内容要求为基准，将职务、职责与职权划分形成规范，无论何人承担该项工作均能有所依据。

(四) 精干高效原则

在满足组织目标需要的业务活动前提下，应力求减少管理层次、适当分工，保持精简的管理机构和人员构成，尽量避免机构臃肿带来的人浮于事、官僚主义等问题，防止组织效率低下、运行成本升高。精简高效的组织有利于提高组织工作绩效。

(五) 稳定性与适应性相结合原则

组织工作模式以及结构设计要有相对稳定性，不要总是轻易变动；从发展角度看，又必须随着组织内外部条件以及组织不同时期目标的变化做出相应调整。

(六) 均衡性原则

组织工作开展过程中，同级机构部门内人员之间在工作量、职责、职权安排方面应大致平衡、不宜偏多或偏少，避免忙闲不均现象带来的各种组织问题。

三、组织分类

组织分类就是对组织的式样和种类进行归纳。正确划分组织类型，有利于发现各种组织之间的共性和个性，有助于我们更全面深入地了解不同组织的特点和问题，提高管理针对性。

人们依据不同标准给组织划分出了众多的类型。帕森斯（P. Parsons）按组织的社会功能不同，将组织划分成生产组织、政治组织、整合组织和模型维持型组织。生产组织即指从事物质生产的企业组织和服务型组织；政治组织是指为保证整个社会目标的达成进行权力分配的组织，如政府机关组织等；整合组织是指协调各种冲突、引导人们向某个既定目标发展的组织，如政党等；模型维持型组织是指维持固定形式、确保社会发展的组织，如社团等。布劳（P. M. Blau）按组织成员的受益程度将组织划分为互利组织、商业组织、服务组织和公益组织四种类型。国内学术界认为从组织的性质划分组织类型较有意义，这样可以将组织划分为经济组织、政治组织、文化组织、群众组织和宗教组织五大类别。除了以上常见的分类方法外，还可以按照组织目标和活动内容、组织人数多寡等标准对组织进行分类。

关于组织的分类学说，影响最广的是按照组织成员的关系进行的分类，即将组织划分成正式组织和非正式组织，这一认识对企业管理实践有重要意义。

(一) 正式组织

所谓正式组织是指为实现工作目标，按有关规定确定组织成员的关系，明确各自职责与权利、义务的一种群体机构。其特点主要表现为：(1) 组织目标明确且一致；(2) 有计划、有组织、有纪律；(3) 有固定的工作程序和结构；(4) 注重效率和利益以及部门之间的协调；(5) 分担角色任务，形成成员关系的层次；(6) 组织内个人的职务可以轮换或相互取代。

（二）非正式组织

所谓非正式组织是指组织成员关系为非官方（正式组织）规定的，在成员自发的基础上为满足自身某种心理需要而有意或无意形成的一种不定型组织。其主要特点包括：（1）自发形成，是为某种目的组成的不定型系统；（2）可以产生于正式组织内部，也可以独立于正式组织之外；（3）非正式组织的行为规范与正式组织的目标可能一致，也可能不一致；（4）非正式组织以情感为纽带，具有较强凝聚力。

从组织管理的角度讲，非正式组织既可以补充、促进正式组织功能的发挥，也可以产生对正式组织功能牵制、抵消的负面消极作用。因此在实践过程中要注意非正式组织的正负作用，充分发挥其积极作用，克服其消极作用，使它更好地为组织的发展服务。

【案例 4-1】

A 机械设备制造公司是一家业内知名公司，公司老总小蒋是技术人员出身，通过自己的技术创新申请专利并开办了这家公司。由于产品的创新性，A 公司发展一直比较顺利。随着企业不断壮大，小蒋的母亲和妻弟以及一些亲戚都参与了公司的工作，有的人还担任了部门领导职务。由于业务关系，小蒋经常要出国。这时员工就经常会陷入两难的境地。因为不管什么业务，最终的财务权在小蒋母亲手里，而生产事务主要是由蒋总妻弟负责，双方并非完全信任对方，经常会发生生产上需要的开支不能及时支付的事情。矛盾一天一天增大，有时小蒋也很头疼，上班忙个不停，回家妻子和岳母还为妻弟打抱不平。员工也无所适从，不知道什么时候该听蒋总母亲的指示，什么时候该听业务领导——老总妻弟的指令。

第二节　组织设计与组织结构

一、组织设计及其内容

所谓组织设计就是对组织活动和组织结构的设计过程。这一定义体现了组织设计的四个特点：（1）组织设计是管理者在组织中有意识地建立有效工作关联的一种合理化过程；（2）这一过程将组织的外部要素（环境等）和内部要素（战略、技术、人员等）考虑在内；（3）组织设计的结果表现为一定的组织结构化安排；（4）组织结构的内容包括：工作职务的专业化、部门的划分以及直线指挥系统与职能参谋系统的相互关系等方面的工作任务组合；建立职权、指挥系统、控制幅度和集权分权等人与人互相影响的机制；开发最有效的协调手段。

企业进行组织设计的目的，就是要经由一定的组织方法发挥企业整体大于局部之和的优势，而使有限的企业资源进行优化配置，形成最佳的综合效果。组织设计的基本任务，就是谋求组织结构形式与组织资源有效利用的契合，就是发挥管理者群体作用，有效管理复杂对象。

组织设计的内容包括工作设计、群体设计和结构设计三个部分。

（一）工作设计

工作设计也可称为职务设计，是为了有效地达到组织目标，对组织中各成员岗位的工作内容、工作职能和工作关系的设计。企业组织工作设计主要从专业化和自主性两个方面来考虑。专业化依据工作性质划分岗位的工作内容；自主性是指工作者在履行职务时自行决定自己工作的自由度。在企业组织中，根据专业化和自主性程度的不同，通常有四大类型的工作：（1）专业化和自主性都高的工作职务，比如专家、顾问、设计人员等；（2）专业化程度高但自主性程度低的职务，如一般维修工人、装配线工人、事务性工作办事人员等；（3）专业化程度低而自主性程度高的职务，最典型的就是高层管理人员；（4）专业化和自主性程度都低的工作职务，如生产和经营第一线的管理人员、销售人员等。

（二）群体设计

职务设计之后就要考虑如何把分散的个体集结成群体的问题，以便大大提高组织管理的效率。在企业组织中，大多数工作任务要通过组成群体才能顺利执行，这主要是由企业组织要完成一定生产和服务任务所需要的工作流程和技术的相互依赖性和连续性决定的。班组、车间、科室等团体单位是企业内的典型群体组织。

在群体设计中企业要着重考虑三个方面问题：工作流程、技术、人的社会需要。工作流程是企业中个体组成群体的基础，是联结的纽带。技术也在一定程度上决定着组织各部分合作和相互依赖的程度。同时，组织还是员工寻求自身交往、自身成长满足的重要场所，所以要结合员工的个人需要分析进行群体设计。

（三）结构设计

组织设计的核心是结构设计，结构设计是指一个组织内各个组成部分相互之间所确定的关系形式。这一问题我们将在后面进行深入探讨。

二、组织结构的概念

企业组织结构是在充分的组织分析和组织设计的基础上形成的。组织结构反映组织内分工和协调方式的总和，是指组织内部各级各类职务职位的权责范围、联系方式和分工协作关系的整体框架，是组织得以持续运转、完成经营管理任务的体制基础。确定组织结构就是要确定在组织的人员和任务之间建立什么样的关系，也就是确定工作任务的分工、分组和相互关系。企业组织也是为了协调企业内部不同成员活动而形成的一个框架机制。

企业组织结构由企业的经营目标、任务以及经营环境决定。组织结构一旦确立，对组织内部正式指挥系统、沟通系统具有直接决定作用，对组织中所有人员和工作产生巨大影响。恰当地进行组织设计对于实现组织目标十分重要，组织结构是否合理直接影响到组织的运行效率。

三、组织结构设计要素与原则

（一）组织结构设计的要素

1. 专门化

专门化是组织以知识技能的区别度为基础将工作划分成具体到个人的任务。早在20世纪初，亨利·福特发明了大规模流水作业的生产线作业管理方法，通过给生产线上的每一个员工分配特定的、重复性的工作，让员工从事专门化的工作，从而提高他们的生产效率。工作专门化是对组织中把工作任务划分成若干步骤来完成的细化程度的描述，其根本目的在于把组织的工作分解成若干步骤并由一部分人独立去做。通过专门化，产生了组织结构的任务和责任基础——岗位。

2. 部门化

遵循不同岗位工作间的内在联系，组织需要按照类别对不同工作进行分组以使之协调进行。组织普遍采取的工作分组方法主要以各项工作活动的职能为根据，例如，制造业通常将工作按照研发、采购、制造、人力资源、财务、营销等职能划分。这种职能分组的主要优点在于可以把具有共同专业技术技能的工作者集中在一起，从而提高工作效率并实现规模经济。组织还可以根据产品类型进行部门化工作。比如在一个大型汽车公司中，公司可以按照不同类型的产品线来进行部门化，可以是整车、零部件，也可以是轻型卡车、家庭轿车、商务轿车等类型。这种分组方法的主要优点在于责任明确、指挥统一，可以提高产品绩效的稳定性。

3. 管理幅度与管理层次

分散的部门通过组织内特定的管理幅度联系起来构成有一定管理层次的结构化系统。管理幅度指一个管理人员能够有效直接领导和控制的实际人员数。管理层次是指组织内纵向管理系统所划分的等级数。一般对于从事相同工作、同等规模的企业组织而言，组织管理幅度和管理层次成反比关系，即管理幅度大的组织其管理层次较少，而管理幅度小的组织其管理层次较多。对于管理幅度大而管理层次较少的组织（可称为“扁平结构”），其优点是管理费用低、信息沟通方便，有利于发挥下属的积极性；缺点则是不易实施严格控制，对下属组织人员的相互协调较为困难。对于管理幅度小而管理层次较多的组织，其优点是分工明确，便于实施严格管理，上下级关系容易协调；缺点是信息沟通困难，管理费用高且不利于发挥下级的积极性。

管理幅度的大小受很多因素影响：在领导者方面，受到领导者的知识、能力、经验的影响；在被领导者方面，受到被领导者的素质、业务能力和工作难度及强度等因素的影响；在管理业务方面，受到管理业务的复杂程度、相关任务的绩效要求、信息沟通方式和技术等因素的影响。在确定管理幅度时，必须对上述各方面内容进行综合考虑。

4. 命令链

命令链是对组织权力路径的描述，明确谁向谁报告工作、谁对谁负责的问题。命令链确定了组织内部层次间的协作关系，同时也奠定了领导者权威的基础。通过命令链，组织建立起明确的信息沟通渠道，形成明确的责任与权利体系，有助于增强组织的指导、控制和监督。由于业务内容和管理目标的侧重点不同，有的企业注重协作而非指导，贯彻双向沟通意图，形成沟通链。

5. 集权与分权

在组织设计中有集权与分权两种极端的权力设置思想，实践中组织权力设置可以介乎二者之间，但终究会有所偏向。集权指组织中的决策权集中于一点。那些高度集权的组织更多地倾向于由高层管理者做出所有决策，由下级人员负责执行。那些高度分权的组织则更倾向于把决策权下放到基层管理人员手中。集权决策会带来较快的决策速度，分权会提高基层人员的参与程度，从而带来快速行动以解决问题，还可以有更多的人为决策提供建议、提高决策的科学性。

6. 正规化

正规化是指组织依赖成文的规章制度明确行为规则的程度。在高度正规化的组织中，一般都有明确的工作说明书，有严密的组织规章制度，对于工作过程有详尽的规定，工作者对工作内容、工作手段和工作时间没有多大自主权。而正规化程度较低的组织，对工作执行和日程安排不那么刻板，员工对自己工作的处理权限比较宽松。由于个人权限与组织对员工行为的规定此消彼长，工作正规化程度越高，员工决定自己工作方式的权力越小。在同一个组织内，不同工种之间的正规化程度也会有较大差别。

经过专门化、部门化、管理幅度与管理层次设计，组织具备了“硬性”有形结构；经过命令链、集权与分权以及正规化设计，组织具备了“软性”结构化约束机制，明确了有形的“硬性”结构内部的联系和协同方式。

（二）组织结构设计的原则

不论何种组织，在进行组织结构设计的时候，都要遵循以下基本原则：

（1）统一指挥，服务于组织战略目标的原则。

（2）突出组织的特点，有利于发挥组织特长的原则。

（3）适度分工，加强合作，精简高效的原则。

（4）与企业变革相适应的弹性原则。

【案例 4-2】

小张和小李婚后开了一家夫妻店，主要经营办公用品批发和零售。起初不需要商量，丈夫小张就主管所有涉外业务，从进货、运输到销售、送货都包了。妻子小李理所当然担起了内勤工作，看店面、记账、出纳、财务都一手抓。在夫妻的勤奋努力下，小店生意蒸蒸日上，两个人忙不过来就增加了人手。这样过了两年，面对 20 多个部下，夫妻两人觉得不得不考虑组织管理问题了。看了往来较多的几个发展很好的大公司，结合自己企业的快速发展，他们觉得按照大企业的组织结构来完善自己的企业肯定没错。他们参考的公司一般按照职能划分了进货、仓储、生产、营销、物流、售后部门，同时还有单独设置的管理办公室、技术服务部、研发部、财务部、人力资源部，再上面有总裁和副总裁。

第三节 企业组织结构模式

组织设计的结果之一——组织结构的“硬件”系统会反映在组织结构图上。组织结构图是对一个组织的一套基本活动和过程所做的简单明了的描述。

一、组织结构的基本类型

组织结构反映组织基本的“框架”，表明企业组织各部门工作之间的相互关系。组织结构随着社会的发展而发展，随着组织的变革进行调整。下面介绍几种基本的组织结构类型。

（一）直线型组织结构

直线型（或称“单线型”）组织结构，是最基本的一种组织结构形式，其结构如图 4-1 所示。它的主要特点是组织各级行政单位从上至下按垂直的系统直线排列，各级主管对所属单位的一切问题负责，不再另外设立职能机构。

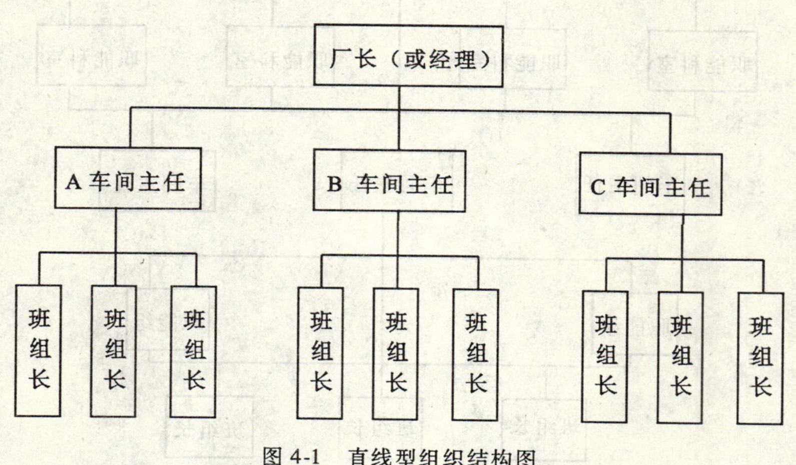

图 4-1　直线型组织结构图

直线型组织结构的优点是组织结构形式简单明了，上下级之间是指挥命令关系，或者上级授权形成一定的“指挥链”关系。因此，这一结构权责分明，指挥命令统一，信息沟通快捷，管理者的决策落实迅速。这一结构的缺点在于组织对不同业务工作未作适当分工，不利于员工积累专长和经验，实现经验曲线效益；同时，上级行政负责人必须通晓多方面的管理和业务知识、担负多种职能，要花费大量精力协调和解决各类业务问题，使其陷入日常行政事务之中，不利于他们集中精力处理更为关键的发展问题。因此，直线型组织结构一般只适用于业务内容和产品单一、没有必要进行职能划分、生产工艺和过程不复杂、生产规模较小的企业组织，在一般企业中也适用于现场作业管理工作。

（二）职能式组织结构

职能式（或称“多线型”）组织结构，是一种在管理部门设置中采纳以知识经验专门化为根据划分部门并由其领导业务部门的工作结构类型，其结构如图 4-2 所示。组织从上至下按照相同的职能将各种活动组合起来。大多数生产性企业的职能部门由研发、采购、制造、销售、财务、人力资源等专业部门构成。这种结构形式的特点是采用专业化管理部分或全部取代直线型的全能式管理，在各级行政领导下面设置管理职能部门，各职能部门在其业务范围内有权向下级发布命令和指示，下级要同时听从上级领导和职能部门的指挥。

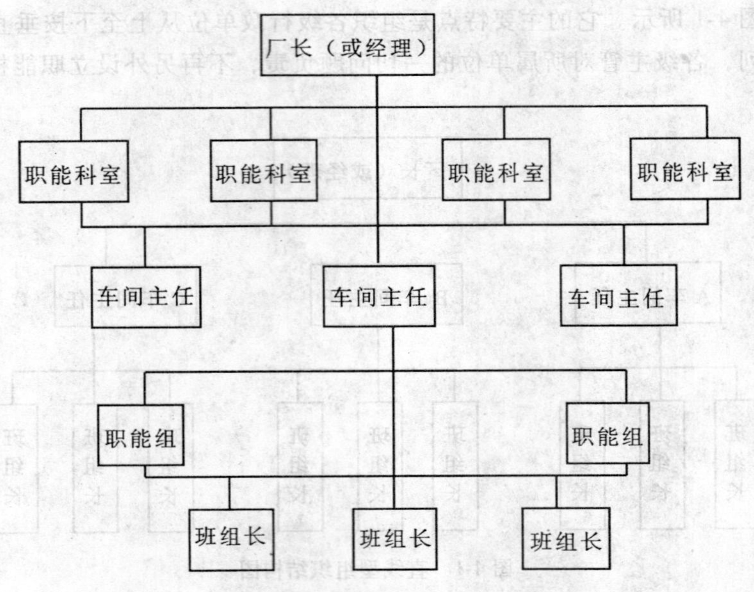

图 4-2　职能式组织结构图

这种组织结构形式的优点是，能够适应现代生产比较复杂和管理分工较细的特点，能够充分发挥职能机构的专业管理作用；由于吸收了专家参加管理，减轻了上层管理者的负担，使他们可以集中精力于自己的职责。这种组织结构的缺点来自于多头领导，因为破坏了组织的统一指挥，容易产生组织问题；各职能部门间业务目标差距较大，在横向联系与配合上可能产生问题；由于强调专业化，主管人员易忽略跨专业和部门的知识，不利于培养上层管理者。

这种组织结构形式最早由泰罗提出，在组织实践中由于对组织的平衡能力、沟通能力和部门配合要求高而较少采用。

（三）直线职能式组织结构

直线职能式组织结构形式是企业组织经常采用的一种组织结构形式，具有广泛的适用性。它吸收了直线型与职能式组织结构的优点，部分克服了它们的缺点，其结构如图 4-3 所示。在这一结构中，仍然有两套系统：一套是按照保证命令统一执行的直线行政指挥系统，另一套是按照专业化原则设置的职能辅助管理系统。在行政指挥系统下设职能管理系统以保证工作的有效完成，同时职能管理系统充当直线指挥系统的参谋和助手，只能对下级进行业务指导，而不能对他们进行指挥和命令。

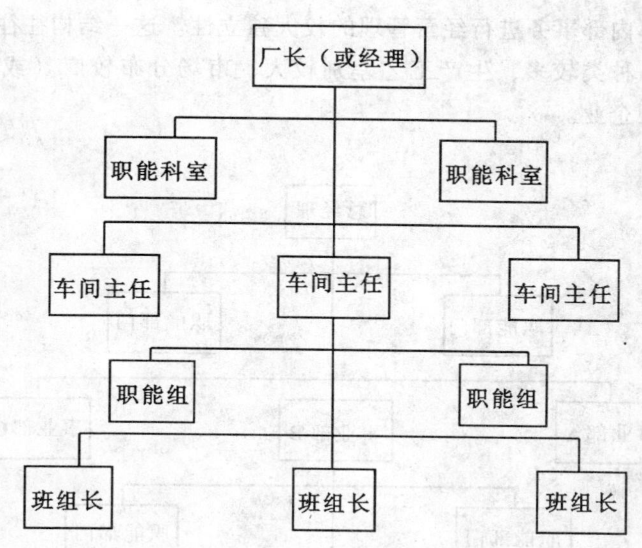

图 4-3　直线职能式组织结构图

这种组织结构形式的优点首先来自于组织分工细致、任务明确，各部门职责界限清晰，便于建立岗位责任制度；其次，各级直线领导有相应的职能机构做助手，对克服领导者个人知识范围的局限性很有帮助，使领导者更能够适应日益复杂的组织活动变化；最后，这种组织结构能充分发挥协力作用，提高效率，使组织对外部环境变化有更强的适应能力。这一组织结构形式也有缺点，下级部门的主动性和积极性受到限制，部门之间沟通较少，不能集思广益地做出决策；各职能参谋部门与直线指挥部门之间目标不一致，容易产生矛盾，加重了最高领导协调各项工作的压力；难以从组织内部培养素质全面的管理人才；信息传递路线长，降低了组织的及时反应能力和适应力。

（四）事业部制组织结构

随着企业外部环境更加复杂和难以预测，传统的组织结构在企业生产的日益多样化发展中越来越难以满足新的管理要求。由于各项业务的差异过大，以往的结构不能有效协同资源利用和管理问题，因而提出了建立与业务内容关联更紧密的组织结构的要求。这种组织结构形式就是在企业统一领导下，按产品、地区或市场的不同建立事业部，其结构如图 4-4 所示。各事业部有各自独立的产品和市场，实行自主经营、独立核算。这种组织结构形式最大的特点是总公司只保留预算、重要人事任免权和重大问题的决策权，其他权力尽量下放给事业部。各事业部对总公司负有完成工作指标、利润计划的责任，同时它们具有对事业部内部事务进行经营管理的较大独立性。这一结构往往适用于经营规模大，产品种类较多，生产工艺差别较大，市场分布较广（或分散）且差异度高的大型企业。

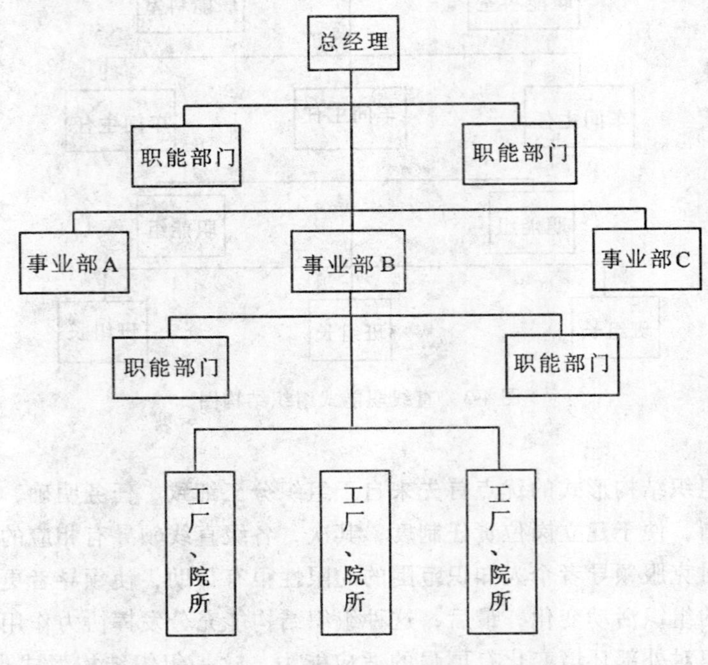

图 4-4　事业部制组织结构图

事业部制组织结构的优点来自于更加专业化的事业部内部协作性加强；最高管理者能摆脱日常事务，专心致力于战略决策；可以更好地调动各事业部的积极性，提高组织的灵活性和适应能力；各事业部之间有比较、有竞争，可以促进事业的发展；有利于培养、发现、使用人才，便于考核。

这一组织结构模式的缺点在于机构重复设置，容易造成管理机构重叠、人员增多，管理成本上升；各事业部都独立经营，使各事业部之间共享资源困难；各事业部管理者考虑问题更多是从本部门出发，忽视整个企业的整体利益。

（五）矩阵式组织结构

矩阵式组织结构是同时采用两套部门化标准进行交叉叠加管理的组织结构形式，其特点是在基层管理中建立"双重领导"（或"多重领导'），以强化组织多维核心目标的控制。比如企业经营不同类别的产品，为了保证各产品的领先优势，就要强化以产品为核心的管理；同时，每一产品的运作又要取得公司各个资源管理部门的支持与配合，因而就可能形成以"产品"和"职能"为主、双重功能并重的组织结构模式，其结构如图 4-5 所示。

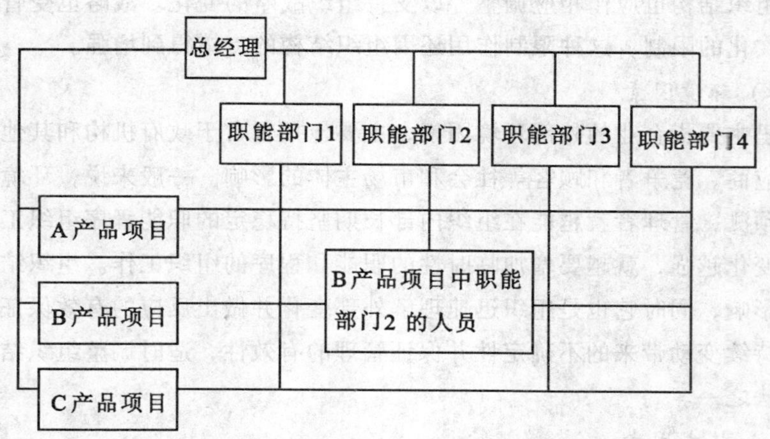

图 4-5　矩阵式组织结构图

矩阵式组织结构的优点是，既能够发挥专业化优势、集中优势解决问题，又有利于沟通交流、资源共享、提高协作力度，从而提高组织适应性。它同时兼顾两项或更多组织的核心目标，有利于提高决策的科学性。这种组织结构也有明显的缺点，包括组织设置比较复杂，产生双重领导的问题，直接的影响是职责不清、沟通混乱低效、下级无所适从、自主性和积极性受到挫伤。下级在工作中容易产生短期行为，折中成本等组织管理成本上升。这一组织结构要取得好的效果，对组织协调能力以及下属工作人员的素质与能力要求较高。

除了上述介绍的五种组织结构类型外，还有许多结构设置模式，如多维立体模式、网络结构模式等。究其根本，都是组织在面对不同核心管理问题的时候，在一定组织设计理念下对组织设计要素做出不同的取舍和安排。

二、组织结构类型的主要影响因素

前面我们介绍了五种基本的组织结构类型，那么为什么会存在多种组织结构形式呢？企业又如何选择适合自己组织的结构形式呢？一般来讲，以下因素对企业的组织结构形式有重要的影响。

（一）企业战略

企业战略规定了企业的发展方向和总目标，以及为实现组织目标所应采取的行动。组织目标由组织的总体战略决定，因此，组织结构选择应有利于组织战略的实施。组织的战略和结构是变化的、动态的，如果组织战略发生了重大变化，组织结构也应作相应调整，以支持组织战略的变化。战略也受管理方式和企业文化的限制，这种限制作用还因组织结构的支撑得到增强。

（二）环境因素

这里主要指企业的外部环境因素，主要包括来自于政府机构和其他社会机构、供应商、竞争者和顾客等社会和市场主体的影响。一般来说，环境越是稳定和可预测，管理者就越能在组织内部长期坚持稳定的职能程序组织工作；环境动态变化越强，就越要增加临时性的职能和程序的组织工作。组织结构受外部因素影响，同时它也是组织迅速理解外部变化并做出反应的有效保证。为应对环境持续变动带来的不确定性并保证管理的有效性，适时调整组织结构是有效的方法之一。

（三）技术因素

技术是指组织将投入转化为产品的手段。每个组织必然会采用一定的技术，把人、财、物和信息等资源转化为产品和服务。技术因素对企业组织结构有着越来越重要的影响。一定的组织结构形式如果不能很好地运用技术并促进技术的发展，那么迟早要被其他类型的组织结构形式所取代。

（四）组织规模与业务复杂程度

一般而言，规模大的组织比规模小的组织结构化程度更高，比如员工人数在2000人以上的组织，工作专门化、部门化的程度较高，垂直层次较多，规章制度也较多。组织结构还受到组织业务复杂程度的很大影响，一个企业即便规模不大但是业务门类多而复杂，它在组织结构中要同时兼顾的目标和要素的复杂性也会使之选择较为不同的组织结构类型。

（五）组织人力资源状况

在现实中，理想的组织结构模式能否带来良好的组织运行效果还取决于组织人力资源的配合程度。人力资源的状况和特点不仅影响组织采用什么样的技术、专业化和分工，也影响管理幅度和管理层级。人力资源的特征不同还体现在员工以及群体心理需要和工作行为方式上，比如具有较高技能的员工往往渴望自由和自治，不喜欢被严密监督，这显然会影响组织在正规化、集权和分权方面的设计取向。

（六）文化传统

国家文化、民族文化、地域文化、宗教文化、企业文化都会对组织结构产生一定的影响。如日本民族具有集体活动的文化传统和对工作态度的高要求，与其他发达国家和地区相比，他们对工作满意方面的要求要低一些；德国人在组织中比较适应或偏好命令和职权；法国人对规范化组织模式有良好反应。不同的文化背景和传统影响着领导者和员工对组织结构选择的态度和行为。

了解影响组织结构形式的主要因素，对我们理解组织设计和组织结构的作用有很大帮助。企业在进行组织设计和结构选择时，要充分考虑组织在战略、技术、环境等方面的条件，选择在该条件下与最佳工作效率相联系的组织结构类型。

【案例 4-3】

大型跨国制药企业在经营中一般必须关注每类药品在技术上的领先性，同时从利润的角度考虑又必须减少设施的重复浪费。所以，很多企业都采用了矩阵式组织结构。在这一结构中，采用产品线和地区双重标准对工作进行部门化。因此，每个基层的产品经理都必须向两个上司汇报工作，一个是产品线的负责人，一个是地区经理。这样做，理论上既可以保证能更有效地打住竞争者的竞争产品，又可以更好完成区域战略目标。但是，基层产品经理也经常面临矛盾的选择，一个报告交上去，地区经理满意而产品线经理又不满意。有时候，最后的报告不得不反复修改，得出一个折中的意见。

第四节　企业组织发展与变革

组织在发展过程中会遇到各种各样的问题，比如组织沟通渠道阻塞、人际关系混乱、部门协调不力、组织职能难以正常发挥、决策效率低或者经常出现决策错误、组织缺乏创新，等等。这些往往都是企业出现组织问题的表现，是组织发展与变革的先兆。

一般而言，组织发展与变革是指由最高领导参与的在组织内部应用科学知识对组织各部分工作进行有计划干预和改进的系统过程，目的是增加组织的有效性，促进组织的健康发展。这一工作由最初在一般意义上对组织某些部分或某些方面进行变革和修正，发展到对整个组织进行有计划的、系统的、长远的变革和开发，形成了一整套开发和变革的战略、措施和方法，成为一个专门的领域。

一、组织发展与变革的动因

（一）组织发展与变革的外在动因

社会经济、政治、文化的巨大变化，构成组织发展与变革的外在动因，成为促进各类组织发生相应变革的巨大压力和动力。总体而言，促使当代组织发展与变革的外部动因主要包括：

1. 市场竞争加剧，组织环境变动激烈

第二次世界大战后，世界融合的趋势越来越明显，各国企业争夺市场和资源的竞争激烈，企业面临的问题主要有产品寿命周期缩短，科学技术发展迅猛，复合的组织联系，社会价值观念的改变以及企业社会责任的增加等。这导致企业发展日益重视“软实力”、重视企业适应环境的“弹性”，传统专制集权的组织形态难以适应社会发展的需要。通过组织变革，可以增进组织对外部环境的适应性。

2. 科学技术迅猛发展

在各类企业组织中，工艺改进、设备更新更加频繁，新设计、新产品不断涌现，技术和产品的更新换代加速。新技术的迅速产业化促进了新行业、新市场的产生。新技术和电子计算机的应用使企业组织中的决策方式、信息处理和控制方式等发生了革命性的变革，这些都要求组织在结构、权力设计等许多方面进行变革，以提高组织的效率和竞争力。可以说，科技的发展与应用持续推动着组织的发展与变革。

3. 企业组织的社会责任丰富化

企业是社会的基础单位，依靠社会而存在，现代社会对企业的要求也越来越高。如果忽视社会责任，必将招致社会和公众的不满，从而危及企业的生存和发展。这也是促进组织进一步变革的动因。

4. 管理现代化的需要

管理无疑是推动组织变革的重要因素。管理现代化要求组织对其行为做出有效的预测和决策，对组织要素和组织运行过程的各个环节进行合理的协调和组织，所有这一切都将对组织提出变革的要求。

组织发展的目标，在于增进组织的效率和健康发展，使组织具有更加明确的目标、合理的结构、适宜的决策水平、畅通的沟通渠道、和谐的人际关系以及开放的组织活动等。正因为如此，在全球局势的推动下，组织发展这项活动很快为许多组织和企业所采用，并迅速得到推广。

（二）组织发展与变革的内在动因

1. 战略目标的选择与修正

外部环境的变化必然影响组织战略目标的改变，这又将影响组织变革的方向和范围。组织在新的战略目标下，有必要对组织设计进行调整、重新选择与修正，确保企业战略的实现。

2. 业务结构与经营规模的改变

新环境、新技术以及组织的战略调整都将导致组织业务结构与经营规模的变动。比如，有的企业由单一业务走向多元业务，有的企业从国内经营走向国际化经营，等等。业务发生较大变化，原有的组织结构不能满足管理需要，就要求组织变革。

3. 组织人力资源的变化

组织的发展离不开人力资源条件。组织不断发展壮大之后，人力资源的状况必然会改善许多，高素质、管理能力强的人才队伍，使组织可以以更大的管理跨度和更扁平的层次结构运作，同时，也将导致更为分权的设置。知识性员工的增多是当前企业发展中的一个趋势，这一情况也会改变组织成员的心理结构，在工作设计等方面影响组织的发展与变革。

二、组织发展与变革的内容与方法

结合国内外的有关研究成果，组织变革的内容与方法主要包括：

（一）工作再设计

针对组织新的战略目标和业务变化，依据上一节讲述的组织设计方法，针对企业的问题对组织进行重新规划，从工作的划分、岗位的设计到部门的界定进行合理化改进。比如，对于枯燥的工作可以通过扩大工作范围来增加员工的满足感。

（二）调整组织结构

首先要找出组织结构方面的缺陷，提出改进措施，或新的组织结构方案，使责、权、利的分配具体化，重新安排作业程序、相互关系和激励方法，制定相应的规章制度，对新方案的实施情况进行监督，根据运行情况调整修订方案，定期进行绩效评估。组织结构的设计既要考虑工作再设计，也要考虑组织新技术的采用。比如，企业采用的新工艺导致工作流程变化就会影响工作设计，企业信息化技术的改进可提高层级沟通效率而使企业出现扁平化趋势。

（三）加强教育与培训

通过统一员工思想，改变人的工作动机与态度，并通过提高员工的业务技能改进组织绩效，使之适应组织变革的趋势。

此外，还可以通过有计划地开展提高群体效能的活动等方法推进组织变革工作的开展。

三、克服组织变革阻力

组织变革会受到来自个体和组织的各种阻力。个体阻力主要来自于个体知觉、人格和需求等。出于对自身习惯的维护以及对未来的不确定性的考虑，个体有时对变革持抵制态度。来自组织的阻力会更大一些，这主要由组织长期沿袭的体制、机制和现有的结构造成。组织变革最重要和最棘手的工作就是要有效克服这两个方面的变革阻力。以下介绍有关学者提出的克服组织变革阻力的方法。

威尔顿（Goodwin Walton）提出组织应对抗拒变革的12种方式，具体包括：

（1）组织吸纳有关人员参与变革计划，使变革成为自己的事情，这样可以减少抗拒。

（2）使参与变革者认为变革对他是有利的，而不是增加负担。

（3）如果能够使变革方案得到高层管理者的全力支持，将减少抗拒。

（4）使变革参与者熟悉和了解变革计划所依据的价值和理想。

（5）使参与者感觉到变革计划没有威胁到自主权和安全感。

（6）变革计划所提供的新经验，使参与者感兴趣。

（7）让参与者共同参加诊断，使他们同意变革的基本问题并感觉到变革的重要性。

（8）变革计划能为变革参与者一致决定采用。

（9）如果能使变革的赞成者与反对者加强交流，了解到反对的正当理由并设法减轻其不必要的恐惧，将减少抵抗。

（10）认识到创新有可能被误解，事先做好准备工作。

（11）使参与者之间彼此信任。

(12) 将变革计划公开讨论，指出从经验上说明可以成功。

克服组织变革阻力的一般思路有：

(1) 鼓励积极参与。人们对某项活动参与的程度越高，他们承担责任的可能性越大。因此在组织变革中要吸引和鼓励成员积极参与变革计划的制定和实施过程。

(2) 注意上下沟通。要让大多数员工了解变革的原因、目标和进程安排，相信和尊重大多数成员，加强信息沟通，协调上下级关系，把变革者的意愿变成全体员工的信念，从而形成变革的强大推动力。

(3) 有计划、分步骤实施。变革是个渐进的过程，人们对新事物的认识和接受有个过程，不可能一蹴而就，要分步骤、有计划、有组织地进行。

(4) 利用群体动力。个体的行为会受到群体的影响和制约。要大力培养组织归属感，提高群体凝聚力，统一思想认识，得到组织成员的积极支持与配合。

(5) 领导重视。领导支持是变革顺利实施的保证，要努力得到上层领导的支持。

第五节　学习型组织

据美国著名的《财富》杂志报道，20 世纪 70 年代被该杂志列入全球 500 家大企业排行榜的公司，到了 80 年代已有 1/3 销声匿迹，自 80 年代起每年有 30 家企业从榜上被淘汰。在管理科学的发展中，“什么力量决定着企业的命运”是一个永恒的命题。

对此，各个领域的专家有着不同的看法。生产管理专家认为，企业生存的关键是能低成本地生产优质和适销对路的产品；市场学家认为，顾客是企业命运的主导力量，企业应该实施一切以顾客满意为主的战略；而战略管理专家认为，企业持久优势的来源是企业的核心能力；组织理论专家认为，建立学习型的弹性组织是企业在动荡的市场竞争环境中求得长期生存和发展的关键所在。现实中，包括企业在内的各类组织面临的许多问题都与组织的学习能力欠缺有关。

一、学习型组织理论的产生与意义

所谓学习型组织，就是通过不断学习来改革组织本身的组织。学习在个人、群体和组织，或者在组织相互作用的共同体中产生。学习不仅引起知识、信念、行动的变化，还可以增强企业组织的革新能力和成长能力，而学习型组织就是把学习共享系统组合起来的组织。

（一）学习型组织理论的产生

研究与创建“学习型组织”的热潮源自美国，开始于20世纪80年代末90年代初，其中最具影响的著作为美国麻省理工学院教授彼得·圣吉所著的《第五项修炼——学习型组织的艺术与实务》，该书获得了1992年世界企业学会最高荣誉奖——开拓奖。当时，世界各地的经济和政治状况发生了比以往任何一个时期都要剧烈的变化，越来越多的企业无法适应这种变化而被淘汰出局。如何提高企业应对变化的能力就成为企业界和管理界研究的重点。面对激烈变革的经济环境，企业内部的管理思想、组织设计和企业文化等内容缺乏应对变化的弹性，一直保持着一种惯性，这二者之间存在着一定的矛盾。圣吉经过分析指出这一矛盾存在的实质是因为企业缺乏学习能力，并且明确指出“当世界更息息相关、复杂多变时，学习能力只有更强才能适应环境”。

（二）学习型组织理论的贡献和意义

学习型组织理论获得广泛重视的根本原因在于，它的研究使组织理论有了突破性的进展。学习型组织对传统组织固有的主要问题（分工、竞争与反应性）保持了清醒的批判态度，同时给出了具有现实意义的解决思路。在传统的企业组织中，作为分工基础的专业化把组织原本连续的工作分割成各自相互独立、缺乏有效沟通的领域。传统组织也过分强调竞争，并且运用竞争加强组织的管理效能，这就削弱了本来可以通过更好的合作带来的正面影响。这样的一些组织治理原则，使传统的企业组织往往忽视了那些能让企业保持长久竞争优势的组织性和结构性问题，在面对外界环境激烈变化的时候显得反应力不足、十分脆弱。圣吉提出的学习型组织理论提倡企业进行自我超越（personal mastery）、改善心智模式（improving mental model）、建立共同愿景（building shared vision）、团队学习（team learning）和系统思考（system thinking）等五项修炼，提出了提高组织管理效能的具体解决办法。学习型组织理论的重要意义还在于，它为组织创新提供了一套操作性较强的技术手段。每一项修炼都由若干具体的方法和措施组成，对企业的组织创新具有现实的指导意义。

二、学习型组织的一般特点

一般而言，学习型组织具有以下六大特点：

（一）精简

学习型组织的精简是指学习理论上的精简。企业组织的精简要建立在对工作的合理适当梳理的基础上，削减与企业发展相关度低和阻碍企业发展的工作，从而使得组织结构和人员精简，组织管理更加专注和有效。同时，在学习型组织中配合工作设计和全员培训，通过提升全体成员的工作适应性达到减员增效的目的。

（二）扁平化

随着企业规模的扩大，许多企业从领导层到操作层之间存在许多中间层级。中间层级过多，会影响企业的组织管理效率，容易产生官僚主义问题。适当减少中间层级，可以提高组织沟通的效率，增强组织上下的互动，增强创新动力和决策的科学能力，并且可以加强组织执行效果。所以，有些管理专家称这种组织的扁平化改造为“企业的中层革命”。

（三）有弹性

在企业组织中说到“弹性”，实际上指的是企业的适应能力。在瞬息万变的竞争环境中，企业只有具有高度的弹性、很强的适应能力才能成功。根据美国专家瑞定（Redding）的研究，企业要具备这样的弹性，必须经过三个阶段的工作：持续准备、不断计划和认真推行。这个过程是一个不断循环、不断推进的过程。

（四）不断自我创造

学习型组织是能不断掌握学习技能、创造未来、创造自我能量的组织。日常的企业工作大致可以分成两类：反映性的工作和创造性的工作。所谓反映性的工作即通过上传下达和平层沟通进行企业经营信息的交流，是对经营现状的反映。反映性工作对维持企业正常经营现状起的作用更大一些，但对于企业发展的贡献有限。而在竞争环境中，决定企业命运的不仅依靠这些反映性工作的正常进行，更决定于企业的创造性工作。当长虹电视机打入上海市场时，许多电视机企业都质疑长虹凭什么参与这样一个技术含量很高的彩电市场的竞争。但是长虹没有理会这样的质疑，而是通过不断地推出新产品、不断转换市场竞争策略在全国市场站稳了脚跟，而上海的彩电企业却纷纷落马了。学习型组织强调自我创造。

（五）善于学习

善于学习是学习型组织的本质特征。在 20 世纪 90 年代曾经有过一股风潮，很多专家称人类已经进入“知识爆炸”时代，人类的知识总量 5 年就翻一番。因此不论是企业还是个人必须考虑怎样学习，是否善于学习成为很重要的问题。

（六）自主管理

学习型组织特别强调自主管理。在企业活动中我们会碰到两类问题，一类问题是收敛型问题，即通过讨论和研究这个问题就明确了；另一类是发散型问题，这类问题越讨论问题越多，而且许多结论是自相矛盾的。在传统的组织管理中，更加倾向于问题要层层上报，学习型组织理论认为这样的组织活力不大，它们应该更充分地发挥员工的自主管理。一个健康和良性成长的企业应该是一个能够充分调动员工的企业，不仅让他们动手，还要让他们动脑。加强员工参与，给他们自主管理的机会，肯定他们的工作成果，让他们在工作中得到更多的满足、体会到人生的价值，企业才能具有历久不衰的动力。

【复习思考题】

1. 什么是组织？如何理解组织的含义？
2. 什么是组织结构？组织结构的决定因素有哪些？
3. 什么是组织设计？组织设计的内容是什么？
4. 企业组织结构设计的要素有哪些？
5. 企业进行组织发展与变革的动因是什么？
6. 企业进行组织变革的内容与方法有哪些？
7. 学习型组织理论的贡献和意义是什么？

【本章案例】

阿莫科公司的巨大变革

阿莫科公司（www. amoco. com）与其他全球性石油公司一样，主要从事三种活动：（1）钻探石油，把石油从地下抽出；（2）把原油提炼成汽油，并通过一个遍布全国的加油站系统出售汽油；（3）经营一家化工公司，把原油加工成塑料和其他石油产品并出售。在整个 20 世纪 70 年代阿莫科公司运用“三条腿”结构来管理这三种活动：由三个独立经营的子公司管理各项活动。

这三个子公司都有高层管理者负责监管子公司的众多事业部。每个子公司的高层管理者向阿莫科的集团层经理汇报，集团经理监管子公司的活动，对子公司业务做最终决策。子公司事业部的管理者负责开发有效的业务层战略，但是否实施这些战略则由集团层决定。因此，战略实施往往要花费很长的时间，因为这种管理结构把阿莫科的集团经理和事业部管理者隔离了。缓慢的决策方法阻碍了事业部管理者建立竞争优势。

阿莫科公司的“三条腿”结构在20世纪70年代早期经济景气时运行良好，那时石油价格稳定上升。但在70年代后期，全球石油公司经历了一次危机，石油价格大跌，直到20年后仍然疲软。阿莫科公司和其他全球性石油公司如Exxon、BP、Mobil，都因此而不断受到削减成本和提高产量的压力。为了提高利润，大多数全球石油公司，包括阿莫科解雇了数千名职员；实际上，据某些分析师估计，美国石油行业在20世纪80年代和90年代失去了500000个工作岗位。

尽管阿莫科公司解雇了约1/4的职员，管理者们仍然没有提高公司的赢利能力。因此，在1995年，阿莫科公司的高级管理层对组织结构进行全面审视，寻找提高效率和效益的方法。阿莫科公司的新任CEO劳伦斯·富勒（H. Laurance Fuller）认为只有对公司组织其活动的方式进行大范围的改革才能使公司增加利润。富勒认为阿莫科公司应完全淘汰“三条腿”结构，废除三个子公司高层管理者的职位。三个子公司将被分成17个独立业务事业部，而且决策权将被分散到每个事业部的经理手中，他们可为各自的事业部自由选择自己的战略。集团根据达到集团经理制定的某个增长目标的可能性来评估每个事业部，但是每个事业部的经理将决定各自事业部达成这些目标的途径。

当富勒把业务层战略的发展和实施责任分散到17个新事业部的经理时，他还成立了一个强有力的高层管理小组来监督和管理集团战略。三个子公司的前任领导人与富勒以及其他四位阿莫科集团高层经理一起成为该小组的成员，该小组负责考察每个事业部的业绩，并寻找各种方法帮助事业部经理提高业绩。

富勒希望，新的更扁平的事业部结构将使经理们变得更有创业精神，激励他们提高效率。富勒还希望，由于这17个新事业部更接近他们的顾客，他们对顾客的需求有更快的反应，如果顾客需求得到了满足，销售量将更大。

资料来源：加雷思·琼斯，珍妮弗·乔治，查尔斯·希尔．当代管理学．北京：人民邮电出版社，2003.

案例思考题

1. 阿莫科公司对其组织结构进行了哪些变革？
2. 为什么阿莫科公司要进行这些变革？

第五章　企业战略管理

【教学目的与要求】明确企业经营战略的定义与特点；掌握企业经营战略的类型、体系与层次；熟悉企业经营环境及行业竞争特征；了解企业竞争环境分析方法；掌握企业总战略及企业分战略类型；加深对企业跨国经营战略以及企业竞争优势获得的认识与理解。

第一节　企业经营战略的类型与体系

一、战略及战略管理

“战略”一词最早源于军事，意指克敌制胜的艺术和谋略，是对战争全局的筹划。企业战略理论的研究大约始于20世纪30年代，形成于六七十年代。现在，世界各国的企业都非常重视战略理论的研究，从而使企业战略理论迅速在实践中得以运用。

企业战略管理是将战略观念应用于企业管理活动，是企业管理的重大突破。那么，什么是企业战略（business strategy）?

企业战略是企业在分析外部环境和内部条件的现状及其变化趋势的基础上，为求得企业的长期生存与发展，实现其经营目标而制定的整体性、全局性、长远性的谋划及其相应的对策，它包括战略指导思想、战略目标、战略步骤、战略重点和战略措施等内容。

企业经营战略一般具有以下特征：

（一）全局性

企业经营战略的目的是为了创造企业的未来，立足于企业的长远利益。它是以企业全局的发展规律为研究对象的，是根据企业总体发展的需要而制定的。它规定的是企业的总体行动，追求企业的总体效果，它是指导企业一切活动的总谋划。虽然企业战略也包括一些局部活动，但这些局部活动是作为总体活动的有机组成部分在战略中出现的。

(二) 长远性

企业战略的制定要以企业的外部环境和内部条件的当前情况为出发点，并且对企业的生产经营活动有指导和限制作用，短期利益的追求是为了长期能获得最大的利益，但是，企业战略制定的着眼点在于企业未来的生存和发展，如果对短期利益的追求与长期利益矛盾，则短期利益的放弃就是必要的。

(三) 竞争性

没有激烈的市场竞争，就不会有对于企业经营战略的思考、研究和应用，企业经营战略就是市场竞争的战略，制定战略的目的就是要在竞争中取得优势地位。企业战略与那些不考虑竞争因素，只是为了改善企业现状、提高管理水平的行动方案不同，它是从长期的、全局的角度来把握内外环境条件，提出对抗竞争的整体性的方针、政策和策略。

(四) 稳定性

为了实现可持续发展，企业战略应具有相对的稳定性，战略决策是一个长期酝酿的过程，是建立在大量的调查研究分析基础上的，所以它一经决定就具有很高的权威性。虽然企业的经营活动是一个动态的过程，要根据环境变化做出相应调整，但这种调整和企业战略的稳定性相比并不矛盾。企业战略的变动过于频繁，将会直接导致企业生产经营活动的混乱，难以实现企业的战略目标。所以，企业战略在保证适应外部环境多变性的同时还要具有相对的稳定性。

(五) 可行性

企业制定经营战略是为了实现其价值目标，而不是建立在空想和虚幻目标的基础上的，所以它应该是切实的、可行的，只有这样才能对企业的管理者和企业员工产生号召力，激发工作潜能和热情，力争战略目标的实现。所以，一个完整的战略方案不仅要对战略目标和方向做出明确的要求，而且还要明确战略重点、方针、策略和实施步骤，战略方案的各个环节是相互关联的有机整体，由此也体现出战略的可操作性和现实性。

(六) 风险性

企业是环境的产物，企业的外部环境和市场机会都具有一定的风险型，企业时刻处在不确定的变化难测的环境中，将面对两大风险：一是资源输入的失误，如信息误导、人财物的不足与偏差等；二是加工后的资源输出的失误，主要是产品不适合市场需要，或由于策略不当导致成本过高等。战略和现实之间的差异，这就是风险。有了战略并不保证一定成功，但增加了成功的可能性；没有战略并非一定不成功，但这种成功在复杂的环境中只是一种偶然。

当然，企业经营战略的制定、实施过程当中还必须时刻强调创新意识，在竞争中出奇制胜。这也是当代企业经营战略研究中很重要的一个特征。

二、企业经营战略的类型

企业经营战略可以按照不同的标准进行分类。一般有以下几种分类方法：

（一）按照战略目的划分，可以分为成长战略和竞争战略

1. 成长战略

指企业为了适应外部环境的变化，有效地利用企业内部资源，研究以成长为目标的新的经营领域和新的增长点，为保证企业获得成长机会所采取的战略。中小企业以及初创企业一般多采用这种战略。

2. 竞争战略

指企业在特定产品和市场范围内为了取得优势，维持和扩大市场占有率所采取的战略。这种战略是由企业自身所处地位决定的，处于优势地位的企业，通过这种战略来维持并扩大优势；处于劣势地位的企业，要以竞争战略去改变或缩小同优势企业的差距。竞争战略的重点是提高市场占有率和销售增长率。大型企业或成熟期企业一般多采用这种战略。

（二）按照战略的态势划分，可以分为进攻战略、防御战略和撤退战略

1. 进攻战略

又称发展战略。它是企业依靠自身力量或同其他企业联合，以促进企业经营不断发展的战略。这种战略的特点是不断开发新产品核心市场，掌握市场竞争的主动权，不断提高市场占有率。

2. 防御战略

又称维持战略。它是企业在一定时期内对产品、技术、市场等方面采取以守为攻、侍机而动、以稳妥为宗旨，不冒较大风险的一种战略。这种战略的特点是以守为攻、后发制人。

3. 撤退战略

又称紧缩战略。它是企业在一定时期内缩小生产规模或取消某些产品生产的一种战略。企业在经济不景气时常采用这一战略。它是一种战略性撤退。有些企业在实施撤退战略中也可以引入与先进企业进行协作联合的战略。

（三）按照战略层次划分，可分为企业总战略、职能战略和事业部战略

1. 企业总战略

它是企业最高层次的战略，为实现企业的总体目标服务。它对企业未来发展方向做出长期的、总体的谋划，是统筹企业各项分战略的全局性的指导

纲领。

2. 职能战略

又称部门战略。其特点是按照职能分别确定绩效与运用经营资源。其内容是通过生产、销售、技术、财务等部门为保证事业部战略所追求的竞争优势而制定的长期规划。

3. 事业部战略

它是一种分散的经营战略。在分散经营条件下，事业部也要制定发展战略。其侧重点是确定该项事业部所经营的产品、市场及地区范围，并根据竞争能力的大小，确定扩展、维持或撤退的战略。

三、企业经营战略的构成要素

企业战略一般由四种要素构成，即产品与市场范围、发展方向、竞争优势和资源配置与协调。按照美国战略学者安索夫（Ansoff）的观点，这四种要素可以产生合力，成为企业的共同经营主线。有了这一经营主线，企业内外的人员都可以充分了解企业经营的方向和产生作用的力量，从而扬长避短、发挥优势。

1. 产品与市场范围

它被用来说明企业属于什么特定行业和领域，企业在所处行业中产品和市场的地位是否占有优势。为了清楚地表达企业的共同经营主线，此项指标常常需要分行业进行描述。

2. 发展方向

它说明企业从现有产品与市场相结合向未来产品与市场组合移动的方向，即企业经营运行的方向。增长向量指出了企业在一个行业里的方向，而且指出企业跨行业界限的方向。

3. 竞争优势

它说明了企业所寻求的、表明企业某一产品与市场组合的特殊属性，凭借这种属性可以给企业带来强有力的竞争优势地位。企业可以通过采取兼并重组、设置行业进入壁垒或开发新的替代产品的战略手段来谋求获取竞争优势。

4. 资源配置与协调

又称协同作用，它指明了企业资源配置与协调的效果，强调企业内部人、财、物、信息和时间等经济资源的合理分配和相互协调，即实现所谓 1+1>2 的合力放大的效果。安索夫指出，协同作用涉及企业与其新产品和市场项目相配合所需要的特征。当然，协同作用不当，也会产生 1+1<2 的内耗副作用。

这四个要素中，前三个要素描述了企业在外部环境里的产品与市场道路，而第四种要素则是从企业内部的协调考虑的。这四种要素是相辅相成的，互不排斥，共同构成了企业战略的内核。

【案例 5-1】

东风汽车公司（以下简称“东汽”）是我国重要的汽车生产基地，卡车、客车和家用轿车是东汽的主要产品。由于种种原因，该公司原来位于湖北省的十堰市，属于山区，交通不便、物流落后，更为重要的是难以对正在不断发展的家用轿车市场及时作出反应。东汽认识到这个市场对于该公司而言是一个重大的发展机会，因此该公司在全面分析了其所面对的宏观政策、经济发展水平和汽车市场的竞争环境后，决定将东汽总部从十堰市迁到湖北省省会武汉市，以充分利用武汉市的特殊地理位置和良好的政策环境以及物流等方面的优势来发展自己。

第二节　企业战略环境分析

现代企业的开放性和竞争的要求，决定了企业随时都在和外界环境进行着资源的交换，外界环境的细微变化都可能放大为企业决定性的机会或者威胁。因此，作为经济单元的企业在实施企业经营战略过程中要时刻重视企业战略环境的分析，这是企业战略环境的可行性和实用性的客观要求。

一、战略环境的性质

企业是一个开放的经济系统，它的经营管理活动自然受到客观环境的控制和影响。所以，把握环境的现状以及未来的发展变化趋势，利用一切可以利用的机会，避开不利于企业发展的环境威胁，是企业制定经营战略的首要问题。

但企业不可能也没有必要对与企业运行相关的所有环境因素进行详细的分析研究。因此，企业需要在所面临的诸多环境因素中提炼出对企业有重大与长远影响的战略性环境要素。

企业战略环境与一般环境的区别表现在以下几个方面：

（1）企业战略环境对企业的影响是全局性的，而非局部性的。

（2）企业战略环境对企业的影响是现在的和未来的，而不是过去的。

（3）企业战略环境是动态的，而不是静态的。

二、企业战略环境分析的层次

（一）企业宏观环境分析（PEST因素分析）

企业宏观环境是指那些处于企业外部，影响企业战略总体发展目标、规划制定和战略实施的社会因素，一般来说，它主要包括四大类：政治法律（political）环境、经济（economic）环境、社会（social）环境以及科技（technological）环境，即我们所称的PEST因素分析。

（二）企业行业环境分析

企业的行业环境分析是研究企业所属行业的一些代表性因素对企业发展的影响。每一个企业都归属于某一行业，或者进入某一行业。行业是直接影响企业的外部环境。因此，必须认真分析行业总的发展状况、发展趋势、竞争威胁和企业的发展机会；要研究企业是否选择进入该行业或是选择在某一行业中的地位。

1. 行业基础分析

行业状况是企业最直接、最重要的环境。企业首先要判断自己所处的行业是否有发展机会，根据行业的寿命周期来判断行业的发展阶段。

行业寿命周期同样可以按照产品寿命周期理论进行分析。行业的寿命周期是一个行业从出现到完全退出社会经济领域所经历的时间。行业寿命周期可分为四个阶段：导入期（introduction stage）、成长期（growth stage）、成熟期（maturity stage）、衰退期（decline stage）。这四个阶段的划分是按照社会对该行业产品的需求决定的，某行业随着对该行业产品的需要而诞生，同样随着社会对该行业产品的需要消失而退出。行业寿命周期长达百年，短的也有几十年，是一个比较长的时间段。

行业处于寿命周期的不同阶段，具有不同的环境特征。判断行业处于寿命周期的哪个阶段，可以用市场增长率、需求增长率、产品品种、竞争者数量、进入（或退出）行业的障碍、技术变革和用户购买行为等指标作为标志。

2. 行业能力分析

行业能力是指行业中每个竞争者所具有的能力总和，主要包括行业规模结构和行业技术状况两大指标。

行业规模结构分析是确定行业的发展与社会需求之间的关系，规模一般是从行业外部看它与社会需求相比整体的大小，其主要内容有：行业生产产品和提供服务的总量与社会需求之间的关系；行业产品结构与该产品发展趋势之间的关系；行业目前的实际生产能力与设计能力之间的关系；本企业规模与行业规模的发展趋势之间的关系等。

行业技术状况对行业发展的影响越来越重要，只有对行业技术状况进行全面的分析，才能正确地判断行业的发展前景和行业能力的发展水平。进行行业技术状况分析的内容有：行业目前的技术位于技术寿命周期的哪个阶段；行业总体技术水平；行业技术变化趋势和发展方向；本企业技术水平在行业中的地位等。

3. 行业竞争分析

在行业中，不同企业之间的竞争关系构成了企业非常重要的行业环境，而这种行业内的竞争关系又是由行业内部企业的结构所决定的，行业的结构在决定竞争原则和企业所采取的竞争战略等方面具有很大的影响，所以要根据行业内影响企业竞争的经济力量及其变化发展来确定企业的竞争战略。

按照美国学者迈克尔·波特（Michael Porter）的观点，一个行业的激烈竞争的根源在于其内在的经济结构。他在《竞争战略》一书中指出，行业中的竞争来自五种基本竞争力量（competitive force），即潜在的进入者、替代品的威胁、购买者讨价还价的能力、供应者讨价还价的能力以及现有竞争对手的竞争。按照波特的理论，这五种竞争力量的相互关系，既决定着企业的竞争激烈程度，又决定了行业最终的获利能力。企业在行业竞争分析的基础上制定战略，其目的就在于取得相对竞争优势，达到更高的赢利水平。

（三）企业微观环境分析

即企业内部环境分析，它是企业内部的影响企业生存与发展的各种因素的状况以及这些因素相互结合而形成的企业经营能力。由于企业内部因素是可控因素，因此企业微观环境分析的目的在于利用和强化优势，克服和改变劣势。企业微观环境分析主要是对企业的资源、实力进行分析。

影响企业生存发展的内部因素主要有人、财、物、任务、信息等，这些要素有机结合在一起，形成了企业的六种经营能力，即生存能力、反馈能力、应变能力、创新能力、赢利能力和发展能力。

企业必须从整体上和内在联系上分析上述这些能力，充分利用优势和机会，坚决避开劣势和威胁，才能正确把握企业所拥有的内部环境状况。

三、企业战略环境分析方法

下面介绍两种企业战略环境的分析方法：波士顿矩阵和 SWOT 分析法。

（一）波士顿矩阵

波士顿矩阵是美国波士顿咨询公司 20 世纪 60—70 年代提出并使用的一种

评价企业总体战略和业务组合的方法，它以企业生产经营的全部产品或业务的组合为研究分析对象，使用销售（或需求）增长率（本企业前后两年销售总量之比）和企业相对市场占有率（相对市场占有率等于企业的市场占有率与行业中最强竞争对手的市场占有率之比）两个指标构成的矩阵，来为企业选择经营领域的战略提供决策参考。

该矩阵由四个象限组成，即明星、金牛、幼童、瘦狗等四个区域。矩阵中的每一点分别对应于不同的销售增长率和相对市场占有率。分析时，首先计算企业每种产品的相对市场占有率和销售增长率，然后将结果定位于矩阵的相应位置，这样就可以大致得到不同产品的不同市场状态。

（1）明星区域。本区域代表该类产品具有高的销售增长率和市场占有率，既有发展潜力，又有市场竞争力，为企业提供了最好的利润增长和投资机会。因此，该类产品是企业的重点投资项目和战略选择的重点。

（2）金牛区域。处于这一区域的产品相对市场占有率高，但销售增长率较低，创造的现金量高于自身发展的需求量，因此，它能为其他各类产品的发展提供所需的财力资源。该类产品可能已进入饱和期，或属于衰退行业的产品，企业不必大量投资，但应设法维持、稳定其生产，以便获取尽可能多的利润。

（3）幼童区域。这类产品市场份额较低，而销售增长情况良好。企业的大多数产品都经历过这一阶段，即企业面临一个高速成长的市场，但是该市场中已经有了市场领先者，因此，它还要追赶领先者，这时需要企业对这类产品提供大量的资源支持，所以对这类产品的发展必须小心谨慎，对支持和放弃要进行明智的选择。

（4）瘦狗区域。这一区域的产品相对市场占有率和销售增长率都低，既无市场潜力可挖，又缺少竞争力，可能是进入衰退期的产品，应采取收缩和淘汰策略。

波士顿矩阵不仅比较简单地说明了企业全部经营领域产品的综合情况，更重要的是它指出了企业内部资源分配上为什么会存在侧重点和优先顺序。而且，波士顿矩阵分析方法的结果，反映了企业和其他竞争对手相比较的行业地位，进而为明确企业所处的行业环境提供了分析依据。

（二）SWOT 分析法

为了综合分析企业内外环境对企业战略的影响，达到内外环境的协调，通常会采用 SWOT 分析法进行分析。SWOT 代表优势（strength）、劣势（weakness）、机会（opportunity）和威胁（threat）。它是企业内部优势与弱点和企业外部机会与威胁结合分析的代称。SWOT 分析实际上是将企业外部环境中的机会和威胁、内部条件的优势与劣势进行比较分析，即优劣势主要着眼于企业自身的实力及其与竞争对手的比较，而机会和威胁分析将主要分析外部环境的变化及其对企业的可能影响。

SWOT 分析的方法是：根据企业的总体目标和总战略的要求，列出对企业发展有重大影响的内部及外部环境因素，确定标准、进行评价，判断是优势还是劣势，是机会还是威胁。

相对于竞争对手，企业的内部优势可以表现在资金、技术、设备、产品、市场、管理和职工素质等方面。判断企业内部的优势和劣势有两类标准：一是单项标准，如市场占有率低表示企业在市场上存在问题，处于劣势；二是综合标准，对影响企业的一些重要因素根据其重要程度进行加权评估。

企业外部的机会是指环境中对企业有利的因素，如政府支持、高新技术的应用、良好的供应和销售环境等。企业外部的威胁是指对企业不利的因素，如新竞争对手的出现、市场增长率减缓、购买者的讨价还价能力增强、技术老化等影响企业目前竞争地位或未来竞争地位的主要因素。

SWOT 方法还可以作为制定企业战略的一种方法，因为它为企业提供了四种可以选择的战略，即 SO 战略（增长型战略）、WO 战略（扭转型战略）、ST 战略（多种经营型战略）和 WT 战略（防御型战略）。SO 战略利用企业优势去抓住外部环境机会的战略；WO 战略是利用外部的有利机会来扭转企业劣势的战略；ST 战略是利用企业的优势去减轻或避免外界竞争环境的威胁与打击的战略；WT 战略是认真克服企业内部弱点和避免外部威胁的战略。

第三节 企业总战略

企业总战略可以从不同的角度进行分类，如按照战略规模、战略空间、企业性质等角度进行分类，这里就不过多涉及了。一般来讲，我们可以按照不同的战略态势将企业总战略划分为：发展战略、稳定战略和紧缩战略。这种战略类型的划分也是最常使用的划分方法。

一、发展战略分析

企业发展战略要求企业充分利用外部环境的机会、发掘企业内部的优势资源，求得企业在现有战略基础水平上向更高一级的方向发展。它以发展作为自己的核心内容，引导企业不断开发新产品、开拓新市场，采用新的生产方式和管理方式，以扩大企业的产销规模，提升竞争地位，增强竞争实力。

企业发展战略包括密集型成长战略、一体化战略和多样化战略。

（一）密集型成长战略

密集型成长是指企业在现有竞争优势的基础上，在原有生产范围内充分利用在产品和市场方面的潜力来求得成长发展，也可以称为集约型成长。它主要包括内部创业战略和并购（M&A）战略。

1. 内部创业战略

它是通过对现有产品和市场的进一步开发和渗透来实现新的发展的战略，它由多种形式组成：

（1）市场渗透战略。指企业生产的老产品在老市场上进一步渗透，扩大销量，包括促使老顾客提高购买量、夺走竞争对手的客户、争取潜在新客户等方法。

（2）市场开发战略。指用老产品开发新市场，当老产品在老市场上已无进一步渗透的可能时，或者新市场的发展潜力更大，或者新市场的竞争相对缓和时，企业都可以考虑这一方式。

（3）产品开发战略。指用改进老产品或开发新产品的办法来增加企业在老市场的销售量。从产品和服务的规格、式样、流程等方面进行改进，增加新的功能、用途和服务深度，以满足顾客不断变化的需求。

在上述战略中，尤其要注意新产品开发和新市场开发过程中的进入障碍问题以及现有企业的反应。进入障碍主要是研制和开发新产品所支付的费用；而现有企业的反应主要关注新产品所在市场的发展状况、行业集中程度和现有企业的发展战略。

2. 并购战略

并购，即兼并和收购，通常是指两家或更多的独立企业、公司合并组成一家企业。并购是一个内涵非常广泛的概念，包括几种不同的概念。

并购战略包括兼并战略和收购战略。兼并战略是指通过有偿转移和资本集中等途径，把别的企业并入本企业系统，使被兼并企业失去法人资格或改变法人实体地位的经济活动。收购战略是指一个公司购买另一个公司，并将其完全吸收为本公司的附属单位或事业部。

并购战略的优点从并购方的角度看，可缩短企业发展所需的时间，在短时间内获得新事业、新产品；从被并购方看，并购时买方要通过投入大量的资金才能达到最后收购控制的目的，这样使被并购企业获得新的资本投入，有利于被兼并企业走出困境，重新发展。但是，并购战略也有不足的地方，最突出的问题是并购失败的比例越来越高，即并购以后的企业并没有取得并购前预期的结果，并购企业可能背上更大的包袱；同时，不同企业间的文化难以融合也为双方企业的真正一体化造成了障碍。

（二）一体化战略

所谓一体化战略（integration strategy），是从企业的经济业务的角度进行战略分析和选择的，即把两个或两个以上的原本分散的企业联合起来，组成一个统一的经济组织，这种联合并不是企业间简单的联合，而是在生产过程中或市场上有一定联系的企业之间的联合。采用一体化战略必须具备两个条件：一个是企业所属的行业有广阔的前景；另一个是企业在一体化后能增加活力、效益、效率和控制力。

一般来说，一体化战略主要包括以下三种典型的一体化方式：

（1）后向一体化（backward integration）。即沿着与企业当前业务价值链的前端（输入）有关的活动向上延伸，如原材料、能源、设备等都是制造业重要的前端，制造类的企业进入上述项目的生产经营领域就是后向一体化。

（2）前向一体化（forward integration）。即沿着企业当前的业务活动价值链的后端（输出）有关的活动向下延伸，如生产企业为了解决自己产品的运输问题而进入运输行业就是前向一体化。

（3）水平一体化（horizontal integration）。即开展与当前企业业务相互竞争或相互补充的经营活动，也是为了扩大生产规模、降低成本、巩固企业的市场地位、增强企业实力而与同行业企业进行联合的战略。

在上述一体化类型中，前两个类型又称为纵向一体化，最后一个类型称为横向一体化。

（三）多样化战略

多样化战略（diversification strategy）是指企业同时在两个或两个以上的行业中进行经营活动。它是由著名的战略学者安索夫在20世纪50年代提出的，在70年代多样化经营得到世界各国的推崇，成为企业发展的又一新的方向。

多样化战略按照产品之间的关系和收入比例可以分为相关多样化和非相关多样化；按技术与市场的关联程度又可以分为同心多样化、水平多样化和复合多样化。

（1）相关多样化。就是向具有相关的技术或相关市场的领域扩张。如家电企业向游戏机、电脑、网络技术等领域发展。

（2）非相关多样化。即向与本企业原有行业完全不相关的行业扩张。如金融企业向房地产领域发展、信息企业涉足保健品、医药行业等。

(3) 同心多样化。以企业现有的技术和设备能力为基础，发展与现有产品或服务不同的新产品或服务项目。如造船业在不景气的情况下承接海洋工程、钢结构加工、桥梁建设等。

(4) 水平多样化。指企业利用不同技术在同一市场上进行扩张，其实质与纵向一体化类似。

(5) 复合多样化。指通过合并、收购其他企业或合股经营等形式来增加与现有产品或服务不相同的新产品或新服务的一种战略。如美国杜邦公司除经营化学产品以外还经营摄影器材、生物医药产品。

二、稳定战略分析

又称为防御性战略，指企业在内外部环境约束下，使企业的经营状况基本保持在目前水平上或是稍有增长的战略。稳定性战略的经营风险是相对较小的，但并不意味着就是最稳妥的战略，因为市场是瞬息万变的。

稳定性战略包括无变化战略、利润战略、暂停战略、慎重战略等。

(1) 无变化战略（no change strategy）是指企业不再制定新的战略，也不需要进行战略调整，而维持原有的战略。采用这一战略有两个原因：一是企业的经营相当成功；二是企业的经营状况不存在重大问题，不需要对战略进行调整。

(2) 利润战略（profit strategy）是以牺牲企业长远的发展来扩大企业当前利润的一种战略。如企业为满足股东的分红需要而减少新产品研发经费就是一种很典型的情况，另外，在企业的高赢利产品已经没有更大发展的情况下，企业利用其利润来为新产品研发服务也是利润战略的运用。

(3) 暂停战略（pause strategy）是指企业在计划期内降低企业的战略目标和发展速度，使企业的发展速度、资源状况、管理力量保持一致，是企业进行临时性休整的一种战略。

(4) 慎重战略（proceed-with-caution strategy）是企业根据外界环境的某一要素的变化而改变以往的部署，采取谨慎实施、静观变化的一种战略。如某家企业的产品与国家的政策有紧密联系，那么在国家相关政策出台之前就应该小心谨慎，不可贸然行事。

三、紧缩战略分析

紧缩型战略（retrenchment strategy）是指企业偏离战略起点而从目前的战略经营领域和基础水平收缩和撤退的一种战略。

企业采用紧缩型战略可以是主动的。也可以是被动的。主动的原因有企业战略重组、小企业的短期行为等；被动的原因有行业发展趋缓、市场容量萎缩、企业失去竞争优势等。采取紧缩型战略的缺点表现在紧缩型战略往往会削弱企业的技术研究和新产品开发能力，使企业处于消极被动的经营状态，影响企业的长期发展。

紧缩型战略包括转向或改组战略、撤退战略和清算战略。

（1）转向或改组战略。

①转向是指改变原来的经营方向。转向战略是当企业现有的经营领域趋向衰退，市场占有率降低或者找到新的发展领域和机会时，收缩原有经营领域的经营活动，转移到新的经营领域所采取的战略。可以采用调整企业组织、降低成本和投资、减少资产和加速收回企业资产等方法来实现战略目标。

②改组又叫重组（reorganization），指重新组织或改进企业的经营机构，包括调整企业原有的产品和市场，改革企业内部的管理体制、组织机构，对人员和资源进行重新配置，从而给企业重新定位，为发展做准备。

（2）撤退战略。指企业通过转让或出售的方式停止某一个经营单位或经营领域的经营活动，将资源集中于其他有发展前途的经营领域，或保存企业实力寻求更大的发展机会。企业在采取转向战略效果不明显时可以考虑采用这一战略。

（3）清算战略。清算战略是通过转让、出售企业的资产或停止企业的全部经营活动的一种战略。这一战略往往是一种迫不得已的最后解决方案。清算战略分为自动清算和强制清算。在特定的情况下，清算战略可以尽可能减少股东的损失，也是一种正确明智的选择。

【案例5-2】

比亚迪股份有限公司总裁王传福立志做中国丰田的梦早就为人所知，只不过很多人将之当作梦话而已。2007年他又让人们感到“疯话”不断——到2015年，成为“中国第一”的乘用车产销企业；到2025年，成为“世界第一”的乘用车产销企业。这个2003年才踏进汽车业的安徽人，在汽车界演绎着“不合群”的“疯狂”。然而，其推出的屈指可数的几款车却让人刮目相看，颇有丰田高超的单款车运作手段的影子，比亚迪F3在推出20个月后，销量就超过了10万辆，成为自主品牌最快突破10万辆的车型。

风靡世界的丰田生产模式最核心的莫过于成本控制，王传福似乎是“青出于蓝而胜于蓝”，他发明的人工和机器分解协同的半自动生产线，可谓充分发挥了中国的人力优势；所有模具与部分机器的自主研发，更是将成本严格控制在最低。正是有了成本的巨大优势，才有了价格上的汽车业“钉子户”的“美誉”。王传福的信心更多的来源于他起家的电池。2007年8月比亚迪在深圳坪山基地落成仪式上高调推出了比亚迪F6，同时宣布“核武器”铁电池研制成功，王传福将这个项目命名为总裁项目。这个可能颠覆汽车业的技术革命在国内外同行中引起轰动，假以时日，或许王传福的丰田梦真的就将成就于比亚迪。

第四节　企业跨国经营战略

企业国际化经营战略是指在本土之外还拥有和控制着生产、营销和服务的设施，进行跨国生产、销售、服务等国际性经营活动。国际化经营战略是企业谋求进一步发展的重要战略，也是竞争国际化形势下企业经营战略的新趋势。它的实质是企业通过对国外直接投资，以全球市场作为活动舞台而进行的一种国际性的生产或流通的行为。

在市场经济条件下，利润最大化原则是一切企业经济活动的目标，同时，通过国际化战略可实现突破贸易壁垒、巩固原有市场、开拓新市场；利用东道国的廉价劳动力；获取东道国的自然资源；分散或避免投资风险；充分利用东道国的资金、技术和信息、管理经验。

一、跨国经营战略的环境分析

(一) 文化环境

文化是人类社会全部遗产的总和。不同的文化背景决定着不同人群的生活方式。在国际市场上，巨大的文化差异会使经营者处处感到不适应。因此，企业必须重视研究目标市场国的文化环境，全面研究目标国的科技、经济、国家和社会制度、宗教信仰、审美观念、语言文化等一系列的文化元素，因为这些文化元素与消费者直接相关，从多方面影响消费者的行为。

(二) 市场环境

市场环境是我们决定战略战术需要重点考察分析的对象，目标国的市场状况直接决定了企业的产品和服务的市场基础，因此我们从市场供需和市场准入两方面来探讨市场环境因素。

市场供需状况分析，包括研究市场供求关系、通货膨胀状况、流通过程、物流配送体系的发展、政府实施的价格管制政策等方面。市场准入方面，主要涉及国际经济贸易中的市场壁垒问题。各国政府为了保护本国相关产业的发展，制定了各种各样的贸易保护措施，设立了相当复杂的市场准入的限制，即市场壁垒，主要包括以关税调节为特征的关税壁垒和非关税调节方式（如数量控制、质量控制、反倾销政策、歧视性规定等）为特征的非关税壁垒。

（三）自然环境

自然环境指目标市场国的地理、气候和自然资源。这些因素对一个国家的政治经济都会产生很大影响，对消费者的消费行为也会产生相应的影响，因此，也应该进行充分的了解和研究。

二、目标市场国的选择原则

企业进入国际市场，首先要选择好目标市场国，一个完全不适合企业自身发展的目标市场国只会为企业带来巨大的损失。我们在选择目标市场国时要遵循下述基本原则。

（一）市场容量的大小

一个市场的容量是我们选择目标国的首要标准，因为这会直接带来相应的销量和赢利。

（二）政治关系

政治关系对国际贸易的影响尤其巨大，因为政治关系往往涉及国与国之间的关系，进而波及国与国之间的经济联系，所以，良好的政治关系也是跨国经营的有力保障。

（三）比较优势

企业在国际市场的生存和发展，有赖于企业自身的竞争力，这就要求企业的产品和服务不仅要适应国际市场的需要，而且要有明显的比较优势。

（四）良好的销售渠道

畅通稳定高效的销售渠道是企业营销战略的重要环节，也是企业选择目标市场的重要原则，企业必须重视对目标国的销售渠道的掌握和控制，和诚信、有实力的中间商建立良好的关系，占据渠道优势。

三、企业跨国经营战略的类型

根据对外直接投资的重点和面向海外经营的性质，企业跨国经营分为以下类型：

（一）资源导向型

从全球角度看，世界资源的分布不均衡，企业为了获取本国短缺的原材料等资源，直接投资于相关资源丰富的国家进行生产开发，以确保廉价而稳定的资源供应。

（二）资本导向型

跨国公司受国内资金膨胀压力，为解决资本过剩，将资本转移到海外，以获取更高的利润。

（三）生产要素型

跨国公司为了追求丰富的生产要素，尤其是廉价的劳动力而进行对外经营，通过把劳动比较密集的产品的生产或加工转移到劳动力价格较低的国家和地区，在这些国家和地区投资设厂，利用当地的廉价劳动力来降低产品成本，获得比较好的经济效益，从而谋取在国际市场竞争中的有利地位。

（四）技术导向型

跨国公司在技术先进的国家投资建厂，利用当地科研机构和人才资源实现技术“回流”，成为研究开发和引进先进技术的海外基地，为本国公司提供适用的先进技术，保持技术领先水平和提高市场竞争能力。

四、跨国经营战略的控制措施

跨国企业对跨国经营战略的控制手段主要有：

（一）所有权控制

对子公司的所有权的控制，使得母公司在子公司的董事会组成中占绝对多数，从而控制企业的重要决策，使子公司的运作更符合母公司的整体战略需要。但是实施所有权控制要注意目标国的法规政策等因素。

（二）人员控制

跨国企业通过培养子公司忠诚的经营者，加强“文化熏陶”和经常性的沟通来实现对海外子公司的控制。主要有个人控制和私访控制两种形式。个人控制是吸收目标国子公司的主要管理人员参与母公司的正式或非正式的活动从而达到控制目的；私访控制则是通过考察、旅行、个人接触等私访活动加强子公司和母公司的情感联系，有利于实现控制和监督。

（三）信息控制

经济全球化客观上要求信息的全球化，因此，跨国经营企业对于信息的共享和传递给予特别的重视，跨国经营企业在国际范围内运作，没有信息的统一协调和共享是难以取得好的经营业绩的，因此，母公司可以通过在公司网络间传递的信息实现对子公司的控制。

（四）财务评价与控制

财务评价是指对跨国经营企业子公司的业绩评价，主要有三种方法：投资回报分析、财务预算分析和历史比较分析。其中投资回报率是最为重要的分析指标。

对海外子公司的控制形式因跨国公司的性质不同而各有不同。同时，为了谋求全球竞争优势，跨国经营企业努力将一些标准化产品的生产和营销分散到世界各地，而一些关键的经营决策基本集中在母公司，海外子公司通常是成本中心、收入中心或费用中心而不是投资中心或利润中心。

【案例 5-3】

如果把招商银行定义为中国最具创新意识的银行，恐怕没有人会提出异议。从最初的“一卡通”、“金葵花”理财再到招行信用卡，招商银行一直以其敏锐的嗅觉捕捉着市场的商机，成为中国金融业的创新标兵和最出色的“零售银行”。招商银行高层决策者深知，要想让自己缔造“百年招行”品牌的夙愿变成现实，必须走出国门。2007 年 11 月，美联储正式向招商银行纽约分行颁发了批准令，这意味着招商银行的经营管理等若干指标得到了美国的认可，也标志着招商银行的国际化更进了一步。

【复习思考题】

1. 如何理解企业经营战略的概念与特征？
2. 企业经营战略包括哪些内容？
3. 企业行业分析有哪些内容？
4. 企业环境分析的方法有哪些？试用 SWOT 分析法结合具体企业进行分析。
5. 企业总体经营战略的类型有哪些？
6. 企业跨国经营的战略类型有哪些？
7. 在经济全球化背景下，企业如何能更好地取得竞争优势？

【本章案例】

“白家”方便粉丝的发展之路

方便粉丝这一行业在前几年似乎还没有被广泛关注，但是这两年关于这个行业和与这个行业有关的一个企业——四川白家方便粉丝食品有限公司却频繁出现在人们的视野之中。该企业从 2000 年进入粉丝行业，短短几年，它一路超越，成为中国方便粉丝行业的第一品牌，销售额占行业总销售额的20%左右。

由于方便粉丝的发源地在四川，西南市场也是方便粉丝的主要销售战场。在短短的3年时间，“白家”董事长陈朝晖通过典型的“蛇吞象”式加媒体炒作的营销方法，以绝对优势坐上方便粉丝市场老大的宝座。

在确立了四川乃至西南市场的优势地位后，企业把目光瞄准了全国市场，及时的战略扩张，把企业的发展推到了一个更高的高度。

与方便面相比，方便粉丝是中国人自己开发出来的产品。“白家”在确立了国内市场的第一位置后，把目光瞄向了国外市场。目前“白家”产品已经在日本等十多个国家进行了品牌注册，实现了产品销售，给企业将来的发展搭建了一个更大的平台。

应该说方便粉丝的发明者并非“白家”，而是与其同处四川的光友公司邹光友；“白家”也并不是第一家启动方便粉丝项目的企业，光友在“白家”启动方便粉丝项目以前已经有了一定的市场规模和基础。但是为什么“白家”最终成了方便粉丝行业的领头羊呢？除了制定和执行了正确的战略外，企业还打造了系统优势。

1. 以己之长攻其之短

以广告策划出身的陈朝晖不但进行了企业资源的聚焦，更以立体化多元化暴风骤雨式强硬推广销售，在竞品企业还没有反应过来之时，已经处于竞争的制高点，而且充分利用了事件营销和娱乐营销。

2. 借势

成都市郊龙泉驿的“白家高记肥肠粉”是有名的肥肠粉店。倘若将“白家”的招牌借用过来应用于方便粉丝中，凭借其在成都当地的良好美誉度，想必消费者也会爱屋及乌。因此，“白家”的决策层深思熟虑之后，迅速完成了“白家”的商标注册，降低了宣传成本，实现了产品的快速推广。

3. 产品创新

针对不同的细分市场，“白家”进行了产品的创新，开发了“单身贵族”、“阿宽”等产品，极大地提高了品牌的美誉度和企业的赢利能力，从而在产品上和竞品建立了有效区隔。

方便粉丝“非油炸”的生产方式成了粉丝产品的最大卖点，也成了方便粉丝行业发展的推进器。应该讲，这两年“油炸食品无营养和不健康”的炒作和媒体的介入，使方便面行业深受其害，方便粉丝行业成了最大的受益者，这也成了方便粉丝产品抢占方便面市场份额最有力的武器。从中国方便食品的总体格局看，方便粉丝无疑将成为方便食品中增长速度最快的，对于已经处于中国方便粉丝老大位置的“白家”来讲，舞台也将更加宽广。

4. 渠道创新

“白家”在渠道运作上除开发正常的商超和流通渠道外，还重点打造和运作了高校渠道和旅游景点渠道，提高了品牌的高度，更加贴近了目标消费群，使企业资源的投放更加有效。

面对食品巨头纷纷介入方便粉丝行业，“白家”将会面临战略上的一个抉择，让自己成为中高端市场的第一品牌还是加快企业快速扩张的步伐，继续保持行业老大的位置。或许对于“白家”来讲，这是一个二选一的命题而很难做到两者通吃。

案例思考题

1. 请结合材料分析白家方便粉丝在其发展中采用了一些什么样的典型战略模式。

2. 该企业如果要进一步拓展国内市场和发展海外市场，从战略思考上你有什么样的建议？请说明理由。

第六章　企业经营决策和经营计划

【教学目的与要求】明确企业经营决策的类型与原则；了解企业经营决策的程序；掌握经营决策的定性与定量方法；能熟练运用投资决策方案的评价方法；熟悉企业经营计划种类及其编制方法。

现代企业管理的一个重要观点认为，管理的重心在经营，经营的重心在决策。企业管理的一切工作，都是围绕企业经营决策的制定、执行和实施展开的。决策的好坏，直接决定一个企业的兴衰成败。比较典型的例子是日本丰田汽车公司在20世纪60年代末通过正确决策，成功开发了小型节能汽车，而使丰田汽车在70年代初打开了欧美市场，进而行销世界。而美国克莱斯勒汽车公司由于片面推行生产高级大型轿车和中型轿车，汽车销售受阻，结果发生重大亏损，甚至一蹶不振。在本章，我们将对企业经营决策和经营计划的基本内容与方法进行研究。

第一节　经营决策的类型、原则和程序

一、决策的分类

决策是指管理者为实现组织目标，运用科学理论和方法从若干个可行性方案中选择或综合出优化方案，并将其付诸实施的过程。企业决策主要涉及企业总体发展战略模式的选择、重点经营活动的确定、经营战略目标的抉择、经营战略方针和策略的选定等问题。其内容相当广泛和复杂。企业决策可以根据不同的需要作出不同的分类。

（一）按决策问题的重要程度分类

1. 高层决策

高层决策又称战略决策，是指关系到企业发展方向和全局性的决策，如企业战略目标、战略方针等方面的决策。这种决策旨在提高企业的经营绩效，使

企业的经营活动与外部环境的变化能够经常保持动态的协调。其主体是高层管理人员。

2. 中层决策

中层决策也称战术决策，是指为解决战略决策执行过程中的具体问题的决策，如生产计划、人事组织、设备更新等方面的决策。这种决策的目的在于提高企业的管理效能，以实现企业内部各环节生产经营活动的高度协调和资源的合理利用。其主体是中层管理人员。

3. 基层决策

基层决策也称业务决策，是指企业日常生产活动的决策，它主要解决生产中的某些具体问题，如生产定额的制定、库存管理、设备维修等均属此类决策。它的作用在于提高企业生产效率和工作效率。其主体是基层管理人员。

（二）按决策的重复程度分类

1. 程序化决策

程序化决策亦称为常规性决策，是指对经常重复出现的问题的决策。重复性问题因为有反复决策的经验，一般已拟定一套常规的处理方法，或制定了规则、程序，使再次出现这类问题进行决策时，有章可循，有法可依。企业日常管理的大部分工作属于这类决策，如生产作业计划制定、订货程序的制定等。

2. 非程序化决策

非程序化决策是指对不重复或很少重复发生的事件所做的决策，此类决策没有过去的经验可以依据，也没有规则可以遵循。非程序化决策往往是对企业重大战略问题的决策，如企业扩大投资资规模、开发新产品、开辟新市场等，因此，通常是由企业最高层管理人员进行决策。

（三）按决策确定性程度分类

1. 确定型决策

确定型决策是指影响决策的因素是可控的，因而在执行过程中只会遇到一种情况（自然状态），从而能够预先确定其执行结果的决策。只要比较不同方案的结果，就可以从中作出选择。例如，采用效率高的先进设备，可预计出增加的产量，计算出它的效益，其结果是可确定的。

2. 风险型决策

风险型决策是指在决策变量中存在着不可控因素，可能遇到各种不同的情况（自然状态），从而引起不同结果，但对各种不同情况可以预计出它们发生的概率，因而其决策效果是具有风险性的。如市场需求是变化的，但可以预计其需求高或低的概率，这种市场销售的决策就称为风险型决策。

3. 不确定型决策

不确定型决策与风险型决策类似，但连各种情况出现的概率也无法估计，因而其结果是完全不能确定的，如新产品开发决策等。

二、决策的原则

决策的失误是最大的失误，为了避免在决策过程中出现偏差和失误，提高决策效率，我们必须遵循以下原则。

（一）经济效益原则

企业作为经济组织，其决策必须把经济效益放在首位，经济效益包括企业经济效益和社会经济效益。坚持企业经济效益，企业的决策必须考虑市场需要、技术进步、加速资金周转、降低物资消耗等；坚持社会经济效益，企业的决策必须考虑优质服务、环保发展、公益事业等。企业经济效益和社会经济效益二者必须统一。

（二）整体性原则

企业作为一个多元素、多层次的系统，其决策也是多种多样的，为了实现企业的整体目标，企业决策必须坚持整体观念和系统观念，各部门各环节的决策必须围绕企业总体决策进行，

（三）优化原则

决策的优化，是对提出多种方案进行分析研究，比较其优劣并从中选出最优方案的过程。其中，提出多种可行方案是前提，搞好方案的分析研究和比较是关键，选出最优方案是结果，提高经济效益是目的。还需指出，所谓最优方案是相对而言的，客观事物的发展变化，人们主观认识能力的限制，必将影响所提方案的多寡和优劣，以及对方案的判断和选择。因此，在大多数情况下，所选出的往往是一个较为合理的“满意”方案。

（四）预测性原则

有一种观点认为：“经营的重心在决策，决策的重心在预测。”企业经营决策关系到企业的全局和长远发展，必须建立在预测的基础之上。决策之前要进行充分的市场调查，对外部环境进行认真的分析研究，掌握其变化规律，再结合内部条件进行定量分析，力争使各种方案科学合理，保证决策的正确性。

三、决策的程序

企业经营决策的程序一般可分为：提出问题、确定目标、制定多种方案、选择方案、实施方案及反馈等，如图 6-1 所示。

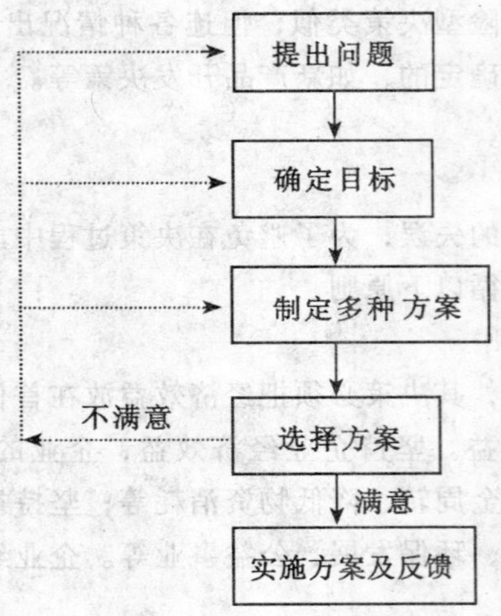

图 6-1　企业经营决策程序

（一）提出问题

企业经营问题，是指企业在经营活动中已经达到的状况与应当达到或希望达到状况之间的差距。只有将经营问题确定下来，才有可能有正确的决策。所以，确定经营问题是决策中关键的一步。企业在确定问题之前，必须对经营环境进行详细的调查分析。同时在说明经营问题时，要求全面、定性、定量地分析问题的状况、产生的原因、性质的严重程度和发展趋势以及解决问题的条件。

（二）确定目标

在找到问题之后，就要确定经营目标，没有目标就没有决策。企业的经营目标要十分具体、明确，可以定量化，而且有具体的衡量实现程度的标准。同时，还要求目标能层层分解，以便层层落实。应当指出，企业的经营决策是十分复杂的，它的目标往往不是一个，而是多个，这些目标互相制约，有时候互相矛盾。所以，妥善处理多目标的问题，是决策者常常遇到的一个课题。一般的处理原则是，尽量减少目标个数，放弃那些根本达不到的目标，把相似的目标或某些次要的目标合并为一个目标等。

（三）制定多种方案

将目标确定下来以后，就要着手制定方案，任何一个目标都要制定多种方案，便于择优。在制定方案时，要求具备两个条件：

1. 整体的详尽性

是指所制定的方案应当包括所有可能的方案，即不能漏掉某些可能的方案。如果漏掉某一个方案，最终方案就有可能不是最优的，至少不能判断它是最优的。

2. 相互排斥性

不同的方案之间必须是相互排斥的，如果遇到下列某种情况，方案都是违反相互排斥性原则的：

第一，方案甲的行动或措施全部包括在方案乙之中，即方案甲仅仅是方案乙的一个组成部分。

第二，两个方案是解决同一个问题的两个因素，因而可以同时采用。

第三，两个方案是从两个不同的角度区分的，彼此无法对比。

另外，制定方案时，还要求每一个方案以确切的定量数据反映其效果，如利润、产量、时间等。指出各种方案的优缺点时要求做到条理化和直观化。条理化，即对每个方案的优缺点的叙述要有较好的逻辑性和系统性，文字要简明扼要，说理要透彻；直观化，即要求尽量采用形象直观的图表，直接表达其优缺点和经济效益。

（四）选择方案

选择方案这一环节包括对各种方案的评价，并从中选出一个较优的方案。评价方案要根据标准和指标来进行。由于实际生活中，经营决策往往是比较复杂的，所以，要用最优标准来衡量每一个方案是不现实的，只能采用“满意”标准，即比较时，从总体上权衡利弊，选出一个较好的方案。

在选择方案时，如果提供的全部方案都不够理想，则可以反馈回去，重新制定方案，再作出方案选择，一直到选出满意方案为止。

（五）实施方案及反馈

方案选定以后，就要贯彻实施。在实施过程中要做大量的组织、计划、协调、控制等工作，才能保证决策方案的实现，还要建立信息反馈制度，在实施过程中将实施结果与预期目标及时进行比较，发现问题，查明原因，采取必要措施，保证决策目标的实现。

以上各步骤是相互联系的，前一步骤是后一步骤的基础，可以反复进行，但不能超越。如决策目标还未确定就去找方案，甚至先提方案而后定目标；或者方案只有一个就匆匆忙忙去论证；只讲好的，不讲坏的，等等，这都破坏了决策的科学程序，很容易引起决策失误。

【案例 6-1】

某工具厂2009年以来一直生产A产品，虽然产品品种单一，但是市场销路一直很好。后来由于经济政策的暂时调整及客观条件的变化，A产品完全滞销，企业职工连续半年只能拿50%的工资，更谈不上奖金，企业职工怨声载道，积极性受到极大的影响。

新厂长上任后，决心一年改变工厂的面貌。他发现该厂与其他部门合作的环保产品B产品是成功的，于是决定下马A产品，改生产B产品。一年过去，企业总算没有亏损，但工厂的日子仍然不好过。

后来市场形势发生了巨大的变化，A产品在市场上脱销，用户纷纷来函来电希望该厂尽快恢复A产品的生产。与此同时，B产品的销路不好。在这种情况下，厂长又回过头来抓A产品，但一时无法搞上去，无论数量还是质量都不能恢复到原来的水平。为此，集团公司领导对该厂厂长很不满意，甚至认为改产是错误的决策，厂长感到很委屈。

第二节　经营决策的方法

目前，企业经常使用的经营决策方法可以分为两类：一类叫定性决策方法；另一类叫定量决策方法。前者注重决策者本人的经验和思维能力，后者则注重决策问题各因素之间客观存在的数量关系。在具体使用中，两者不能截然分开，必须紧密结合，相辅相成。在此，我们主要介绍定量决策中确定型、风险型和不确定型等三种方法。

一、确定型决策方法

确定型决策方法是指决策的影响因素和结果都是明确的、肯定的，所以，一般可根据已知条件，直接计算出各个方案的损益值，进行比较，就可选出比较满意的方案。下面我们主要介绍确定型决策方法里的盈亏平衡分析法。

盈亏分析法的基本原理如下：将总成本划分为固定成本和变动成本。固定成本是指不随产量变化而变化的成本，如固定资产折旧费、管理人员的工资等。变动成本是随着产量的变化而变化的成本。产品成本中的原材料费、燃料动力费、计件工资等，均属于变动成本。企业产品销售收入随产品销售量及成本的变化而变化。当取得的销售收入与产生的总成本相等时，企业达到盈亏平衡，此时的销售量称为盈亏平衡点销量。

盈亏平衡分析法一般有图解法和公式法两种方法。

（一）图解法

图解法是以 X 轴表示产量，Y 轴表示销售收入和成本，绘成直角坐标图，如图 6-2 所示。

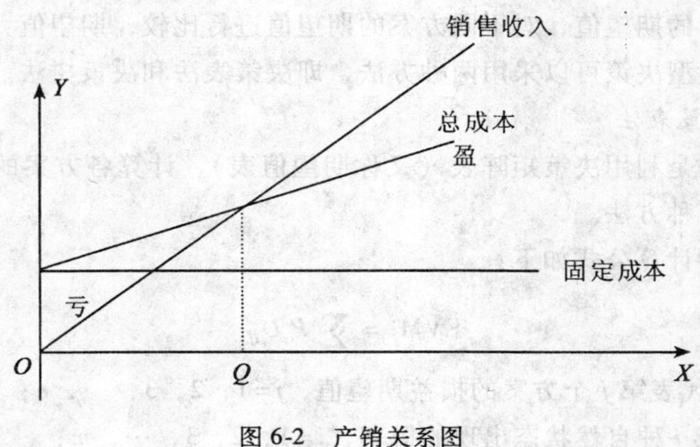

图 6-2　产销关系图

由图可知，当销售量（或产量）低于 Q 时，企业必将亏损，当销售量（或产量）大于 Q 时，企业就将赢利。

（二）公式法

公式法有盈亏平衡点销售量（产量）计算法和盈亏平衡点销售额计算法两种。

盈亏平衡点销售量（产量）计算法是以盈亏平衡点销售量或产量作为依据进行分析的方法。其基本公式为：

$$Q=\frac{C}{P-V}$$

式中：Q 代表盈亏平衡点产量（或销售量）；C 代表固定成本；P 代表销售单价；V 代表单位产品变动成本。

盈亏平衡点销售额计算法是以盈亏平衡点销售额作为依据进行分析的方法。其基本公式为：

$$R=\frac{C}{1-\frac{V}{P}}$$

式中：R 代表盈亏平衡点销售额，其余变量同前式。

二、风险型决策方法

风险型决策的特点是对问题的未来情况不能事先确定，即是随机的，但对未来情况发生的各种可能性即概率是可以知道的，根据已知的概率和损益值计算得到各方案的期望值，对不同方案的期望值进行比较，期望值大的方案为最优方案。风险型决策可以采用两种方法，即决策表法和决策树法。

（一）决策表法

决策表法是利用决策矩阵表（又称期望值表），计算各方案的损益期望值进行比较的一种方法。

期望值的计算公式如下：

$$\mathrm{EVM}_j = \sum_{i=1}^{m} P_i Q_{ij}$$

式中：EVM_j 代表第 j 个方案的损益期望值，$j=1$，2，3，…，n；

P_i 代表第 i 种自然状态出现的概率，$i=1$，2，3，…，m；

Q_{ij}代表第 j 个方案在 i 种自然状态下的条件损益值。

需要说明的是，以上公式计算出来的值是各方案的年度期望值，没有考虑各方案的年限和投资额，如果涉及年限和投资额，则各方案的年度期望值乘以年限，再减去投资额才是各方案的最终期望值。

（二）决策树法

决策树法是利用树枝状图形列出决策方案、自然状态、自然状态概率及条件损益，然后计算各个方案的期望值，进行比较选择，其原理与决策表法相同，但能形象地分析决策的过程，并能解决较复杂的多级决策问题。

决策树图形由决策点、方案枝、自然状态点和概率枝组成，如图 6-3 所示。

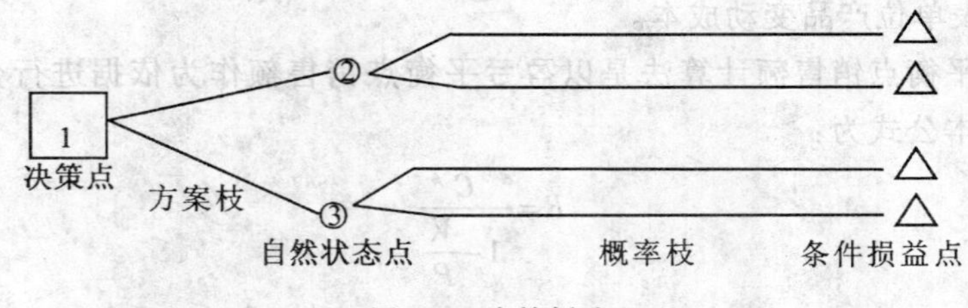

图 6-3 决策树法

其决策步骤如下：

第一步：绘制决策图。首先由决策点开始，用符号“□”表示，自左至右展开，从决策点引出方案枝，有多少方案就有多少分枝；方案枝后面接上自然状态点，用“○”表示；从自然状态点引出可能遇到的自然状态，称为概率枝，并把可能出现的概率写在上方。如此顺次进行（如果是多级决策），直到最后的概率枝为止。最后，在最终的概率枝末端写上它的条件损益值。

第二步：计算期望值。从右往左按逆向顺序进行计算，把结果填在自然状态点上面。在计算期望值时，如果有投资额，则应减去投资额，并将投资额写在方案枝下方。

第三步：比较不同方案的期望值，选出合理决策方案，保留期望值大的方案，未被选用的方案用两条平行短线截断，称为“剪枝”。

三、不确定型决策方法

不确定型决策的特点是对问题的未来情况不但无法估计其结果，而且也无法确定在各种情况下结果发生的概率，在这种情况下，方案的选择主要取决于决策者的经验，对未来状况分析判断的能力，以及审时度势的胆略。不同决策者可根据自己掌握的情况采取不同标准作出不同的抉择。非确定型决策的标准主要有以下几种：

（一）悲观标准

悲观标准也叫小中求大标准，这一抉择标准的基本思想是对客观情况持悲观态度，把不利因素看得较重，审慎从事，力求在最坏的情况下寻找较好的方案。应用该标准时，先从每个方案中选出最小损益值，再从选出的最小值中选出最大值，以最大值所在的方案为决策方案。

例如，某企业准备生产一种新产品，对市场需求状态出现的概率无法判别，只知道可能出现高需求、中需求、低需求、微需求等四种状态。现有A、B、C、D四种方案可供选择，各个方案在不同需求状态下的损益见表6-1。

根据小中取大的原则，各方案的最小收益值分别为：A方案：−150万元；B方案：−400万元；C方案：−40万元；D方案：−20万元。相比较而言，其中D方案的收益又高于其他方案，因此应选择D方案。

表 6-1 单位：万元

状态 \ 方案	A	B	C	D
高需求	400	600	240	300
中需求	250	320	180	200
低需求	0	-100	20	40
微需求	-150	-400	-40	-20

（二）乐观标准

乐观标准也叫大中求大标准，与前法相反，这一抉择标准的基本思想是持乐观态度，获得最大效益。其做法是：先从各方案中取出其最大损益值，然后从选出的最大值中再选出最大值，以最大值所在方案为决策方案。如上例中各方案的最大收益值分别为：A 方案：400 万元；B 方案：600 万元；C 方案：240 万元；D 方案：300 万元；相互之间进行比较，应选择 B 方案作为最满意方案。

采用乐观标准进行决策时，要冒比较大的风险，使用时要慎重。一般只有风险较小、损失不大或把握较大的情况下才可采用。

（三）最小后悔值标准

按最小后悔值原则所进行的决策，也称为最小的最大后悔值法。在同一自然状态中，如果所采用的方案正好是获得收益值最多的方案，当然无后悔可言，后悔值为 0；如果采用了其他方案，就会造成损失从而感到后悔。后悔值等于各自然状态的最大收益值与所采用方案的收益值之差。按照这种分析方法，先找出每个方案的最大后悔值，然后在各方案的最大后悔值之间进行比较，后悔值最小的方案为最满意方案。所以，这种方法也叫“大中取小法”。应用这个标准时，先计算同一自然状态下各方案比较的后悔值。

$$后悔值 = \frac{该自然状态下最}{优方案的损益值} - \frac{该自然状态下其他}{方案的损益值}$$

然后，按每一方案取其最大的后悔值。最后，从这些最大后悔值中取最小者作为最佳方案。

例如，某企业为了扩大经营，准备生产一种新产品，两年后投放市场，共生产 5 年。生产这种产品的方案有三种：（1）改建本厂原有的生产线；（2）从国外引进一条高效自动生产线；（3）按专业化协作组织“一条龙”生产。由于对未来两年市场需求无法预测，只能大致估计较高、一般、很低三种可能情况的需要量，并且这三种情况发生的概率也不知道，应如何决策？已知三种方案在未来两年的三种自然状态下的损益值见表6-2。

表6-2 单位：万元

自然状态	方案		
	Ⅰ改建生产线	Ⅱ引进生产线	Ⅲ协作生产
需求量较高	700	980	400
需求量一般	250	-500	90
需求量很低	-200	-800	-30

根据表6-2中的资料先计算各种自然状态下各方案的后悔值（见表6-3）。

表6-3 单位 万元

自然状态	方案		
	Ⅰ改建生产线	Ⅱ引进生产线	Ⅲ协作生产
需求量较高	280	0	580
需求量一般	0	750	160
需求量很低	170	770	0

从表6-3中可以看到各方案最大后悔值是280、770、580万元。其中最小的是280万元，因而选择改建生产线方案作为比较满意方案。

【案例6-2】

A公司是一家生产和销售农业机械的企业。这天总裁袁先生召集了公司在各地的经销负责人，分析目前和今后的销售形势。在会议上，有些经销负责人指出，农业机械产品虽有市场潜力，但消费者的需求趋向已有所改变，公司应针对新的需求，增加新的产品种类，来适应消费者的新需求。

身为机械工程师的袁先生，对新产品研制、开发工作非常内行。他听完了各经销负责人的意见之后，心里便很快算了一下，新产品的开发首先要增加研究与开发投资，然后需要花钱改造公司现有的自动化生产线，这两项工作耗时3~6个月。增加生产品种同时意味着必须储备更多的备用零件，并根据需要对工人进行新技术的培训，投资又进一步增加。

按照价值工程的观点，价值可以表示为功能与成本的比值。因此，任何一个企业要想提高其产品在市场上的价值，都应该从这二者的比例关系入手。在保持成本不变的情况下增加功能，或者在保持功能不变的情况下降低成本都是可行的方法。

第三节　企业经营计划

经营计划是根据企业的经营目标、方针及战略决策，对企业生产经营活动及其所需的资源作出具体的规划和安排。制定经营计划是进一步落实有关经营决策的一个必要环节。

一、经营计划的类型及指标体系

（一）经营计划的种类

这里讲的经营计划是指广义的经营计划，即包括整个企业生产经营活动的内容。按计划期的长短，可分为长期计划、年（季）度计划和月度作业计划；按计划的性质和内容分，可分为综合计划和专业计划；按计划的范围分，可分为企业计划、车间（科室）计划、班组直至个人（机台）计划。

1. 长期计划

长期计划是指1年以上（如3年、5年、10年）的长远发展规划，它规划着企业较长时期的发展方向、发展规模、主要技术经济指标的增长水平、职工应达到的文化技术水平、技术装备水平等，为企业确定一个长期的战略目标。

长期计划的内容一般包括：

（1）营销规划。主要包括国内外市场的开拓、目标市场的进入、销售渠道的扩大、服务网点的设置、销售额的增长幅度、赢利率的提高、市场占有率的提高等。

（2）生产规划。主要包括产品发展方向、生产规模的扩大、生产组织的革新以及生产指标的提高。

（3）科技开发规划。主要包括科技发展方向、新技术的采用和推广、新产品的开发、科研项目的设立，以及组织革新等。

（4）技术改造规划。主要包括技术改造项目、设备更新项目等。

（5）人才开发规划。主要包括人才的引进和职工培训规划、各类人员培训的数量和应达到的水平等。

(6) 职工集体福利规划。主要包括职工的住房、医疗及各项福利设施的发展规划。

2. 年度计划

年度计划是企业年度生产经营活动的纲领，是长期计划的具体化。

年度计划要全面考虑销、产、供之间的平衡，使企业内部的生产经营活动与企业外部环境的需要协调发展，它是一种开放经营型计划。

年度经营计划一般包括下列专业计划：

(1) 产品销售计划。根据产品决策、市场预测情况与销售合同的签订状况等资料进行编制，具体规定企业在计划年度内销售的产品（劳务）的品种、数量、期限、价格和销售收入等项目。

(2) 生产计划。一般是以销售计划为主要依据进行编制。具体规定企业在计划期内生产的产品（劳务）的品种、数量、产值、投入产出期限以及与之相适应的生产能力利用水平和对外协作等内容。

(3) 产品质量计划。根据质量战略目标、用户要求，按生产计划规定的品种，在分析现有质量状况的基础上进行编制。具体规定企业在计划年度内产品质量应达到的目标和标准、质量指标应达到的水平、工作质量目标以及提高产品质量所采取的措施。

(4) 技术开发计划。根据技术决策以及上述科技发展、技术改进等长期规划进行编制。这包括计划年度内新产品开发及老产品改进、技术改造项目、工艺改革、能源及原材料开发等内容。具体规定上述项目的开发方式、工作量、工作进度、技术经济指标、费用和负责单位等。

(5) 设备维修计划。根据设备磨损情况进行编制。具体规定计划年度内各种修理类别（大、中、小修）的设备数量、修理内容、修理工作量、进度及费用等。

(6) 劳动工资计划。根据生产计划及其他有关计划对劳动量的需要和当前劳动力状况进行编制。具体规定企业在计划年度内劳动生产率的水平、各类人员需要量及招收和培训的要求、职工工资总额及平均工资水平等。

(7) 物资供应计划。根据生产计划和其他有关计划对物资的需求进行编制。具体规定企业在计划年度内对各种物资的需要量、供应量、储备量、供应的来源和期限等。

(8) 成本计划。根据生产计划及其他有关计划对费用支出的要求以及目标成本的要求进行编制。它是企业计划年度内各种活动的耗费和工作质量的综合反映，规定各种产品的单位成本、全部商品成本和企业的生产费用等内容。

(9) 财务计划。它是以货币形态反映企业全部生产经营活动的动态和成果的计划，包括固定资产折旧、流动资金周转状况，以及利润、财务收支等内容。

以上各项计划，不同企业可以有所不同，应根据实际需要进行增减或分合。

年度计划的各项指标一般要按季分列。每个季度再根据当季的具体情况编制季度计划。

3. 月度作业计划

月度作业计划是年度计划的具体化，它把年（季）度计划进一步分解和落实，化为每个单位以至每个岗位（机台）在单位时间（月、旬、周、日、班）内的计划任务，月度作业计划是组织企业日常生产经营活动、实现均衡生产的有力工具，是实现年度计划任务的保证。

(二) 经营计划指标体系

计划指标就是用数字表示的企业在计划期内生产经营的各项活动应该达到的目标。企业经营计划必须量化，只有量化了的计划才便于操作。因此，在制定经营计划时就必须建立经营计划指标体系。

1. 按指标性质分

(1) 数量指标。数量指标反映计划期内各项生产经营活动应达到的数量要求，一般用绝对数表示，如产品产量、销售收入、利润总额等。

(2) 质量指标。质量指标反映生产经营活动对工作质量的要求，通常用相对数表示，如材料利用率、劳动生产率、产品合格率等。

2. 按指标所采用的计划单位分

(1) 实物指标。实物指标是指用事物的个体单位或自然物质单位来计算和表示的指标，如台、件、吨等。它反映生产经营活动的规模与水平。

(2) 价值指标。价值指标是指用货币单位计算和表示的指标，又称为货币指标，如利润、成本等。它将不同实物指标转化为统一的货币单位来进行综合计算，反映活动的总体规模、水平和速度。

3. 按指标的作用分

(1) 考核指标。考核指标是指用来衡量企业生产经营活动状况和成果的主要标准，如应收账款周转率、销售利润率、资产负债率等。

(2) 计算指标。计算指标是企业内部用以计算考核和内部控制、加强经济核算所设置的指标，一般依各企业不同情况自行设置。

二、经营计划的编制

（一）长期经营计划的编制

长期经营计划的编制一般分为如下三个阶段。

（1）分析阶段。这个阶段在明确企业经营战略的基础上调查分析企业的内部条件和经营环境。

（2）设定目标阶段。这个阶段通过外部环境和内部条件的分析，发现企业存在的问题，设定企业发展目标。

（3）计划编制阶段。这个阶段通过设定的企业发展目标来编制企业的各项长期经营计划，如确定企业发展方向、对现有产品结构进行调整、新产品开发战略的确定等。

（二）年度经营计划的编制、执行和控制

1. 年度经营计划的编制

年度经营计划的编制，应经历以下四个步骤：

（1）调查研究收集资料。这是编制好计划的基础，通过广泛调查研究，收集市场信息，了解企业内部情况和职工的反映。

（2）统筹安排确定计划目标。在充分使用信息资料和分析的基础二，提出年度企业总体目标、各部门目标等。

（3）拟定评价方案。目标确定以后，就要确定达到目标的计划方案，即按照目标要求和内外条件分析，逐步确定目标指标水平，然后进行综合平衡。

（4）编制计划草案。在综合平衡的基础上，由计划部门审核汇总各有关部门编制的专业计划，拟定出全厂年度经营计划草案，报请职工代表大会审议，并报上级批准和备案，由上级批准后即为企业的正式计划。

2. 计划的实施

计划制定出来以后，就要具体组织实施计划。要实施计划，首先要求各管理层以及个人准确无误地明确具体目标和任务；其次要求各管理人员及计划执行人员合理组织和利用人力、财力、物力、技术、信息等，既要保证计划任务的完成，又要注意节约资源，减少浪费。

3. 计划控制

计划控制就是在计划执行过程中，根据原定的计划指标或标准，对计划执行情况和结果进行经常的检查和监督，及时发现偏差，查明原因，采取措施加以纠正，使其达到原定的计划目标，或者进行适当的调整。

计划控制包括事前控制、事中控制和事后控制。事前控制是指计划执行前，对各种将要输入的资源，如材料、设备、人员以及信息（如图纸）等进行控制，做到标准化，达不到标准或要求的不能输入，不合格的原材料不投产，设备不良好不运行等，把干扰排除在输入之前。事中控制即过程控制，是在运行过程中，及时发现问题，检查是否出现偏差，及时采取补救措施，加以处理。事后控制是计划执行至一个段落（如一日、一周、一月），将实际结果与标准比较，发现差异，从而总结经验，分析问题及其产生的原因，采取措施，在下一阶段予以预防和改进。计划控制常采用的方法有滚动计划法。

滚动计划法就是按照“近细远粗”的原则，把近期的指标订得具体些，较远期指标订得粗些；每年（或每期）根据计划执行的结果以及出现的新情况对下几期的计划进行调整、修改，并将计划向前滚动顺延一个时期。

滚动计划法的优点是：既能保持计划的严肃性和连续性，又提高了计划的适应性；同时，能把长期计划与短期计划紧密衔接，既有利于为未来发展做好准备，加强后劲，又有利于完成近期任务。

三、目标管理

目标管理是美国管理学者德鲁克于 1954 年首先提出来的。它是企业在一定时期内，围绕已确定的经营目标，为实现目标开展一系列管理活动，并实行自主管理和自我控制的一种现代管理方法和管理思想。

（一）目标管理的特点

1. 系统性

制定了企业总目标后，将其逐级层层分解为车间（部门）目标、小组目标和个人目标，形成一个科学的目标体系，使企业目标和职工个人目标有机结合在一起，达到系统管理、发挥整体效应的目的。

2. 实效性

企业所有的计划，都是为了实现总目标而制定的，它的效果也必须用总目标来进行衡量。由于目标管理强调成果，重视成果评定，因此，又被称为“根据成果进行企业管理的方法”。它一方面把组织总体目标的实现与和员工个人目标的实现及成果评定紧密联系起来，另一方面也把评定的成果与每个人晋级、提升、加薪等结合起来，这就是能促进员工奋进精神的发扬和创新能力的发挥，从而大大提高企业的劳动生产率。

3. 激励性

目标管理重视人的能动作用。在制定目标时，上下协商，自行制定；在执行过程中，上级主要为执行者不断提供改进自己工作的机会，一般只作适当指导，更多的是让执行者进行“自我控制”；在评价目标完成情况时，上下结合，以自我评价目标成果为主。这样可以使职工由“要我干”变成“我要干”，以自我要求代替被动从属，满足了职工获得尊重和成就的心理需求，充分调动职工的积极性和主动性。

（二）目标管理的步骤

目标管理的实施，大体分为四个步骤：

1. 制定目标和目标展开

企业最高管理层根据市场的需求和企业实力，订出一定时期内企业生产经营活动所要达到的总目标；然后采取上下左右协商的方式，对企业总目标进行展开，依次确定下属各级、各单位以至个人的分目标，使全厂上下都有具体的目标，形成一个协调一致，相互保证的目标体系。

2. 逐级授权

目标一经确定，上一级按照权责对等的原则，根据目标的要求，授予下属部门或个人相应的权力，让他们有责有权，自主地开展工作，自行决定完成目标的方法和手段，实行自主管理。上级只负责指导、协助，并创造良好的工作条件。

3. 过程监控

目标实施过程的管理，主要靠目标的执行者自我实现，实行自我控制，上级的责任是了解情况，保证良好的工作条件，发现问题给予建议，当好参谋和顾问，帮助解决问题，但由执行者自主解决。

4. 成果评价

这是最后一个环节。其目的一方面是考核工作成果，为奖惩提供依据；二是总结经验，以便改进工作。成果评价大致可分为以下三个程序：

（1）由目标执行者按照评价要素进行自我评定，总结经验教训。

（2）结合整体目标，集体评议，交流总结经验，作出定量的评价结论，即评定等级和分数。

（3）在下级评定基础上，上下级共同研究，协商，作出成果评价结论。

成果评价一般应综合考虑以下三个评价要素：

（1）目标完成程度。即实际工作成果与目标值之比。它是成果评价的首要因素，一般分为三级，达到预期目标以上的为甲级，基本达到目标的为乙级，没有达到目标的为丙级。

(2) 目标复杂程度。具体表现为达标的困难程度。虽然在制定目标时应事先考虑同一类要求在不同环境下实现的困难程度，如在新开辟市场与原有市场实现销售目标的困难就有所不同，但在成果评价时仍要重新估量和认定。

(3) 工作努力程度。指在出现不利条件时，经过主观努力，对状态的改变程度如何。这要具体分析，有时经过很大努力，由于客观原因，改变程度不大，需要如实评价。

此外，为了使成果评价更切合实际，还针对达标过程中可能发生的环境变化，给予一个调整系数，即修正值，一般不能超过评定分数上下限20%。

【案例6-3】

2003年初，统一推出PET（塑料瓶）鲜橙多，当年10月康师傅的鲜的每日C、可口可乐的酷儿相继强力推出，三个业外巨头竞相比拼，创造出火爆的清淡型即饮果汁市场。这时，汇源在果汁市场10年来苦心打造的行业领袖地位开始出现了松动。等2004年4月汇源仓促应战时，统一的鲜橙多已经卖了10多亿元，而汇源10年才卖60亿元，这着实让汇源吃了一惊。为了抢夺失去的市场，面对消费者口味的转变，汇源开始调整自己的战略，积极开发新产品，引进无菌冷灌装技术，增加巨额的广告投入，使用明显的对比性广告，召开大型订货会等。诸多策略并没有让汇源赢得理想的市场份额。据有关资料和调查结果显示，汇源的市场地位并没有好的改观，尤其在即饮果汁市场，明显居于鲜橙多、鲜的每日C、酷儿和农夫果园之后。其主要原因是汇源在竞争对手出现之前，并没有根据具体情况作出详细的分析，对可能出现的情况没有作调查，对个别情况的出现也没有作应急计划。

【复习思考题】

1. 何谓经营决策？它包括哪些内容？
2. 科学决策包括哪些程序？组织决策受到哪些因素的影响？
3. 科学决策应遵循哪些原则？
4. 确定型决策、风险型决策、非确定型决策有何区别？
5. 企业怎样对亏损产品进行决策？
6. 企业编制经营计划有哪些要求？
7. 何谓滚动计划？它有何特点？
8. 目标管理法的特点和过程如何？

【本章案例】

A电器公司的决策问题

最近，A电器公司决定扩大家用电器的生产。方案有两个：（1）新建车间，需投资120万元；（2）改造老车间，需投资35万元。两个方案的使用期均为6年。两个方案在各种自然状态下每年销售利润（或亏损）以及各种自然状态的概率如下表所示。

自然状态	概率	方　案	
		新建车间年利润（万元）	改造老车间年利润（万元）
销路好	0.7	100	50
销路差	0.3	-40	30

案例思考题

1. A电器公司应如何决策？
2. 风险型决策与不确定型决策有何不同？
3. 决策树法能否解决不确定型决策问题？

第七章　市场营销管理

【教学目的与要求】 熟悉市场分析与市场调查方法；明确目标市场选择的内容；对市场销售组织与控制有正确认识；掌握各种销售渠道策略；了解网络营销的功能与过程；熟悉客户关系管理的内容与方法。

市场营销是企业为满足市场需要，实现自身经营目标而开展的商务活动过程，是企业再生产过程中属于流通领域的工作，是生产过程在流通过程中的延续。作为企业管理的一个重要的组成部分，市场营销工作的效果好坏直接关系到企业的生存与发展。

第一节　市场分析与市场调查

一、市场分析

（一）市场的定义

市场营销学意义上的“市场”，并不是指人们从事商品交换的场所，而是指某种产品的现实购买者与潜在的购买者需求的总和。它包括三个主要因素：有某种需要的人、为满足这种需要的购买能力和购买欲望。市场的这三个因素是相互制约、缺一不可的，只有三者结合起来才能构成现实的市场，才能决定市场的规模和容量。

（二）各类市场的特点及购买决策分析

按购买者区分，市场可分为消费者市场、生产者市场、中间商市场和政府市场等。

1. 消费者市场的特点与购买决策分析

消费者市场即消费品市场、生活资料市场，以消费者个人和家庭为主体的市场。消费者市场的特点可概括为：一是购买者人数众多，分布面广；二是需求的差异性大；三是一次性购买的数量少，购买频率高；四是购买的情感性较强，可以诱导；五是需求弹性大。

分析消费者市场上人们的购买行为，应从以下五个方面入手：

（1）何人买。这是分析购买主体，也就是商品由谁买的问题。企业在分析消费者购买时，必须明确其商品由谁来买，他（她）有什么样的需求与爱好，企业能否满足其需求与爱好。

（2）买何物。这是分析购买客体，即消费者要买什么商品。一般来说，消费者总是喜欢买物美价廉的商品，买式样新颖的商品，买有独到特色的商品。

（3）何时买。这是分析购买时机，即消费者在什么时间进行购买。企业应掌握好消费者购买时间的习惯，以适时加以满足。如季节性商品，季前只有少量顾客预先购买，季初购买达到高潮，季中购买开始下降，季末只剩零星购买。根据这种规律，企业销售时应季前少量试销，季初多进快销，季中勤进勤销，季末加强推销。

（4）何地买。这是分析购买地点，即消费者在什么地方、什么样的商店购买。不同的商品，消费者在选择购买地点时是不一样的。同时，消费者在决定购买与实际购买的地方往往也不一致。有些商品特别是高档品，大多是事先在家中做出购买决定的。而一般日用品，则往往是在购买现场做出决定的。

（5）如何买。这是分析购买方式。消费者采用什么方式购买，是当时用现金支付还是以后分期付款，这会影响到企业经营决策与经营计划的制定。

2. 生产者市场的特点与购买决策分析

生产者市场是为生产企业、宾馆、酒店等各类经济组织销售产品和服务的市场。它的特点可概括为：一是购买者数目较少，分布相对集中；二是生产者对商品的需求属于引发需求；三是一次性购买量大，购买频率低；四是需求弹性小；五是购买的技术性较强。

生产者购买决策涉及多重因素，比消费者购买决策复杂，其购买决策的复杂性，取决于具体的购买类型。它的购买类型可分为三种：直接重贱、修订重购、新购。

（1）直接重购。用户按既定方案不作任何修订直接进行的购买。这是一种重复性的购买活动，供应者、购买对象、购买方式等都不变，按一定程序办理即可，基本上不需要作新的决策。在这种情况下原有的供应者应当使产品和服务保持一定的水平，并尽量简化买卖手续，节省购买者的时间，争取稳定的供应关系。新的供应者竞争机会较少。

（2）修订重购。指生产者改变产品的规格、价格、交货条件或供应商等。

新设备、某些零件的采购大多属于这种购买类型。在这种情况下，采购活动比较复杂，参与采购决策的人数也较多，原来的供应者为了不失去这个客户，必须尽力改进供应工作，新的供应者则有较多的竞争机会。

(3) 新购。指生产者第一次购买某些生产用品。当企业增加新的生产项目或更新设备时就属于新购。它是最复杂的采购。新购的金额和风险愈大，则参与决策的人愈多，所需了解的信息也愈多。这种情况对供应者是最好的竞争机会，可派出专业推销人员携带样品或样本上门推销，尽量提供必要的信息，帮助用户解决疑问，减少顾虑，促成交易。许多公司设立专门机构负责对新客户的营销，以求建立长期的供应关系。

这三类决策，以直接重购最简单，新购最复杂。新购的决策必须包括以下全部内容：(1) 产品规格；(2) 价格幅度；(3) 交货条件和交货时间；(4) 服务条款；(5) 付款方式；(6) 订购数量；(7) 可考虑的供应者名单；(8) 选定的供应者。其他两类决策，则只包括上述内容的某几项即可。

3. 中间商市场的特点及购买决策分析

中间商市场是为批发商和零售商等各类中介人销售供转卖之用的商品和服务的市场，又称转卖者市场。其特点可概括为：一是引发需求；二是挑选性较强；三是需求弹性较大；四是批量购买，定期进货。

中间商的采购计划需包括三个主要决策：(1) 经营范围和商品搭配战略；(2) 选择什么样的供应者；(3) 以什么样的价格和条件采购。

搭配战略是最主要的决策，它决定中间商的市场地位。批发商和零售商可选择的搭配战略有以下四种：(1) 独家产品。只经营一家厂商制造的产品。(2) 深度搭配。经营各厂家制造的同类产品。(3) 广泛搭配。经营范围十分广泛，但并没有超越企业既定的类型。(4) 混合搭配。经营各种无连带关系的商品。

中间商的采购决策还要以采购业务的不同类型为转移，一般有以下三种情况：(1) 新品种的购买。这与前述生产者的新购不同，生产者对某种新产品如有需要，非买不可，只能选择供应者；而中间商对某种新产品则可根据其销路好坏，决定是否购进。(2) 选择最佳供应者。(3) 寻求较好的供应条件。中间商不需要更换供应者，但希望从原有的供应者获得更有利的供货条件。

4. 政府市场的特点及购买决策分析

政府市场是为满足各级政府部门的日常工作及公共消费需要而销售产品和服务的市场。它的特点可概括为：一是需求受到较强的政策制约；二是需求计划性较强；三是购买方式多样；四是购买行为受到社会公众的监督；五是购买目标的多重性。

政府采购有两种方式：一是公开招标；二是通过谈判签约。公开招标时政府机构邀请有资格的供应者参加投标，然后按物美价廉原则与中标的供应者签约成交。谈判签约主要用于复杂项目的采购，如果供应商利润过高，合同还可能重新议订。政府采购强调价格，要求供应者投资于技术改造，以降低成本。

二、市场调查

市场调查是运用科学的方式和手段系统地、有目的地分析和研究与市场营销有关的信息，提出分析的结论和建议，以作为市场预测和制定经营决策的依据。搞好市场调查对于改善企业经营管理、提高企业的经济效益、求得企业生存和发展都具有重要的意义。市场调查可分为狭义市场调查与广义市场调查。狭义市场调查的出发点是为了推销某种产品而进行的一种调查分析活动，其范围是以产品推销为主，以产品的消费者为调查对象，主要调查消费者对产品的意见、要求、购买欲望和动机等。广义市场调查又称营销调研，其出发点是企业的一切经济活动都必须以市场和顾客的需要为转移，它除了要对某一特定市场进行调查研究外，还必须对企业的外部环境、消费者的需求及企业内部资源条件等内容进行调查，即对产品从生产者到消费者的全部营销活动进行系统的调查分析，为企业的经营决策提出可行性分析报告。一般说的市场调查是指广义市场调查。

（一）市场调查内容及步骤

市场调查内容主要有市场环境调查、市场需求调查、消费者行为调查、生产技术及产品发展趋势调查、产品价格调查、销售渠道调查、促销措施调查、竞争情况调查、公共关系调查等。

市场调查的步骤可分为五个阶段，即：（1）调查准备阶段，确定调研课题，搜集目前已有的资料。（2）调查计划阶段，主要应编写调查项目建议书，确定调查目的和要求、调查方法和步骤、时间安排及经费预算。（3）调查实施阶段，先进行一次小规模的试探性调查，为将来的正式调查取得经验，设计出理想的调查表格，同时进行抽样设计，决定抽样方法。（4）调查处理阶段，主要进行数据整理分析和撰写调研报告。（5）追踪调研阶段，调研人员继续对市场进行调研，检验调查结论是否符合客观实际。

（二）市场调查方法

1. 访问调查

这是最广泛采用的一种调查方法，它包括直接访问被调查者、电话调查、邮寄调查、留置问卷调查、日记调查、电子邮件调查等方法。

2. 观察法

调查者直接观察或利用各种仪器（照相机、录像机、录音机）间接观察被调查者的行为或现场事实的一种搜集资料的方法，在大多数情况下被调查者不知道自己处于被调查中。通常主要采取三种形式：(1) 直接观察法；(2) 仪器观察法；(3) 实际痕迹测量法。

观察法的优点是所得到的资料比较客观，缺点是所得资料属于人们行为的现象，不能说明影响行为的内在原因及其变化，调查费时长、耗资大，对观察人员的业务技术水平要求较高，容易发生主观偏差及刺激性偏差。近年来，由于观察工具日益自动化、微型化，观察效果已有显著提高。

3. 实验法

实验法是通过实验收集市场情报资料的方法，其基本做法是调查者改变一个或几个自变量（如改变商品的价格、包装、广告等因素），研究对应变量（如销售量、利润等）的变化。这种方法可以获得较准确的原始资料，可以作为预测销售额的重要依据，缺点是实验时间长，费用高，若实际市场选择不当或市场情况变化太快，则缺乏可比性。

第二节 市场细分与目标市场选择

一、市场细分概述

所谓市场细分，是指在市场调研的基础上，根据顾客需求的差异性，将总体顾客分为不同的群体，一个小群体为一个小市场，或称子市场或细分市场。

市场细分的客观基础包括：

(1) 顾客需求的差异性是市场细分的内在依据。由于顾客需求千差万别和不断变化，即顾客需要、欲望及购买行为呈现异质性，使得顾客需要的满足呈现差异性。

(2) 企业资源限制和有效的市场竞争是市场细分的外在强制条件。现代企业规模再大，都不可能在市场营销全过程中占有绝对优势。在激烈的市场竞争中，为了求生存、谋发展，企业必须进行市场需求分析，进行市场细分，选择目标市场，集中资源有效地服务市场，力争取得最大的竞争优势。

市场细分的作用主要包括：

(1) 有利于营销者发掘最佳的市场机会。通过市场细分，可找到现有产品未能满足的需求，从而找到对自己最有利的营销机会。

（2）有利于按目标市场的需要改良现有产品和开发新产品，使所有上市的产品适销对路。

（3）有利于针对目标市场制定适当的营销组合策略，把有限资源集中用在目标市场上。正像在战场上全面出击不如集中优势兵力打歼灭战，在整体市场上到处开花，不如集中力量打入目标市场，发展特色产品，更能提高企业知名度和市场占有率，从而使企业得到发展和壮大。

二、市场细分的依据

市场细分要依据一定的细分变量来进行，并且不同类型的市场，细分变量也有所不同，下面我们分消费者市场和生产者市场来说明它们的细分依据。

（一）消费者市场细分依据

1. 地理细分

所谓地理细分，就是企业按照消费者所在的地理位置以及其他地理变量（包括城市农村、地形气候、交通运输等）来细分消费者市场。地理细分的主要依据是：处在不同地理位置的消费者对企业的产品有不同的需要和偏好，他们对企业所采取的市场营销措施也各有不同的反应。例如，美国东部人爱喝味道清淡的咖啡，美国通用食品公司针对上述地区消费者的偏好而推出相应味道的咖啡。

2. 人口细分

所谓人口细分，就是企业按照人口变量（包括年龄、性别、收入、职业、教育水平、家庭规模、家庭生命周期阶段、宗教、种族、国籍等）来细分消费者市场。人口变量很久以来一直是细分消费者市场的重要变量，这主要是因为人口变量比其他变量更容易测量。

3. 心理细分

所谓心理细分，就是按照消费者的生活方式、个性等心理变量来细分消费者市场。主要的变量有生活方式和个性。

（1）生活方式细分。生活方式是影响消费者的欲望和需要的一个重要因素。在现代市场营销实践中，越来越多的企业按照消费者的不同的生活方式来细分消费者市场，并且按照生活方式不同的消费者群体来设计不同的产品和安排市场营销组合。如有些汽车制造商为“奉公守法”的消费者设计和生产经济、安全、污染少的汽车，为“玩车者”设计和生产华丽的、操作灵敏度高的汽车，并相应设计不同的价格、渠道和广告宣传。

（2）个性细分。市场营销学有这样一种观点，人们往往购买与自己的个性相吻合的商品或品牌。因此，企业可以将目标市场按不同的个性进行细分，用具有不同个性的商品或品牌占领不同的细分市场，使消费者觉得这种商品或品牌是属于他（她）自己的。

4. 行为细分

所谓行为细分，就是企业按照消费者购买或使用某种产品的时机、消费者所追求的利益、使用者情况、消费者对某种产品的使用率、消费者对品牌的忠诚度、消费者待购阶段和消费者对产品的态度等行为变量来细分消费者市场。

（二）生产者市场细分的依据

生产者市场细分的依据主要有：

1. 行业的特点

国民经济可划分为农、工、商、交通等部门，每一部门又可逐步细分。工业可分为重工业和轻工业、民用工业和军事工业，重工业又可细分为冶金、机械、煤炭、石油、电力、化工等，通过这种划分可以鉴别出使用本企业产品的行业，确定目标市场。

2. 用户的特点

这是生产者市场细分的基本标准之一，主要是指企业规模的大小，可分为大型、中型、小型企业。大企业数量少、资金多、购买力强、购买集中但次数少。小企业数量多、资金少、购买力小、购买分散但次数多。

3. 用户的地理因素

购买者的地理位置一向被看作是重要的市场细分标准之一，我国沿海、内地及边疆地区工业发展状况不同，沿海地区工业较发达，内地次之，边疆地区工业较分散、落后，这是细分市场必须考虑的标准之一。

4. 产品的最终用途

如晶体管制造企业可根据其产品的最终用途将市场细分为军用品市场、工业品市场及消费品市场，根据不同市场所追求的利益不同，企业可在产品开发、质量要求、功能要求、价格要求、交易方式、供货时间等方面采用不同的策略，以满足不同市场的需求。

5. 购买行为因素

这是生产者市场细分的重要标准之一，主要包括产品购买状况、采购的产品类型、购买决策人员的不同特点、产品使用程度、购买利益及对品牌的忠诚程度等。其划分标准见表 7-1。

表 7-1　　　　　　　　　　**购买行为因素划分标准**

购买行为因素	主要项目
购买状况	直接购买、间接购买、购买批量、购买周期、付款方式等
购买的产品类型	原材料、辅助材料、设备、附属品等
购买决策人员特点	风险型、中间型、保守型
产品使用程度	非使用者、轻度使用者、中度使用者、重度使用者
追求利益的重点	质量、价格 、交货日期 、售后服务
品牌忠诚度	强烈偏好、选择偏好、转移偏好、无偏好

三、目标市场选择

由于任何企业都不可能很好地满足所有顾客的需要，为了提高企业的经营效益，大多数企业必须进行市场细分，以决定进入哪个或哪些市场，为哪个或哪些市场服务，我们称之为目标市场涵盖战略，主要有以下三种。

（一）无差异市场营销

这种战略无需进行市场细分，只考虑整个大市场上人们需求的共性，以一种商品和一套营销方案应对整个市场。它的指导思想是：人们对这种商品的需求无差异，不管什么人的需要都是一样的，只需要一种型号、式样的商品。这种战略的优点是产品的品种、规格、款式简单，有利于标准化与大规模生产，有利于降低生产、存货、运输、研究、促销等成本费用。其主要缺点是单一产品要以同样的方式广泛销售并受到所有购买者的欢迎，这几乎是不可能的。特别是同行业中如果有几家企业都实行无差异市场营销时，竞争必然异常激烈。

（二）差异市场营销

它是指在市场细分的基础上，用不同的商品和营销方案去应对不同的细分市场。它的指导思想是：不同的市场，人们的需求往往不同。这种战略的优点是产品适应性强，能满足不同层次的人们的需要；缺点是会使企业的生产成本和市场营销费用（如产品改进成本、管理费用、存货成本、促销成本等）增加。

（三）集中市场营销

集中市场营销是指在市场细分的基础上，选择少数几个市场作为自己的目标市场，集中所有力量在其中经营。它的指导思想是：与其在整个大市场上占有较小的市场份额，不如在小市场占有更大的市场份额。它的优点是：对一个或几个特定的子市场有较深的了解，而且在生产和市场营销方面实行专业化，可以比较容易地在这一特定市场取得有利地位。缺点是风险大。实行集中市场营销的企业，一般是资源有限的小企业。

第三节　销售渠道策略

一、开拓和渗透渠道策略

新建企业或更新产品的老企业所面临的是新建渠道的问题。新建渠道可利用渠道开拓将产品送到消费者手中，如果期望开拓的渠道已被竞争对手控制或利用，又无其他渠道可选择，就可采用渠道渗透。因此，开拓和渗透是新建渠道两个相辅相成的途径。其策略主要有：

(一) 招引

生产者通过广告、展销、表演等手段吸引中间商前来接洽建立销售渠道，对最早建立购销关系的中间商通常有一种特殊的默契和优惠。这是许多企业广泛采用的策略。

(二) 播种

生产者通过各种方法有目的地在产销通道上建立主要销售环节，通过各个主要销售环节的辐射作用而形成销售渠道。

(三) 中转

选定若干中间商，采用先建立临时渠道再向固定渠道过渡中转的方法。新企业或一些小企业，以及有些老企业的新产品，由于知名度不高，产品未被中间商和消费者认识，往往缺乏销售渠道和市场，可以采用中转的方法。具体的形式，一是建立代销网点委托中间商代销，生产者可将产品送到代销商店，根据合同按销售量给代销商支付一定比例的手续费。这样做，中间商不需预付资金和费用，有收益无风险，因而易被接受；生产者所支付的手续费低于购销净利，有较多的获益，而且通过建立代销关系容易过渡到建立固定的经销关系。二是委托“跑街”推销。“跑街”也是代理商的一种形式。其差别是：“跑街”是流动的，带着样品东奔西走，四处游说，不影响生产者的资金使用。选择“跑街”这种中间商，生产者可不担风险，可大量录用，但也有难以控制等缺陷，因此采用时应慎重。

(四) 特约

生产者以优惠条件特约有影响的中间商经销商品。其方法主要是：优惠价供应；优先满足货源；提供促销设备等。

（五）自筑

自己投资在主要目标市场区域建立营销点，是实力雄厚的企业采用的策略。自筑营销网点具有纵向的公司系统渠道与横向的购销系统渠道相结合的双重作用。其方法主要有：在主要目标市场上设立批发与零售兼营的网点；在一些城市的贸易中心或交易所内租柜设摊经营。

二、扩大销售渠道的策略

生产者经过开拓和渗透而占有一些销售渠道以后，然后会进而采取措施扩大渠道。由于产品的特点不同，消费者的层次和水平不同，因此渠道的长短和宽窄也不同。在设计渠道时，必须决定市场展露的程度，即在渠道中应包含的中间商的数目。根据市场展露度，销售渠道的策略可分为以下三种：

（一）密集性分销

运用尽可能多的分销点，使渠道尽可能加宽。消费品中的便利品（卷烟、火柴、肥皂等）和工业用品中的标准件、通用小工具等，适于采取这种分销形式，以提供购买上的最大便利。

（二）独家分销

在一定地区只选定一家中间商经销或代销，实行独家经营。独家分销是最极端的形式、最窄的分销渠道，通常只对某些技术性强的耐用消费品或名牌适用。独家分销对生产者的好处是有利于控制中间商，提高他们的经营水平，也有利于加强产品形象，增加利润。但这种形式有一定的风险，如果这一家中间商经营不善或发生意外，生产者就要蒙受损失。

采用这种形式时，通常产销双方议定，销方不得同时经营其他竞争性商品，产方也不得在同一地区另找其他中间商，这种独家经营妨碍竞争，在某些国家被法律所禁止。

（三）选择性分销

它是介于上述两种形式之间的分销形式，即有条件地精选几家中间商进行经营。这种形式对所有各类商品都适用，它比独家分销面宽，有利于扩大销路，开拓市场，展开竞争；又比密集性分销节省费用，并较易于控制。有条件地选择中间商，还使被选中的商家愿意努力提高推销水平。因此，这种分销形式效果较好。

三、巩固销售渠道策略

企业除了要开拓、渗透和扩大销售渠道外，还要千方百计地去巩固和保护原有的渠道。巩固和保护销售渠道，要求企业随着环境的迅速变化，使用灵活有效的渠道，为了长期利益，必要时还可放弃某个渠道和改进现有渠道。巩固销售渠道的策略主要有：

（一）自动连锁

指生产者与批发商、零售商通过签订协作合约的形式，以特殊的互相优惠的条件，建立牢固的供需关系。具体做法是：生产企业向零售商以较低价格供应产品，或帮助零售商搞好经营管理，甚至采取经济援助等优惠。中间商则忠诚于生产企业，并积极推销其产品。现代西方的大企业或大批发商常常趁零售商濒临破产之机，用自动连锁的方法把零售企业拉入渠道系统，各得其所。

（二）工商联营

指通过生产企业自建或合资等形式，实行工商联营。这种形式的好处是，生产企业能直接或较直接地同消费者打交道，便于了解消费者的需求和产品使用情况；节约销售费用，于生产企业和消费者都有利；产品能直接送达，能更好地为消费者提供维修等技术服务，并使渠道长期稳定。实行工商联营，还具有排外性质，是最巩固的销售渠道。

（三）特许经营

特许经营组织是一种契约式的联合组织。它是在特许者（制造商、批发商或服务组织）和特许证持有人（在特许经营体系中，购买这种拥有和经营一个或多个单位权利的独立商人）之间的一种组织关系。特许经营组织一般是基于自己某种独特的产品、服务，或某种经营方式，或某个商标或专利，或特许者已树立起的良好声誉，向特许证持有者提供特许。

特许者可以得到以下几方面的补偿：专利权的首次年费，按总销售额提取的特许权费，特许者提供的设备和固定资产的租用费、利润提成，有时还有正规的许可证费。麦当劳快餐店向特许证持有人收取的首次年费为15万美元，特许权费为总销售额的3%，收取的租金为销售总额的8.5%。它还要求它的新特许证持有人到“汉堡包大学”学习3个星期的企业管理。特许证持有人还必须在购买原材料和制作及销售产品的步骤中遵守特定的程序。

【案例7-1】

PPSP战略是古井贡酒厂根据我国白酒市场发展态势和本企业的实际情况提出的一种长期战略，其主要由产品（product）、生产（production）、销售

(sale) 和宣传 (promotion) 等四大战略组合而成。公司认为要随着市场的不断变化，适时开发新产品，适应不同层次消费者的需求，并不断地改进古井贡酒系列产品的包装装潢，销售战略是 PPSP 战略的关键。销售战略的主导思想是市场建设与市场开发并重，实行一省一策、一地一策的“两策策略”。主要战略策略有：有效地推选代理商，选择有相当经营实力的商业单位作为代理商，提高市场占有率；实行“三定”销售法，即定经销单位、定年销售量、定产品品种，有计划、有目的地推动高、中、低各档产品的销售，牢牢地掌握市场主动权，密切工商关系、巩固传统市场的作用；采取多渠道、多层次的销售方式，培养和发展不太成熟的市场，开发新市场，广泛发展新客户和小客户，提高产品覆盖率；推行销售承包责任制，完善考核办法；坚持“产品越畅销，服务越优质”的思想，对顾客做到“六个一样”，即淡季旺季一个样，新老客户一个样，远近距离一个样，现在将来一个样，生意成否一个样，畅销滞销一个样，使优质服务经常化、系统化。

【复习思考题】

1. 市场调查的主要方法及各自的优缺点有哪些？
2. 什么叫市场细分？
3. 目标市场策略及各自的优缺点有哪些？
4. 市场营销组织设计分为哪些步骤？
5. 市场营销计划的内容有哪些？
6. 销售渠道策略主要有哪些？

【本章案例】

A 航空公司成为行业明星

由于价格竞争、折扣优惠及许多小公司的崛起，A 航空公司在其国内及国际航线上都处于亏损状况。为了应对这一危机，A 公司首先在假日创设了一种新的商务舱位等级。这种商务舱是根据商务人士不喜欢与那些旅游度假者同舱的特点设立的。商务人士常常因为一些紧急情况必须改变日程，他们在旅途中关心的是把工作赶出来，这意味着他们需要读、写，为会议或谈判做准备或睡觉，以便到达目的地后能够精力充沛地投入工作。换句话说，他们不需要娱乐。旅游度假者却没有这种压力。对他们来说，旅途就是假期的一部分，而机票价格则是一个敏感的决定因素。设置紧凑的座位和长期预留的机票，使航空公司有可能出售打折的机票，使一些人能把省下的机票钱花在异国情调的度假生活中。商务旅行者与此不同，他们重视的是时间和日程表。在A公司以前，没有一家航空公司懂得怎样在一架飞机上满足这两类顾客的不同需求。

A公司的商务舱票价低于传统的头等舱，高于大多数经济舱，但给予乘客更多的方便。在每个机场，A公司都为商务舱的乘客设置了单独的休息室，并免费提供饮料，有的还可以看电影。在旅馆，为他们准备了有会议室、电话和其他办公设备的专门房间，使他们能完成自己的工作，他们还可以保留这些房间，而且不受起程时间、时刻表变动及最低住宿时间的限制。所有这些都以经济实惠的价格提供。机场还为商务舱乘客设置了单独的行李检查处，他们不必去和普通乘客一起拥挤。在飞机上，他们享有单独的宽大座椅，放腿的空间更为宽敞，并配有一些传统的头等舱才有的装饰品，比如玻璃器皿、瓷器、台布等，他们还可享用美味佳肴。

A公司开辟了一个独特的市场，并赋予它更多的价值。对商务人士来说，头等舱太贵，经济舱又太嘈杂、太不舒服。他们可能与旅游者挤在同一舱内，享受与旅游者同等的待遇，但要出较高的价钱——因为他们不能像旅游者那样，不受日程限制而等待减价或折扣机票。商务舱成为商务人士及航空公司双方都受益的好办法。

A公司夺走了竞争者的生意，成为行业明星。

资料来源：谢桂华．市场营销学．北京：中央民族大学出版社，2003.

案例思考题

1. A公司是如何进行市场细分、目标市场决策的？

2. A公司的市场定位有何特点？

第八章　产品决策与销售管理

【教学目的与要求】正确认识产品的整体概念及层次；明确产品生命周期的内涵；掌握影响产品定价的因素及定价方法；熟悉促销方法与策略。

企业取得利润的载体是它所设计、生产出来的产品，产品生产出来之后，要想使人们接受，必须制定一个合理的价格；有了合理的价格，要想使它获得很好的销量，有效的销售策略也是必不可少的，因此，本章主要介绍产品决策、价格决策、销售策略三个问题。

第一节　产品的整体概念

一、产品的整体概念的内涵

通常，人们将产品理解为具有某种特定物质形状和用途的物质实体，如服装、电视机、自行车等，即有形的产品形式，这是狭义的产品概念。现代市场营销观念将产品的内涵大大扩充了：产品是指人们向市场提供的、能满足消费者某种需要和欲望的任何东西，包括实物、劳务、组织、保证、意识、场所等，由此提出了产品的整体概念，它既包括能够向人们提供某种基本用途或利益的有形实体，又包括能够满足人们心理、情感和审美等需求的无形内容，如售后服务等。

二、产品的整体概念的层次

产品的整体概念分为以下三层次：

（一）核心产品

这是指产品向消费者提供的最基本的效用或利益，也就是产品的使用价值，它是产品的整体概念中最基本、最主要的部分，是人们所要购买的实质性东西。消费者购买一种产品，并不是为了得到产品本身，而是为了满足某种需求，正如人们购买电视机并不是为了拥有一个由零件组装起来的机器，而是为了收看电视节目。

（二）有形产品

这是人们通常理解的产品概念，即人们看得见、摸得着的产品本身，它主要包括产品的质量、商标、包装、外观、特色等。有形产品是核心产品得以实现的主要形式，也是消费者购买的重要依据。因此，企业在设计产品时，既要着眼于消费者所追求的核心利益，又要注重这种核心利益借以实现的形式。

（三）附加产品

它又称为延伸产品，是指伴随着产品销售向消费者提供的各种附加利益和服务，如提供信贷、免费送货、保证安装、售后服务等。企业注意到了消费者的整体消费系统，即消费者在使用产品时试图完成的整体任务与有关方法。附加产品正在成为体现企业竞争力强弱的一个很重要的标志。过去的竞争主要表现为产品的有形产品层次上的竞争，而现在的竞争更多体现在附加产品这一层次上。例如，IBM 公司在其竞争对手正忙于向顾客销售电脑硬件时，意识到顾客对高效的软件、及时方便的维修、提供保证等更感兴趣，便对其计算机这一有形产品巧妙地提供了附加产品，使公司击败了对手，获得了成功，这便产生了“系统销售”的概念，即不是销售单一的产品，而是销售产品整体。

产品的整体概念的提出，给企业提供了新的竞争思路。企业可通过对产品的品牌、包装、款式、售后服务等方面制造差异来确立市场地位，增加企业的竞争能力。

第二节　产品生命周期原理

一、产品生命周期的含义

产品生命周期，是指一种新产品研制成功以后，从投入市场开始直到在市场上被淘汰为止所持续的时期，故又称为产品市场寿命周期。它分为投入期、成长期、成熟期、衰退期四个阶段，理论上的产品生命周期如图 8-1 所示。

理解产品生命周期的含义时，应注意以下几个问题：

第一，产品的生命周期与产品的使用寿命是两个不同的概念。前者指的是产品在市场上存在的时间，是无形的、抽象的，其长短主要受消费者需求与偏好、科技进步等社会因素的影响；后者是指产品的自然使用时间，是有形的、具体化的，其长短受产品的自然属性、使用方式、维修保养等因素的影响。

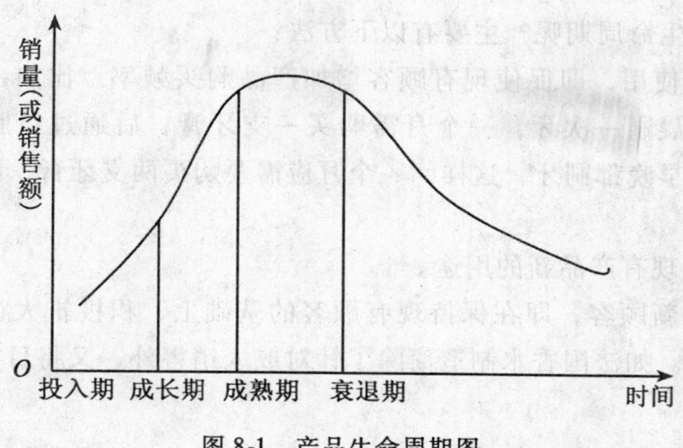

图 8-1　产品生命周期图

第二，产品生命周期是就整个市场或整个行业而言的。一个企业的资料不能确切地反映某种产品的生命周期。即使是同一行业，产品生命周期在不同的国家也可能是不同的。

第三，产品生命周期曲线只是一条理论上的曲线。在现实生活中，由于市场营销环境的变化以及公司营销策略的改变，并不是所有的产品的生命周期都完全符合这一典型曲线，有的产品可能一上市就进入成长期，有的产品可能没进入成长期就夭折了，还有的产品在经过成熟期后又进入快速增长阶段，呈现再循环曲线。

二、产品生命周期的判断及延长方法

（一）判断方法

由于产品生命周期曲线是一条理论曲线，实际上不同产品的生命周期是不同的，因此要精确地确定各个阶段是困难的，通常只能作概略的划分。具体方法是根据该种产品在整个市场上的销售统计资料所显示的销售量增长率变动情况判断。投入期是新产品刚投放市场试销的初期阶段，很容易判断；当产品的销售量增长率达到10%以上时，说明产品进入了成长期；当产品销售增长率逐步减慢，处于-10% ~10%时，说明产品进入了成熟期，当产品的销售量增长率小于-10%时，说明已进入衰退期。

（二）延长方法

延长产品生命周期是一个相对概念，并不是延长它的各个阶段，而主要是延长其中能给企业带来较大销量和利润的两个阶段：成长期和成熟期。投入期和衰退期由于不能使企业增加较多利润，因而不仅不宜延长，相反还应缩短。如何延长产品生命周期呢？主要有以下方法：

(1) 频繁使用，即促使现有顾客增加产品购买频率。比如，一个三口之家过去每天早晨刷一次牙，一个月需购买一支牙膏，后通过口腔卫生科学宣传，改为每天早晚都刷牙，这样，一个月应需要购买两支牙膏，购买量增加一倍。

(2) 开发现有产品新的用途。

(3) 发展新顾客，即在保持现有顾客的基础上，积极扩大市场面，争取更多的新买主。如法国香水制造商除了针对成人销售外，又将目标市场扩大到小孩。

三、产品生命周期各阶段的特征及应对策略

(一) 投入期

投入期的特征主要有：

(1) 产品属于试制新产品，其技术经济指标应优于同类老产品，但产品尚未完全定型，工艺尚不成熟，还有待进一步改进。

(2) 生产批量小，生产成本较高。

(3) 由于用户对产品不了解，购买者较少，销售量增长缓慢，需要做大量的广告推销工作，销售费用较高。

(4) 由于生产成本和销售费用较高，故赢利较少，甚至出现亏损，生产厂家较少，市场竞争比较缓和。

对处于引入期的产品，企业应尽快完善其性能，改进生产工艺，加强广告宣传等推销工作，以促使产品尽快进入成长期。

(二) 成长期

成长期是指产品经过试销已经打开销路，转入大批生产和销售的阶段。这一阶段的主要特点有：

(1) 产品已经定型，生产工艺趋于成熟。

(2) 由于销路已经打开，市场需求量增大，因此，企业可以进行大批量生产和销售，生产成本和销售费用开始下降。

(3) 随着生产成本和销售费用下降、销售量迅速增长，利润也迅速增加。

(4) 生产厂家增多，市场竞争的日趋激烈。

针对成长期的特点，企业为维持其市场增长率，延长获取最大利润的时

间，可以采取下面几种战略：

(1) 改善产品品质。如增加新的功能，改变产品款式等。对产品进行改进，可以提高产品的竞争能力，满足顾客更广泛的需求，吸引更多的顾客。

(2) 寻找新的子市场。通过市场细分，找到新的尚未满足的子市场，根据其需要组织生产，迅速进入这一新的市场。

(3) 改变广告宣传的重点。把广告宣传的重心从介绍产品转到建立产品形象上来，树立产品名牌，维系老顾客，吸引新顾客，使产品形象深入顾客心中。

(4) 在适当的时机，可以采取降价战略，以激发那些对价格比较敏感的消费者产生购买动机和采取购买行动。

(三) 成熟期

指产品销售量达到最高的时期，这一阶段主要有以下特点：

(1) 市场上各厂家生产的同种产品在结构、性能、质量方面的差异越来越小。

(2) 产品销售数量和普及率达到最高，但销售量增长速度明显减缓。

(3) 产品成本已降到最低限度，利润达到了最高点。

(4) 市场竞争变得十分激烈，产品价格有下降的趋势，从而利润开始下降。

对成熟期限的产品，只能采取主动出击的战略，使成熟期延长，或使产品生命周期出现再循环。为此，可采取以下三种战略：

(1) 调整市场。这种战略不是要调整产品本身，而是发现产品的新用途或改变推销方式，以使产品销售量得以扩大。

(2) 调整产品。这种战略是通过产品自身的调整来满足顾客的不同需要，吸引有不同需求的顾客。整体产品概念的任何一层次的调整都可视为产品再推出。

(3) 调整市场营销组合，即对产品、价格、渠道、促销四个营销组合因素加以综合调整，刺激销售量的回升。

(四) 衰退期

指产品在市场上行将被淘汰的时期。主要特点有：

(1) 产品在技术经济上已经开始陈旧老化，新一代产品已在市场上出现，并开始逐步取代老产品。

(2) 产品销售量迅速下降，并出现滞销。

(3) 竞争者竞相削价，利润降到最低水平，甚至亏损。

针对其特点，可采取如下战略：

(1) 继续战略。继续沿用过去的战略，仍按原来的子市场，使用相同的分销渠道、定价及促销方式，直到这种产品完全退出市场为止。

(2) 集中战略。把企业能力和资源集中在最有利的子市场和分销渠道上，从中获取利润。这样有利于缩短产品退出市场的时间，同时又能为企业创造更多的利润。

(3) 收缩战略。大幅度降低促销水平，尽量降低促销费用，以增加目前的利润。这样可能导致产品在市场上的衰退加速，但也能从忠实顾客那里得到利润。

(4) 放弃战略。对于衰退比较迅速的产品，应该当机立断，放弃经营。可以采取完全放弃的形式，如把产品完全转移出去或立即停止生产，也可采取逐步放弃的方式，使其占用的资源逐步转向其他的产品。

第三节　产品定价策略

价格是市场营销组合因素中十分敏感而又难以控制的因素，它直接关系着市场对产品的接受程度，影响着市场需求和企业利润的多少，涉及生产者、经营者、消费者各方面的利益。因此定价策略是企业市场营销组合中一个极其重要的组成部分。

一、影响企业定价的因素

(一) 定价目标

任何企业都不能孤立地制定价格，而必须按照企业的目标市场战略及市场定位战略的要求来进行。企业定价的目标主要有：

1. 维持生存

如果企业产量过剩，或面临激烈竞争，或试图改变消费者需求，则需要把维持生存作为主要目标，这时的价格就是低价格，只要它能弥补可变成本和一些固定成本，企业的生存便可得以维持。

2. 当期利润最大化

有些企业希望制定一个能使当期利润最大化的价格。它们估计需求和成本，并据此选择一种价格，使之能产生最大的当期利润、现金流量或投资报酬率。

3. 市场占有率最大化

有些企业想通过定价来取得控制市场的地位，即市场占有率最大化。因为企业确信赢得最高的市场占有率之后将享有最低的成本和最高的长期利润，所以企业制定尽可能低的价格来追求市场占有率领先地位。

4. 产品质量最优化

有些企业始终贯彻产品质量最优化的指导思想，它们用高价格来弥补高质量和研究开发的高成本，并辅之以相应的优质服务。

（二）产品成本

从长远看，任何产品的销售价格都必须高于成本费用，只有这样，才能以销售收入来抵偿生产成本和经营费用，因此，成本是价格的底线。

（三）市场需求

市场营销理论认为，产品的最高价格取决于产品的市场需求，最低价格取决于该产品的成本费用。在最高价格和最低价格的幅度内，企业能把产品价格定多高，则取决于竞争者的同种产品的价格水平。可见，市场需求、成本费用、竞争产品价格对企业定价有重要影响。而需求又受价格和收入变动的影响。因价格与收入等因素而引起的需求的相应变动率就叫需求弹性。需求弹性分为需求的收入弹性、价格弹性和交叉弹性。需求的收入弹性是指因收入变动而引起的需求的相应的变动率。需求的价格弹性是指因价格变动而引起的需求的相应的变动率。交叉弹性是指因商品 A 价格的变动而引起的商品 B 需求变动的比率。制定价格时，必须认真分析这三种弹性。

（四）竞争者的产品和价格

企业必须采取适当方式，了解竞争者所提供的产品质量和价格。企业获得这方面的信息后，就可以与竞争产品比质比价，更准确地制定本企业产品价格。如果二者质量大体一致，则二者价格也大体一样，否则本企业产品可能卖不出去；如果本企业产品质量较高，则产品价格也可以定得较高；如果本企业产品质量较低，那么，产品价格也相应低一些。还应看到，竞争者也可能随机就变，针对本企业的产品价格而调整其价格；也可能不调整价格，而调整市场营销组合的其他变量，与企业争夺顾客。当然，对竞争者价格的变动，企业也要及时掌握有关信息，并做出明智的反应。

二、定价方法

企业的定价方法主要有以下三类：

（一）成本导向定价法

它是以产品成本为基础，再加上一定的利润和税金来确定产品价格的方法。这种方法往往受到企业界的欢迎，因为：（1）成本的不确定性一般比需求少，将价格盯住单位成本，可以大大简化企业定价程序，不必根据需求情况的瞬息万变而作调整。（2）只要行业中所有企业都采取这种定价方法，则价格在成本与加成相似的情况下也大致相似，价格竞争也会因此减至最低限度。（3）许多人感到成本加成法对买方和卖方都比较公平。

它又可分为完全成本加成定价法和变动成本加成定价法。

1. 完全成本加成定价法

它是以产品的总成本为基础，再加上合理的利润和销售税金来计算产品的出厂价格，即：

$$产品出厂价格=总成本+利润+销售税金$$

在成本利润率和销售税率已知的情况下，则：

$$单位产品出厂价=\frac{单位产品生产成本\times(1+成本利润率)}{1-销售税率}$$

这种定价方法计算简便，且有利于保本求利，但未考虑除成本以外的其他影响因素，是以全部产品都卖出去为前提的，且忽略了固定成本与实际产销量并无直接关系的事实。

2. 变动成本定价法

既然在企业生产经营条件一定的情况下，固定成本总额不随产销量的增减而变化，那么，在产品定价中就可以不考虑固定成本，而只考虑变动成本。变动成本定价法就是以变动成本为基础来制定产品价格的一种方法。基本公式为：

$$产品价格=单位产品变动成本+单位产品边际贡献$$

它的优点主要有：（1）为企业提供了一个最低价格的标准。（2）避免了分摊固定费用的麻烦。

（二）需求导向定价法

需求导向定价法是一种以市场需求强度及消费者感受为主要依据的定价方法，包括感受价值定价法、反向定价法和需求差异定价法三种。

1. 感受价值定价法

即指企业根据购买者对产品的感受价值来制定价格的一种方法。运用感受价值定价法的关键是，要把自己的产品同竞争者的产品相比较，找到比较准确的感受价值。因此，在定价前必须做好营销调研工作。利用这种定价方法，卖方可充分运用各种营销策略和手段，影响买方对产品的认可，使之形成对卖方有利的价值观念，然后再根据产品在买方心目中的价值来定价。

2. 反向定价法

即指企业根据顾客能够接受的最终销售价格，计算自己从事经营的成本和利润后，逆向推算出产品的批发价和零售价。这种定价方法不以实际成本为主要依据，而是以市场需求为定价出发点，力求使价格为顾客所接受。分销渠道中的批发商和零售商多采取这种定价方法。

3. 需求差异定价法

也称价格歧视，是指企业按照两种或两种以上不反映成本费用的比例差异的价格销售某种产品或服务。它的形式主要有：顾客差别定价、产品形式差别定价、产品部位差别定价、销售时间差别定价等。

采用差别定价时，必须注意其适用条件，力求使价格歧视不会引起顾客反感，且不能违法。

（三）竞争者导向定价法

竞争者导向定价法通常有两种方法，即随行就市定价法和投标定价法。

1. 随行就市定价法

它是指企业按照行业的现行价格水平来定价。运用条件是：（1）难以估算成本。（2）企业打算与同行和平共处。（3）如果另行定价，很难了解购买者和竞争者对本企业价格的反应。

2. 投标定价法

这是买方引导卖方通过竞争定价的一种方法，通常用于建筑包工、大型设备制造、政府大宗采购等。一般由买方公开招标，卖方竞争投标，密封递价，买方按物美价廉的原则择优选取，到期公布中标者名单，中标的企业与买方签约成交。投标定价，主要以竞争者可能的定价为依据。定价低于竞争者，可增加中标机会，但不可低于边际成本，过低则不能保证适当收益；高于竞争者，则会大大减小中标概率，因此必须妥善权衡。

三、定价策略

由于篇幅限制，这里仅讨论新产品定价策略和老产品调价策略。

（一）新产品定价策略

一般来讲，新产品定价策略有两种策略。

1. 撇脂定价

它是指在产品生命周期的投入期，把产品的价格定得很高，以获取最大利润，犹如从鲜奶中撇取奶油一样。企业之所以能这样做，是因为有些购买者主观认为某些商品具有很高的价值。从市场营销实践看，在以下条件下，企业可以采取撇脂定价。

(1) 市场有足够的购买者，他们的需求缺乏弹性。

(2) 高价使需求减少一些，因而产量减少一些，单位成本增加一些，但这不致抵消高价所带来的利益。

(3) 在高价情况下，仍然独家经营，无竞争者。有专利保护的产品即是如此。

(4) 某种产品的价格定得很高，使人们产生这种产品是高档产品的印象。

2. 渗透定价

它是指企业将其创新产品的价格定得相对较低，以吸引大量顾客，提高市场占有率。它需具备以下条件：

(1) 市场需求对价格极为敏感，低价会刺激市场需求迅速增长。

(2) 企业的生产成本和经营费用会随着生产经营经验的增加而下降。

(3) 低价不会引起实际的和潜在的竞争。

(二) 老产品调价策略

企业老产品调价可分为两种类型：一是被动调价，即由于竞争对手先调整价格而迫使企业不得不随之调整价格；二是主动调价，指由于除竞争对手调价以外的其他价格影响因素的变化，企业自觉地、主动地对产品价格作适当调整。企业调整价格的策略，可分为两类：

1. 直接调价

直接调价就是直接变更商品的标价。这种调价策略的最大优点是简单、方便。但其缺点也是明显的，如果直接提价，则极易引起购买者的反感和抵触情绪，特别是在企业产品竞争力不强的情况下，容易使企业陷入被动而影响销售；如果直接降价，则又会引起竞争对手的强烈反应，而且容易影响企业产品的形象，被认为是削价处理的劣质商品，要再提高价格就比较困难。此外，还可能造成顾客持币观望的心态。因此，直接调价策略一般宜在被动调价时采用，且要注意对调价的时机、幅度等的把握。

2. 间接调价

间接调价即不直接变更产品标价而采取变相的方式来调整价格。如通过折扣折让、赊销、馈赠礼品、改装后降价等来达到实质上降价的目的，或者通过减少或取消折扣让价优惠、减少服务项目、在不影响使用的前提下适当降低产品质量、改装后提价等来达到实质上提价的目的。采用间接调价能避免上述直接调价的若干缺点。因此，企业在主动调价时，一般宜采用这种策略。

【案例 8-1】

成立于 1962 年的美国沃尔玛公司，已在全球 16 个国家开设了 7800 多家商场，成为全球最大的连锁零售商。1996 年沃尔玛在中国开设第一家沃尔玛购物广场和山姆会员商店，13 年后的今天，沃尔玛在全国 89 个城市开设了 146 家商店，这一数字超过了家乐福的 136 家，同时拥有好又多 35% 的股权和 102 家门店。让人惶恐的是，它不是在开店，而是在做整个产业链的整合。在 2008 年自有品牌的比例是 10%，到 2010 年要提高到 20%。而自有品牌的特色就是价格非常便宜，通常能便宜 20%，有的甚至可以便宜 40%。沃尔玛除了在下游控制自己的品牌之外，在上游也把产业链做得非常好。兴源公司在辽宁瓦房店建立了沃尔玛有机水果直接采购基地，对当地 5000 亩水果进行有机转换，到 2011 年，沃尔玛计划在中国让 100 万农民参加到这个所谓的农超对接的项目中，并将建立一条涵盖供应商、配送中心、卖场等所有环节在内的绿色供应链。沃尔玛的物流成本在 100 元的销售额中占 1.3%，凯马特是 8.75%，西尔斯是 5%。沃尔玛通过自有品牌、直采基地、极低的物流成本形成了一套完整的产业链。它目前的战略根本不是在门店里进行杀价竞争，而是整个产业链的上中下游一起竞争，因此它淘汰的行业不是中国的零售行业，而是所有中间环节。

第四节　产品销售管理

产品销售管理包括对分销渠道的管理和对促销的管理，前者我们在上一章已有介绍，此处不再赘述，这里重点介绍产品的促销策略。

企业为取得营销活动的成功，不仅要以适当的价格、通过适当的渠道向市场提供适当的产品，而且需要采取适当的方式来促进产品的销售。所谓促销，就是营销者将有关企业及产品的信息通过各种方式传递给消费者和用户，促进其了解、信赖并购买本企业的产品，以达到扩大销售的目的。因此，促销的实质是营销者与购买者和潜在购买者之间的信息沟通。

一、促销方式

为了有效地与购买者沟通信息，可通过广告来传递有关企业及产品的信息；可通过各种营业推广方式来加深顾客对产品的了解，进而促使其购买产品；可通过各种公共关系手段来改善企业在公众心目中的形象；还可派遣推销员面对面地说服顾客购买产品。因此，促销的方式有四种：人员推销、广告、营业推广和公共关系。

(一) 人员推销

所谓人员推销是指企业通过派出销售人员与一个或一个以上可能成为购买者的人交谈，作口头陈述，以推销商品，促进和扩大销售。因此，人员推销是销售人员帮助和说服购买者购买某种商品或服务的过程。在这一过程中，销售人员要确认购买者需求，并通过自己的努力去吸引和满足购买者的各种需求，使双方能从公平交易中获取各自的利益。人员推销这种促销方式主要适用于购买频率低、购买量大、知识性强、需要产需双方认真洽谈、以理智动机购买为主的产品，如大部分工业设备、大宗原材料和高档耐用消费品等。同时要做好人员推销，必须制定好人员推销战略。

(二) 广告

美国市场营销协会定义委员会对广告的定义是："广告是由明确的发起者以公开支付费用的方式，以非人员的任何形式，对产品、服务或某项行动的意见和想法等的介绍。"广告与人员推销相比，具有宣传面广、能多次重复信息以增强印象、节省人力等优点。同时也存在一些缺点，如费用开支大、效果难以准确衡量等。正确利用广告，对于沟通产需信息、激发需求、指导消费、推广新产品和新技术、促进销售等，都可起到很好的作用。

(三) 营业推广

营业推广是指能够迅速刺激需求、鼓励购买的各种促销形式。营业推广的形式主要有：礼品、代金券、有奖销售、附送样品、交易印花、现场示范、竞赛、交易折扣、津贴等，其共同特征是：

(1) 吸引顾客。各种形式的营业推广，都是为了有效地招徕顾客，引起人们的欲望。

(2) 刺激购买。营业推广一般都是通过提供某些优惠，来刺激和引诱顾客购买。

(3) 短期效果。营业推广往往是为了推销积压产品，或是为了在短期内迅速收回现金和实现产品价值而采用的。因此，这种促销方式的效果也往往是短期的，如果运用不当，可能会使顾客对产品产生怀疑，不利于长期销售。

营业推广策略的内容包括：一是确定营业推广的目标；二是选择营业推广的形式；三是营业推广方案的制定、实施和评估。

(四) 公共关系

按照菲利普·柯特勒的定义，作为一种促销手段的公共关系是指这样一些活动：争取对企业有利的宣传报道，协助企业与有关的各界公众建立和保持良好关系，建立和保持良好的企业形象，以及消除和处理对企业不利的谣言、传说和事件。它具有如下优点：

(1) 可信度高。大多数读者认为公关报道比较客观，比企业的广告更加可靠。

(2) 传达力强。许多人对广告等信息传递方式本能地反感，并有意识地回避。而公共关系活动中的宣传报道是以新闻形式出现的，所以传达能力较强。

(3) 具有戏剧性。

企业开展营销公共活动，主要有以下方法：创造和利用新闻，举行演讲会，开展各项活动，撰写书面材料，编制音像材料等。企业的公共决策包括四个主要方面：确定公关目标、选择公关内容和方法、实施公关计划、评估公关效果。

二、促销组合

促销组合是将上述人员推销、广告、营业推广、公共关系等多种促销方式有机地结合起来，综合运用所形成的一个完整的促销策略。上述各种促销方式，各有其特点和适用条件，把它们合理地组合起来综合地加以运用，才能更有效地发挥传递信息、沟通产需、刺激需求、引导消费、扩大销售、保证销售目标实现的作用。在制定促销组合策略时，应综合考虑以下因素：

(一) 产品类型

产品类型主要是指产品是消费品还是产业用品。消费品与产业用品促销组合是有区别的。一般来说，由于消费品技术比较简单，购买者人多面广，需要经常向消费者介绍和提醒，因而较多地使用广告；而产业用品由于技术性强，行业差别大，购买者相对较少，所以主要使用人员推销。

(二) 推式战略与拉式战略

推式战略是指利用推销人员与中间商促销将产品推入渠道，是指生产者将产品积极推到批发商手中，批发商又积极地将产品推给零售商，零售商再将产品推向消费者。拉式战略是指企业针对最后消费者，花费大量的资金从事广告及消费者促销活动，以增进产品需求。如果做得有效，消费者就会向零售商要求购买该产品，于是拉动了整个渠道，零售商会向批发商要求购买该产品，而批发商又会向生产者要求购买该产品。企业对推式战略和拉式战略的选择显然会影响多种促销工具的搭配。一般来说，推式战略侧重于运用人员推销和多种营业推广手段，而拉式战略侧重于运用公共关系策略。

(三) 促销目标

相同的促销工具用于不同的促销目标，其成本效益会有所不同。如尽管经营产业用品的企业花在人员推销上的费用远远高于广告费用支出，但是所有促销目标都靠人员推销一种促销工具去实现也是不切实际的。广告、营业推广和公共关系在建立购买者知晓方面，比人员推销的效果要好得多。在促进购买者对企业及其产品的了解方面，广告的成本效益最好，人员推销其次。购买者对企业及其产品的信任，在很大程度上受公共关系的影响，其次是人员推销。购买者订货与否以及订货多少主要受推销访问的影响，营业推广则起协调作用。

(四) 产品生命周期阶段

在产品生命周期各阶段，促销组合的策略会有所不同。

(1) 在投入期，广告与营业推广的配合使用能促进消费者认识、了解产品。

(2) 在成长期，公共关系开始产生明显效果，口头传播越来越重要。如果企业想继续提高市场占有率，就必须加强原来的促销工作。如果企业想取得更多利润，则宜于用人员推销来取代广告和营业推广的主导地位，以降低成本费用。

(3) 在成熟期，竞争对手日益增多，为了与竞争对手相抗衡，保持已有的市场占有率，企业必须增加促销费用。这一阶段可能发现现有产品的新用途，或推出改良产品，在这种情况下，加强促销能使顾客了解产品，诱发购买兴趣。运用赠品等促销工具比单纯的广告活动更为有效，因为这时的顾客只需提醒式广告即可。

【复习思考题】

1. 什么叫产品整体概念？它分为哪几个层次？
2. 如何延长产品生命周期？
3. 试述产品生命周期各阶段的特征及主要应对措施。
4. 定价的主要方法有哪些？
5. 制定促销组合策略应考虑哪些因素？

【本章案例】

顺昌：让每一位客户都能赚钱

云南顺昌贸易公司是武汉顺昌股份公司设在昆明市的批发商业企业，其注册资金为500万元，全部为国有资产，属中小型商业企业，主要经营家电、交电、百货文具、糖酒副食。该公司充分发挥其经营机制上的优势，制定了以商业互利为指导的经营方针，让每一位客户都能赚钱。

通过深入分析市场竞争环境和企业自身条件的优劣，该公司选择了竞争导向定价、争取合理利润的定价目标，并在销售中放手让部门经理灵活地随市场变动制定具体价格策略。如果顺昌公司有的商品其他公司也有时，必须以低于其他公司的价格出售，低多少由部门经理决定；其他公司提价时，跟着提价；降价时，跟着降价，始终保持低于主要竞争对手的价格。但是，如果所经营的某个品种为顺昌独占时，则采取高价策略，获取厚利。有一段时间，这种定价方针没有被部门经理充分理解，看到市场较好，就按其他大公司的价格销售，结果回头客户越来越少。虽然单位商品利润提高了，总利润却减少了。实践促使该公司又回到市场竞争导向的挑战者价格，回头客户日益增多，销售的总利润增加。

该公司还根据不同的市场条件和客户特点采取不同的定价策略。个体户进货时，多以现金交易，公司给予现金折扣。而托收承付的客户，则采取信用交易。如该公司在云南总代理的无锡永久自行车，现金交易299元/辆，托收承付304元/辆，而当时云南市场批发最低价为305元/辆。此外，还灵活运用其他定价策略，如在销售旺季给予数量折扣；供货会期间，给予特别优惠价；市场银根紧缩，则给予现金折扣；昆明市区免费送货等定价策略。加上有宽广的货源渠道和良好的销售服务，公司取得了市场竞争的主动权。

资料来源：谢桂华．市场营销学．北京：中央民族大学出版社，2003.

案例思考题

1. 顺昌公司选择竞争导向的挑战者价格有何利弊？

2. 该公司对市场独占的商品实行高定价，这是否违背其合理利润的定价目标？

3. 该公司在其他公司涨价或降价时，为什么要跟着别人跑？是否违背让每一个客户赚钱的经营方针？

第九章　生产管理与控制

【教学目的与要求】明确现代企业生产过程组织的概念与要求；掌握企业生产类型的内容；对生产过程的空间与时间组织有深入认识；熟悉批量标准的类型；掌握生产计划编制及网络计划编制方法；对企业先进生产运作方法有进一步了解。

生产是人类最基本的活动，人们通过生产活动创造财富、创造人类所需要的一切。就基本形式而言，生产是将输入（生产要素）转化为输出（产品或服务）的过程，或者创造产品或服务的过程。生产管理就是对这一过程进行计划、组织和控制。生产管理是企业管理基本的，也是重要的组成部分。生产管理的目的就在于高效、低耗、灵活、准时地生产合格产品和提供令顾客满意的服务。

第一节　生产过程组织及要求

一、生产过程组织的定义

企业任何产品的生产，都必须经过一定的生产过程，它是从原材料投入生产开始到产品制造出来为止的全部过程。它的基本内容是人的劳动过程，即劳动者利用劳动工具作用在劳动对象上，使其按照预定的目的改变产品的形状、结构、性质或位置的过程。生产过程准确地说是劳动过程和自然过程的有机结合，因为在某些情况下，生产过程还需要借助于自然力的作用，使劳动对象发生物理或化学的变化，如自然冷却、自然干燥、自然发酵等。在自然过程中，劳动过程部分或全部停止。

二、生产过程的组成

工业企业由于产品结构和工艺特点的不同，生产过程的性质和构成也不完全相同，就其对产品形成所起作用来看，主要分为生产技术准备过程、基本生产过程、辅助生产过程、生产服务过程等。

（1）生产技术准备过程，是指产品投入生产前所进行的一系列技术准备过程，主要包括：产品设计、工艺设计、工艺装备设计和制造、材料消耗定额和工时消耗定额的制定与修订、调整劳动组织和设备布置等。

（2）基本生产过程，是指直接改变劳动对象的物理和化学性质，使之成为企业主要产品的过程，如机械制造企业的铸造、锻压、切削加工、装配产品；冶金企业的炼铁、炼钢、轧钢；汽车企业的零件加工、装配过程。

（3）辅助生产过程，是指为保证基本生产正常进行所从事的各种辅助性生产活动和过程，如动力生产、工具制造、设备维修等。

（4）生产服务过程，是指为保证基本生产过程和辅助生产过程所从事的各种生产服务活动，如原材料、半成品、工具的保管与发放，厂内运输等。

此外，有的企业还有附属生产过程，它是指为基本生产提供附属材料的生产过程，如提供产品包装用的包装箱的生产过程。

工业企业产品生产过程中，最核心的组成部分是基本生产过程。基本生产过程按照工艺性质特点和使用设备的不同，可以划分为若干工艺阶段，而每个工艺阶段又可分为若干工序。工序是指一个工人或一组工人在一个工作地，对同一劳动对象连续进行的生产活动。工序是生产过程中的基本环节。工作地是工人进行劳动的场所，每个工作地都有一定的生产面积，配备一定的机器设备和工具。工序按作用不同，分为工艺工序、检验工序和运输工序。工艺工序是在工作地直接改变劳动对象的形式、尺寸、性质等，即发生物理、化学或几何形状的变化；检验工序是对原材料、半成品和成品的质量进行检查的工序；运输工序是在工艺工序之间、工艺工序与检验工序之间运送原材料、半成品和成品的工序。正确划分工艺阶段和工序，便于按照工种和工人的技术水平进行合理的分工，有利于提高劳动生产率和设备利用率。

三、合理组织生产过程的要求

合理组织生产过程的目的，是使产品在生产过程中行程最短、时间最省、耗费最小、效益最高。因此，企业组织生产过程必须努力实现以下要求：

（一）生产过程的连续性

连续性是指产品生产过程各阶段、各工序在时间上是紧密衔接而连续的，即产品在生产过程中始终处于运动状态，不发生或很少发生不必要的中断或等待。

生产过程的连续性好，表明生产过程时间利用率高，它可缩短产品的生产周期，从而减少流动资金的占用，加快资金的周转，同时也有利于生产现场的在制品管理。为保证生产过程的连续性，要在空间和时间两方面合理设计组织，使产品生产流程合理，安排紧凑，消除不必要的中断。

(二) 生产过程的比例性

比例性，也称为协调性，是指产品在各工艺阶段、各工序之间的生产能力要保持适当的比例关系，即各个生产环节的工人数、设备数和生产面积等影响生产能力的诸因素要符合客观需要的比例。

保持生产过程的比例性是充分发挥企业生产能力的前提，如果比例失调，按照经济学的“木桶理论”，生产能力最低的环节就成为制约生产能力的“瓶颈”；另外，由于市场、技术与管理等方面的条件变化，该比例性是动态的，企业应及时调整，根据需要保持合理的比例。

(三) 生产过程的均衡性

均衡性，也称为节奏性，它是指企业的各个生产环节在相等的一段时间内生产相等或递增数量的产品，使各工作地负荷充分并相对稳定，不会出现前松后紧、时松时紧等不良现象。生产过程的均衡有利于充分发挥企业的生产能力，保证产品质量的稳定性，维护工人健康和生产安全。

(四) 生产过程的平行性

平行性是指生产过程的各个阶段、各道工序平行作业，对产品的各个零件、部件尽可能地组织平行加工制造。

如果生产过程的平行加工时间多，就能大大缩短产品生产周期，为按期交货、加快资金周转提供保证。

(五) 生产过程的适应性

适应性是指生产过程依据市场复杂多变的特点，能灵活调整产品品种及产量的适应能力。为了提高企业的适应能力，必须使企业的设备易于调整；人员具有多种技能，能够不断根据需要变换工作岗位；同时采用先进合理的生产组织方法，如成组技术、多品种混流生产和柔性生产系统等。

生产过程的连续性、比例性、均衡性、平行性、适应性是相互联系和相互制约的，这些要求的目的是以最小的劳动消耗，取得最大的生产成果，即达到生产过程的经济合理。

【案例 9-1】

A 标准件厂生产现场经常遇到不良品混入生产线的问题。为了解决这个问题，企业加强了检验，要求主管人员增强责任意识。在不断努力下，取得了一定成效，但是没有过多久，不良品混入生产线的问题再次出现，并且屡改屡犯。为此总经理很生气，将所有部门的工作人员全部召集起来，讨论这个问题，并要求找出责任部门，勒令责任部门写出纠正和预防的方案来防止这类问题的再度发生。结果替罪的责任部门终于被费力地找了出来，但是实际问题依然没有得到有效解决。

第二节　企业的生产类型

一、生产类型的划分

生产类型是影响生产过程的组织的主要因素。生产类型就是根据企业生产产品的性质、结构和工艺特点，产品品种、生产稳定程度、同种产品产量和工作地专业化程度等因素对企业所进行的分类。划分依据不同，类型也不一样。例如，按产品结构特点可划分为单体型生产企业和装配型生产企业；按产品实物流动特点可划分为连续型生产企业和间断型生产企业；按用户订单性质或生产程序特点可划分为订货型生产企业和存货型生产企业；按产品专业化程度和工作地专业化程度可划分为大量生产、成批生产和单件生产。最后这种分类是目前我国加工装配式企业广泛采用的划分方法，也是所有分类中与生产过程组织密切相关的一种分类。

（一）大量生产类型

生产同一种产品的产量大，产品品种少，生产条件稳定，经常重复生产同种产品，工作地固定加工一道或几道工序，专业化程度高。

（二）成批生产类型

产品品种较多，各种产品的数量不等，生产条件比较稳定，每个工作地要负担较多的工序，各种产品成批轮番生产，工作地专业化程度比大量生产要低。成批生产按批量大小，又可分为大批生产、中批生产和小批生产。大批生产接近大量生产，因而一般称为大量大批生产；小批生产接近单件生产，因而一般称为单件小批生产。只有中批生产才具有典型的成批生产的特点。

（三）单件生产类型

产品品种很多，每种产品只生产单件或少数几件之后不再重复，或虽有重复但不定期，生产条件很不稳定，工作地专业化程度很低。

按工作地的专业化程度划分生产类型是以工作地担负工序数目的多少来判断的。工作地担负的工序越少，它的专业化程度就越高；反之，工作地的专业化程度就越低。

二、生产类型的特点

生产类型不同会带来生产组织形式的不同、计划编制的不同、经济效益的不同。在大量生产条件下，工作地专业化程度高，可采用高效率的专用设备和工艺装备，便于组织流水生产线和自动生产线，工人操作简单，技术熟练，计划管理工作容易，具有较高的劳动生产率和较低的产品成本，经济效益好。在单件生产条件下，工作地专业化程度低，一般采用通用设备和工艺装备，设备利用率和劳动生产率低，对工人的技术水平要求高，计划管理工作复杂，产品成本高，经济效益差。成批生产的经济效益介于大量生产和单件生产之间。它们之间的具体特点参见表 9-1。

表 9-1　　三种生产类型特点比较

生产类型 经济技术指标	大量大批生产	成批生产	单件小批生产
产品特点	品种单一	品种较多	品种很多，型号规格杂
工作地担负的工序数目	很少，一般为 1 ~ 2 道工序	较多，一般为11 ~ 20 道工序	很多，一般为 21 ~ 40 道工序
生产设备	多用高效专用设备	部分专用设备及通用设备	大多采用通用设备
生产设备布置	按对象原则排列，组成不变流水线或自动线	既按对象原则又按工艺原则，组成可变流水线或生产线	按工艺原则排列，一般不能组成流水生产线
技术工作的精确程度	产品“三化”程度高，零件互换性强	产品“三化”程度较低，零件在一定范围互换	产品“三化”程度低，零件互换性差

续表

经济技术指标 \ 生产类型	大量大批生产	成批生产	单件小批生产
工艺设备	采用高效专用的工艺装备	专用和通用的工艺装备并存	主要采用通用工艺装备
工艺装备系数	大	较大	小
工人的技术水平	高级的调整工，低级的操作工	较高	高
劳动生产率	高	较高	较低
产品生产周期	短	较长	长
计划管理工作	比较简单	比较复杂	复杂多变
设备利用率	高	较高	低
产品成本	低	中	高
管理重点	日常管理	计划协调	准备阶段及计划衔接
设备投资	大	较大	较小
适应性	差	较强	强
风险性	一般大	较小	一般小

对手工生产方式、大量生产方式、精益生产方式的特点比较见表9-2。

表9-2 三种生产方式的比较

项　目 \ 生产方式	手工生产方式	大量生产方式	精益生产方式
产品特点	完全按顾客要求	标准化，品种单一	品种规格多样化，系列化
加工设备和工艺装备	通用，灵活，便宜	专用，高效，昂贵	柔性高，效率高
分工与工作内容	粗略，丰富多样	细致，简单，重复	较粗，多技能，丰富
操作工人	懂设计制造，具有高操作技艺	不需专门技能	多技能

续表

生产方式 项目	手工生产方式	大量生产方式	精益生产方式
库存水平	高	高	低
制造成本	高	低	更低
产品质量	低	高	更高
权利与责任分配	分散	集中	分散

第三节 生产过程的组织

工业企业的生产过程，既要占用一定的空间，又要经历一定的时间。因此，合理组织生产过程，就需要将生产过程的空间组织与时间组织有机地结合起来，充分发挥它们的综合效率。

一、生产过程的空间组织

生产过程的空间组织主要是研究企业内部各生产阶段和各生产单位的设置及运输路线的布局问题，即厂房、车间和设备的布局设置。布局的结果将会影响企业生产过程的物流、生产周期、生产成本等相关问题。

企业内部基本生产单位的设备布置，通常有工艺专业化设备布置、对象专业化设备布置和成组式设备布置三种基本形式。

（一）工艺专业化

工艺专业化也叫工艺原则。它是按照生产过程的工艺特点建立生产单位的形式。在工艺专业的生产单位内，配置同种类型的生产设备和同工种的工人，对企业生产的各种产品零件进行相同工艺方法的加工。每一个生产单位只完成产品生产过程中部分的工艺阶段或工艺加工工序，不能独立地生产产品。它的优点是对产品品种适应性强；有利于充分利用机械设备；便于进行专业化的技术管理等。缺点是半成品运输路线长，运输劳动量较大；产品生产过程中停顿等待时间较多，生产周期较长；占用流动资金较多；生产单位之间的协作关系和相应的组织计划工作较复杂。这种组织形式比较适用于单件小批生产类型。

（二）对象专业化

对象专业化也叫对象原则。它是按照产品零件、部件的不同来设置生产单位的形式。在对象专业化的生产单位里，配置了为制造某种产品所需的各种不同类型的生产设备和不同工种的工人，对其所负责的产品进行不同工艺方法的加工。其工艺过程基本上是封闭的，能独立地生产产品、零件、部件，如汽车制造厂的发动机车间等。它的优点是可以缩短运输路线，节约运输设备和人力；便于采用流水线、生产线、成组加工等先进生产组织形式组织生产；缩短生产周期，减少流动资金占有；可以简化生产单位之间协作关系和相应的管理工作，加强责任制度。其缺点是设备专业性强，设备的生产能力难以充分利用；不便对工艺进行专业化的管理和指导；对产品变化的适应能力差。这种方法适用于产品品种较稳定的大量大批生产类型。

（三）混合形式

混合形式也叫混合原则、综合原则。它是把工艺专业化和对象专业化结合起来设置生产单位的形式。它有两种组织方法：一种是在对象专业化的基础上，适当采用工艺专业化形式；另一种是在工艺专业化的基础上，适当采用对象专业化形式。这种形式灵活机动，综合了工艺专业化和对象专业化的优点。因此，许多生产单位都是采用这种形式来设置的。

企业应采用哪一种形式来设置生产单位，必须从企业的生产特点和本身的生产条件出发，全面分析不同形式的技术经济效果，考虑长远发展和目前的生产需要。

二、生产过程的时间组织

生产过程组织在时间上要求生产单位之间、各工序之间能互相配合、紧密衔接，保证充分利用设备和工时，尽量提高生产过程的连续性，缩短产品生产周期。

生产过程的时间组织重点是解决加工对象在各工序之间，在时间上的衔接方式，即产品（零件）从一个工作地到另一个工作地之间的移动方式。它与制造的产品数量有关，如果制造的产品只有一件，那么就只能在加工完一道工序后，再送到下一个工作地加工下一道工序，这时在工序之间的时间衔接方式没有什么选择的余地。如果同时制造一批相同的产品，各工序之间在时间上的衔接方式有以下三种：

(1) 顺序移动方式。这是指一批零件在前工序全部加工完成以后，才整批地运送到下道工序加工。

(2) 平行移动方式。这是在一批在制品中，每一个零件在上一道工序加工完毕后，立即转移到后道工序继续加工，形成各个零件在各道工序上平行地进行加工作业。

(3) 平行顺序移动方式。这是将前两种移动方式结合起来，取其优点，避其缺点的方式。零件在工序之间移动有两种情况：一是当前道工序的单件作业时间大于后道工序的单件作业时间时，则前道工序完工的零件并不立即转移到后道工序，而是积存到一定的数量，足以保证后道工序能连续加工时，才将完工零件转移到后道工序去。二是当前道工序的单件作业时间比后道工序的单件作业时间短或相等时，则前道工序上完工的每一个零件应立即转移到后道工序去加工。

上述三种移动方式各有优缺点，在具体运用时，应结合企业的特点和生产条件，综合考虑以下各种因素来确定。一般来说，单件小批生产适宜采用顺序移动方式，大量大批生产则适宜采用平行或平行顺序移动方式。按对象专业化形式设置的生产单位，可以采用平行或平行顺序移动方式；按工艺专业化形式设置的生产单位，则采用顺序移动方式较好。零件重量轻，体积不大，工序劳动量小，除有传送带等连续运输装置外，采用顺序移动方式有利于组织运输和节省运输费用；反之，如零件重，体积大，工艺劳动量也较大，则适宜采用平行移动方式。设备调整难度大的，可以采用平行顺序或平行移动方式。反之，采用顺序移动方式较好。

第四节　生产作业计划

生产作业计划是企业生产计划的具体执行计划，即把企业的年度、季度生产计划中规定的月度生产计划以及临时性生产任务，具体分配到各车间、工段、班组以至每个工作地和个人。生产作业计划对协调各生产环节的活动，保证均衡地完成计划和订货合同规定的任务具有重要作用。

一、期量标准

期量标准是对生产作业计划中的生产期限和生产数量，经过科学分析和计算而规定的一套标准数据。期量标准实质上反映了各个生产环节在数量上和时间上的互相联系。有了期量标准就可以准确地确定各种产品在各个生产环节的投入、出产的具体时间和数量，有利于均衡地、经济地完成计划任务。

由于企业的生产类型、产量大小和生产组织形式不同，采用的期量标准也不相同。大量生产一般采用节拍、节奏、流水线工作指示图表、在制品定额等；成批生产一般采用批量、生产间隔期、生产周期、生产提前期、在制品定额等；单件小批生产一般采用生产周期、生产提前期、产品装配指示图表等。

（一）批量和生产间隔期

批量就是一次投入（或出产）同种制品的数量。生产间隔期也叫生产重复期，是指前后两批同种制品投入（或出产）的间隔时间。批量和生产间隔期之间的关系，可以用下面公式表示：

批量＝生产间隔期×平均日产量

生产间隔期＝批量÷平均日产量

从上式可以看出，当生产任务确定以后，批量加大，生产间隔期就会相应延长；相反，批量减少，生产间隔期就会缩短。它们之间的变化成正比例关系。

鉴于批量和生产间隔的这种关系，确定批量和生产间隔期可以有 3 类方法。

1. 经济批量法

这是一种根据费用来确定合理批量的方法。这种方法不只是着眼于效率，而是更着重经济效益。生产批量的大小主要与两种费用有关：一是设备调整费用。批量越大，设备调整次数就少，分摊到单位产品中的调整费用就小；反之，批量越小，设备调整次数就多，分摊到单位中的费用就越大。二是库存保管费用。它随着批量的增大而增多，随着批量的减少而减少。合理的批量应该是上述两种费用之和最小的批量。其计算公式为：

$$Q=\sqrt{\frac{2AN}{C}}$$

式中，Q 为经济批量，A 为设备调整一次所需费用，N 为年计划产量，C 为单位制品的年平均保管费用。

2. 最小的批量法

这是以保证设备充分利用为主要目标的一种批量计算方法。这种方法综合考虑充分利用设备和提高劳动生产率两个因素，通过计算求出最小批量。其计算公式如下：

$$最小批量=\frac{设备调整时间}{单件工艺工序时间定额\times设备调整允许损失系数}$$

设备调整允许系数一般规定在 0.02～0.12，系数可以按大、中、小批生产类型的不同，并考虑零件价值对流动资金的影响进行选择。

3. 以期定量法

这是先确定生产间隔期，然后再确定批量的一种方法。采用这种方法，当产量变动时，只需调整批量，不必调整生产间隔期。企业常采用的生产间隔期有季，月、旬、日等，这样既考虑到经济效益，又简化了生产管理。

（二）生产周期

生产周期是指某种产品从原材料投入生产开始，到制成品出产为止的整个生产过程所需要的全部时间。生产周期是编制生产作业计划的重要的期量标准之一，是确定产品在各工艺阶段的投入期和出产期的主要依据。生产周期的长短，反映企业的工艺技术水平和生产管理水平，对劳动生产率、流动资金、产品成本等都有影响。

在成批生产中，生产周期的制定比较复杂，通常要计算一批制品的工序周期、各工序阶段周期和一批成品的总周期。

(1）工序周期，是指一批制品在某道工序上加工制造的时间。

(2）工艺阶段周期，是指一批制品在某一个工艺阶段（如毛坯制造、零件加工、部件装配、成品装配等）的周期，它除了各工序周期以外，还要考虑工序之间的中断时间、设备调整时间、跨车间协作工序的时间、自然时效时间和各工序之间的平行系数等。

(3）产品生产周期，是各工序阶段生产周期及保险期之和。

（三）在制品定额

在制品是指从原材料投入到成品入库前，处于生产过程尚未制造完毕的产品。在制品定额是指在一定的组织技术条件下，为保证生产正常进行，生产过程各环节所需占用的最低限度的制品数量。合理的在制品定额，应既能保证生产的正常需要，又能使在制品占用量保持适当的水平。

在制品定额按在制品存放地点和加工状况，可分为车间在制品定额和库存半成品定额。

车间在制品定额=车间平均每日生产量×车间的生产周期（日）

库存半成品定额=平均每日需用量×库存定额日数+保险储备量

式中，车间平均每日生产量可根据产品（零件）的月产量和一个月的工作日数来确定。平均每日需用量是指需用这种半成品的车间平均每日领用量。大量生产可按需用车间投入批量和投入间隔期来确定。库存定额日数可根据经验或用统计资料来分析确定。保险储备量一般根据经验或统计来分析判断确定。

（四）生产提前期

生产提前期是指产品（毛坯、零件）在各工艺阶段（车间）投入或出产的时间，比成品出产的时间所要提前的时间。

生产提前期是以产品最后完工的时间为起点，根据各工艺阶段的生产周期、保险期和生产间隔期，按工艺阶段的逆顺序进行计算的。正确制定生产提前期，对于保证各工艺阶段的生产活动，使时间紧密衔接，缩短生产周期，减少在制品占用量，保证按期交货等有重要意义。

每一种在制品在每一个生产环节都有投入和产出之分，因此，提前期也分为投入提前期和出产提前期。提前期可按下列公式计算：

$$某车间投入提前期=本车间出产提前期+本车间生产周期$$

$$某车间出产提前期=后车间投入提前期+本车间保险期$$

式中保险期是指为防止可能发生出产误期而预留的时间，以及办理交库、领用、运输等所需要的时间。

二、生产作业计划的编制方法

这里主要介绍厂部分配车间生产任务的方法。厂部分配车间生产任务的方法，主要取决于车间生产组织形式和生产类型。如果是对象专业化的车间，可将生产任务直接分配给各车间；如果是工艺专业化的车间，应根据生产类型不同，采取以下几种方法。

（一）在制品定额法

本法运用在制品定额，结合在制品实际结存量的变化，按产品反工艺顺序，从产品出产的最后一个车间开始，逐个往前推算各车间的投入、产出任务。它适合于大量大批生产企业。其计算公式如下：

$$\frac{某车间}{出产量}=\frac{后车间}{投入量}+\frac{本车间半成}{品外销量}+\left(\frac{库存半成}{品定额}-\frac{期初预计半}{成品库存量}\right)$$

$$\frac{某车间}{投入量}=\frac{本车间}{出产量}+\frac{本车间计划}{允许废品量}+\left(\frac{本车间在}{制品定额}-\frac{期初本车间在制}{品预计结存量}\right)$$

最后车间出产量和车间半成品计划外销量，是根据市场需要确定的。车间计划允许废品量按预先规定的废品率计算，最后车间出产量等于计划期任务量。

（二）生产周期法

生产周期法是根据预先制定每类产品中代表产品的生产周期标准和合同交货期限要求，用反工艺顺序依次确定产品在各车间投入和产出时间的方法。它适合于单件小批生产企业。

（三）订货点法

订货点法适用于规定标准件、通用件车间的生产任务。这种方法通常要为每种标准件、通用件规定合理的批量，一次集中生产一批，等到它的库存储备量减少到“订货点”时，再提出制造下一批的任务。订货点是提出订货时的库存量，其计算公式如下：

订货点=平均每日需要量×订货周期+保险储备量

【案例 9-2】

B企业是一家模具工厂。过去该厂的图纸都是手工绘制或电脑打印出来后就发送到生产现场。这导致图纸的管理十分混乱，当客户的要求发生变更时，原来的图纸却没有回收。

为了彻底解决这一问题，B企业要求文件管理部门对每张图纸都分门别类地进行编号、列出清单、注明开始时间和实际完成的日期等。但是实施一段时间后，发现现场的图纸还是没有编码以及清单等。原来图纸打印出来后，由于生产现场等着急用，图纸又直接先送到了生产现场。生产现场的人员找不到文件管理部门的文秘，无法及时知道图纸的编号，自然也就无法列出清单。这些问题让该企业的管理者苦恼不已。

第五节　先进生产运作管理方法简介

20世纪50年代中期前苏联最早提出成组技术（GT）以后，世界各国针对大量生产模式的不足对生产管理技术和模式进行了众多的创新，具体包括准时生产（JIT）、制造资源计划（MRPⅡ）、柔性生产系统（FM）、敏捷制造（AM）、供应链管理（SCM）和企业资源计划（ERP）等。先进的生产运作管理方法有许多，我们这里侧重介绍以下两种。

一、准时生产（JIT）

准时生产制是日本丰田汽车公司在20世纪60年代创造的采用看板系统和倒流水拉动方式的追求零库存的生产管理模式，保证成品在销售时能准时生产出来并发送、组件能准时送入总装、部件能准时进入组装、零件能准时进入部装、原材料能准时转为零件。这种模式的目的在于消除超过生产所绝对必要的最少量的设备、材料、零件和工作时间。

美国麻省理工学院研究者更广泛地给日本汽车工业生产管理模式命名为精益生产（Lean Production，LP）。精益生产是通过系统结构、人员组织、运作方式和市场营销等各方面的改革，使生产系统对市场变化做出快速适应，并消除冗余无用的损耗浪费，以求企业获得更好的效益。与大量生产方式相对应的精益生产方式，旨在突破“批量小、效率低、成本高”的生产管理逻辑，废弃了大量生产的“提高质量则成本升高”的惯例，使得成本更低、品种更多、适应性更强。

二、敏捷制造（AM）

敏捷制造是一种以先进生产制造技术和动态组织结构为特点，以高素质与协同良好的工作人员为核心，采用企业间网络技术，从而形成的快速适应市场的社会化制造体系，它被称为21世纪的生产管理模式。敏捷制造与MRPⅡ、ERP等20世纪末的先进生产管理模式相比更具有灵敏、快捷的反应能力。具体而言，敏捷制造这种未来生产模式具有以下几方面的创新。

第一，从市场角度看，它对市场需求反应快速灵敏，变一般的市场导向为消费者参与的市场导向。敏捷制造能灵活快速地提供丰富的品种、任意的批量、高性能、高质量、顾客十分满意的产品和服务。

第二，从生产角度看，它以具有集成化、智能化、柔性化特征的先进制造技术为支撑，建立完全以市场为导向、按市场需求任意批量而快速灵活制造产品、实行并行工程、能支持顾客参与生产的灵敏生产系统。该系统既能实行多品种变批量，又能实现无损耗的精益生产和绿色无污染制造。

第三，从产品设计和开发角度看，它积极开发、利用计算机过程模拟技术和并行工程的组织形式，既可实现产品、服务和信息的任意组合，从而极大丰富品种；又能极大地缩短产品设计、生产准备、加工制造和进入市场的时间，从而保证对消费者需求的快速灵敏的反应。

第四，从企业组织角度看，它以企业内部组织的柔性化和企业间组织的动态联盟为其组织特征，虚拟企业是其理想形式，但不一定是必需形式。敏捷制造企业的组织既能保证企业内部信息实现瞬时沟通，又能保证迅速抓住企业外部的市场做出灵敏反应。

第五，从企业管理角度看，它以灵活的管理方式实现组织、人员与技术的有效集成，尤其强调人的作用，充分发挥各级人员的积极性和创造性，在管理理念上具有创新和合作的突出意识，在管理操作上强调全过程的管理。

敏捷制造作为一种21世纪生产管理的创新模式，能系统全面地满足高效、低成本、高质量、多品种、及时迅速、动态适应、极高柔性等生产管理目标要求，无疑是企业生产管理技术发展和模式创新的方向。

【案例 9-3】

海尔集团以 MRPⅡ管理思想为中心，首先开发运用 MRPⅡ的前台管理系统，即和生产密切相关的系统，主要包括：外协单位管理信息系统、质量检验系统、成本核算系统、仓库管理系统、销售管理系统等。待这些系统运行正常时，再实施后台的 MRPⅡ系统，主要包括：人事管理系统、工资发放系统、固定资产管理系统、收发文管理系统、档案管理系统等。公司使用该系统对企划处、物资公司、检验处、仓库、科研处、质管处、财务部等部门实施计算机联网以后，各部门的各项管理工作都较以前有了大幅度的提高。

【复习思考题】

1. 合理组织企业的生产过程有哪些要求？

2. 比较分析工艺专业化和对象专业化的优缺点，并说明它们在企业中的应用条件。

3. 什么是期量标准？企业一般应制定哪些期量标准？如何制定？

4. 试比较先进的生产运作管理方法与传统的生产管理方法的区别。

【本章案例】

“日本制造”的五张王牌

日本对中国制造的崛起有一种喜忧参半的难言心态：一方面，需要将生产转移到中国以确保产品竞争力。在持续低迷、国内市场增长无望之际，开拓中国市场对日本企业而言已成为最为紧迫的课题。另一方面，中国制造业在家电产品、通信设备、精密仪器上的低价格优势，又占据了日本制造业的前沿阵地，令日本制造业巨头备感恐慌。日本在资本密集型产业的技术开发方面无法与美国竞争，而劳动密集型制造中心的转移更令日本产业日益凋零。

但日本企业仍然有五张王牌：World 所拥有的“机动能力”；松下移动的“设备实力”；夏蒙的“设计改进能力”；佳能的“知识产权实力”；竹内制作所的“品牌实力”。

日本著名服装制造商 World 公司保持持续稳定增长的秘诀，就是快速应变能力——其多品种小批量的生产方式使 World 产品从下单到交货只需一周，每周只生产与店面销量相应的数量。而这种快速反应在中国是不可能做到的。

松下移动尽管涉足折叠式手机生产较晚，但依靠强大的技术设备实力，在很短的时间里就推出了全球最薄的折叠式手机。松下移动认为在手机竞争日新月异的今天，要生产先进的畅销手机就需要尖端技术设备的支持，该公司甚至制定了由小型机器人自动进行单元生产的计划。

日本国内90%的眼镜来自夏蒙集团。夏蒙并没有把这种技术含量不高的产品放到中国生产，而是利用自己对工序和流程的优化，对产品和需求的配置，将原来4～5个月的供货周期缩短为1.3个月，以更快的速度满足消费者的需求作为自己占领市场的利器。

佳能电子作为日本高科技企业的缩影，其所拥有的专利技术居同业之首。正是他们用专利技术建立起来的“铜墙铁壁”，才使得佳能在2002年有关复印机和激光打印机等数码打印技术的营业额达到了1.65万亿日元，约合人民币1100亿元，成为持续以5%的年增长率发展的招牌业务。

竹内制作所是日本的一家中型企业，其主打产品袖珍挖土机在各国市场上所占份额不俗，在北美为第二、在欧洲为第五、在西班牙及澳大利亚则牢牢占据了市场份额首位的宝座。其产品成功的最主要原因就是“结实可靠”且运转时间为同类产品的两倍。

资料来源：王义伟．从日本制造“五张王牌”到“七大秘诀”看中国制造业的差距．中华工商时报，2003-9-22.

案例思考题

1. 日本制造有什么特点和优势？试分析说明。
2. 你认为中国制造要超越目标对手应作哪些改进？

第十章 物流管理与控制

【教学目的与要求】明确物流管理的任务，了解物流的分类；掌握企业物流规划的内容和方法；熟悉供应链的范围及供应链管理的内容；理解物流协作管理、物流绩效评价等内容。

在20世纪60年代，当西方管理科学的重心开始从生产领域转到非生产领域时，实体分销管理（Physical Distribution Management，PDM）的概念开始形成，并受到重视，当时被管理大师德鲁克（Peter Drucker）称为经济增长的“黑暗大陆”，是“降低成本的最后边界”。日本学者称其是降低资源消耗、提高劳动生产率之后的“第三利润源泉”。进入80年代，物流管理发展为包括物料采购、生产支持、产品分销的综合物流（logistics）。21世纪以来，物流管理成为供应链管理（supply chain management）的一部分而受到重视，目前已成为企业管理的一个重要领域。

第一节 物流管理的任务与分类

一、物流管理的任务

物流管理（logistics management）是指在社会再生产过程中，根据物质资料实体流动的规律，应用管理的基本原理和科学方法，对物流活动进行计划、组织、指挥、协调和控制，使各项物流活动实现最佳的协调与配合，以最低的物流成本达到客户所满意的服务水平，并提高企业的经济效益。因此，物流管理的任务应包括以下三个方面的内容：

（1）对物流活动诸要素的管理，包括运输、储存、装卸、配送等环节的管理。

（2）对物流系统诸要素的管理，即对其中人、财、物、信息等要素的管理。

(3) 对物流过程中具体职能的管理，主要包括物流计划、控制等职能的管理。

现代物流管理与传统物流管理相比，具有以下三个方面的特点：

(1) 以实现客户满意为第一目标。现代物流基于企业经营战略，从客户服务目标的设定开始，进而追求客户服务的差别化。它通过物流中心、信息系统、作业系统和组织构成等综合运作，提供客户所期望的服务，在追求客户满意最大化的同时，求得自身的不断发展。

(2) 以企业整体最优为目的。企业物流既不能单纯追求单个物流功能的最优，也不能片面追求各“局部物流”最优，而应实现企业整体最优。从成果角度看，有的活动虽然使成本上升，但如果它有利于整个企业战略目标的实现，则这种活动仍然可取。

(3) 以信息技术应用为基础。现代物流管理是建立在经济学、管理学、工程学、运筹学、系统论、信息论和控制论的基础上的。从系统论的观点出发，要求物流系统能及时地提供完整、准确、必要的信息，通过对这些信息的处理，了解掌握物流状况，进而控制物流。信息技术特别是计算机的应用是现代物流系统信息获取、存储和传递的基础。信息技术的发展带来了物流管理的变革，无论是 EDI、EOS、POS 等物流信息技术的运用，还是 QR、ECR 等供应链物流管理方法的实践，都建立在信息基础上，信息成为现代物流管理的中心。

二、物流的分类

按照物流系统的作用、属性及作用的空间范围，可以从不同角度对物流进行分类，分类的目的是为了便于研究。

(一) 按照作用分类

1. 供应物流

生产企业、流通企业或消费者购入原材料、零部件或商品的物流过程称为供应物流，也就是物资生产者、持有者至需求者、使用者之间的物流。对于工厂而言，是指生产活动所需要的原材料、备品备件等物资的采购、供应活动所产生的物流；对于流通领域而言，是指交易活动中，从买方立场出发的交易行为中所发生的物流。

企业的流动资金大部分是被购入的物资材料及半成品等所占用的。供应物流的严格管理及合理化对于控制企业的成本有重要影响。

2. 销售物流

生产企业、流通企业售出产品或商品的物流过程称为销售物流，是指物资的生产者或持有者到用户或消费者之间的物流。对于工厂是指售出产品，而对于流通领域是指交易活动中，从卖方角度出发的交易行为中的物流。

通过销售物流，企业得以回收资金，并进行再生产。销售物流的效果关系到企业的存在价值是否被社会承认。销售物流的成本在产品及商品的最终价格中占有一定的比例。因此，在市场经济中为了增强企业的竞争力，销售物流的合理化是可以收到立竿见影的效果的。

3. 生产物流

从工厂的原材料购进入库起，直到工厂成品库的成品发送为止，这一全过程的物流活动称为生产物流。生产物流是制造产品的工厂企业所特有的，它和生产流程同步。原材料、半成品等按照工艺流程在各个加工点之间不停顿地移动、流转形成了生产物流。如生产物流中断，生产过程也将随之停顿。

生产物流合理化对工厂的生产秩序、生产成本有很大影响。生产物流均衡稳定，可以保证在制品的顺畅流转，缩短生产周期。在制品库存的压缩，设备负荷均衡化，也都和生产物流的管理和控制有关。

4. 回收物流

在生产及流通活动中有一些资材是要回收并加以利用的，如作为包装容器的纸箱、塑料筐等。还有可用杂物的回收分类和再加工。例如，旧报纸、书籍通过回收、分类可以再制成纸浆加以利用；特别是金属的废弃物，由于金属具有良好的再生性，可以回收并重新熔炼成有用的原材料。回收物资品种繁多，流通渠道也不规则，且多有变化，因此，管理和控制的难度大。

5. 废弃物物流

生产和流通系统中所产生的无用的废弃物，以及其他一些无机垃圾等，如果不妥善处理，不但没有再利用价值，还会造成环境污染，就地堆放会占用生产用地甚至妨碍生产。对这类物资的处理过程产生了废弃物物流。废弃物物流没有经济效益，但是具有不可忽视的社会效益。为了减少资金消耗，提高效率，更好地保障生活和生产的正常秩序，对废弃物资综合利用的研究很有必要。

(二) 按照物流活动的空间范围分类

1. 地区物流

所谓地区物流，有不同的划分原则。首先，按行政区域划分，如西南地区、河北地区等；其次，按经济圈划分，如苏（州）（无）锡常（州）经济区、黑龙江边境贸易区等；还有按地理位置划分的地区，如长江三角洲地区、环渤海地区等。地区物流系统对于提高该地区企业物流活动的效率，以及保障当地居民的生活福利环境，具有不可缺少的作用。

2. 国内物流

国家或相当于国家的实体，是拥有自己的领土和领空的政治经济实体。它所制定的各项计划、法令政策都应该是为其自身的整体利益服务的。国家整体物流系统化的推进，必须发挥政府的行政作用，具体说有以下几方面：

（1）物流基础设施的建设，如公路、高速公路、港口、机场、铁道的建设，以及大型物流基地的配置等。

（2）制定各种交通政策法规，例如铁道运输、卡车运输、海运、空运的价格规定，以及税收标准等。

（3）与物流活动有关的各种设施、装置、机械的标准化，这是提高全国物流系统运行效率的必经之路。

（4）物流新技术的开发、引进和物流技术专门人才的培养。

3. 国际物流

当前是网络时代，世界的发展主流是经济全球化，国家与国家之间的经济交流越来越强化，任何国家不投身于国际经济大协作的交流之中，本国的经济技术就得不到良好的发展。工业生产也走向社会化和国际化，跨国公司在世界经济中的影响越来越大，一个企业的经济活动范围可以遍布各大洲。国家之间的原材料与产品的流通越来越发达，因此，国际物流的研究已成为物流研究的一个重要分支。

（三）按照物流系统性质分类

1. 社会物流

社会物流一般指流通领域所发生的物流，是全社会物流的整体，所以有人称之为大物流或宏观物流。社会物流的一个标志是：它是伴随商业活动（贸易）发生的，也就是说物流过程和所有权的更迭是相关的。

就物流科学的整体而言，可以认为主要研究对象是社会物流。社会物资流通网络是国民经济的命脉，流通网络分布的合理性、渠道是否畅通至关重要。必须进行科学管理和有效控制，采用先进的技术手段，保证高效率、低成本运行，这样做可以带来巨大的经济效益和社会效益。物流科学对国民经济的重大影响是物流科学受到高度重视的主要原因。

2. 行业物流

同一行业中的企业是市场上的竞争对手，但是在物流领域中常常互相协作，共同促进行业物流系统的合理化。例如日本的建设机械行业，提出行业物流系统化的具体内容有：各种运输手段的有效利用；建设共同的零部件仓库，实行集中配送；建立新旧设备及零部件的共同流通中心；建立技术中心，共同培训操作人员和维修人员；统一建设机械的规格等。又如在大量消费品方面采用统一传票，统一商品规格，统一政策法规，统一托盘规格，陈列柜和包装模数化等。行业物流系统化的结果，使参与的各个企业都得到相应的利益。各个行业的协会或学会应该把行业物流作为重要的研究课题之一。

3. 企业物流

企业是为社会提供产品或服务的一个经济实体。一个工厂要购进原材料，经过若干工序的加工，形成产品销售出去。一个运输公司要按客户要求将货物输送到指定地点。在企业经营范围内由生产或服务活动所形成的物流系统称为企业物流。

【案例 10-1】

和平岛公路货物集散中心是连接东京和日本其他地区的中转基地。它为 40 多家运输企业所租用，有 1516 个中转点，遍及整个日本的各中小城镇，形成一个全国性的运输网络。中心将长途运输卡车来回双程运输与市内短途运输、铁路、港口和空运衔接，形成一个高效的全国运输体系。

集散中心基地面积为 22.3 万平方米，商品年处理量达 200 万吨。该中心还建造了一幢 1500 平方米的管理兼宿舍楼，提供全方位服务。

货物集散中心具有以下功能：(1) 将东京运往其他地区的货物集零为整，成批成车地发运出去；(2) 将其他地区进入东京的货物化整为零，分方向、分地区运到市区各客户手中；(3) 将运输、集散、中转、储存、配送等功能结合起来，实现了物流的集约化；(4) 开展国际集装箱海、陆、空综合运输及中转；(5) 提供订货、储存、运输、销售的信息服务；(6) 给到达、通过的货运车辆提供维修、加油等服务；(7) 提供配载、合装整车的服务，最大限度地提高运输里程利用率、降低车辆空驶率。

公路货物集散中心大大缓解了东京交通的混乱、道路的拥挤，改善了城市的功能。各地规模巨大的流通基地和海港均由政府统一开发，分由私营企业投资经营。在工业生产发达的城市，以及交通枢纽要道和物资集散地，由政府统筹规划、全面安排和积极扶植，建设区域性的流通基地，是日本实现物流现代化的重要举措之一。

第二节　企业物流规划

一、企业物流规划的指导原则

所谓物流规划，就是把物流系统的各个子系统联系起来作为一个大系统进行整体的设计和管理，以形成最佳的结构、最好的配合，充分发挥其系统功能和效率，实现整体物流系统运行合理化和物流系统化的总目标。企业物流规划有以下指导原则：

（一）客户服务驱动与改进服务目标

一般说来，物流服务与成本的关系有下述四个方面：

（1）在物流服务水平不变的前提下，降低成本。即在实现既定服务水平的条件下，通过不断降低成本来追求物流系统的改善。

（2）为提高物流服务水平，不得不增加物流成本。这是许多企业提高物流服务水平的做法。

（3）积极的物流成本对策，即在成本不变的前提下提高服务水平。在给定成本的条件下提高服务质量，这是一种追求效益的办法，也是一种有效地利用物流成本性能的办法。

（4）在降低物流成本的同时，实现较高的物流服务水平。这是增加效益的、具有战略意义的做法。

改进服务战略认为，企业收入取决于企业所提供的客户服务水平。尽管改进客户服务水平将大幅度提高成本，但由于顾客满意度的极大提高所带来的企业收入的增加可能会超过成本的上涨幅度。在当今买方市场的情况下，市场竞争日益激烈，大家都在想尽一切办法去降低成本，可以说物流系统成本压缩的空间在不断减少；而改进服务目标战略另辟蹊径，从提高对于客户的服务水平着手，既符合“顾客至上”的企业理念，又避免出现与竞争对手的正面价格战而带来的两败俱伤局面。

（二）减少固定投资与降低营运成本

减少投资是指改进服务战略的实施目标是使系统的总投资最小化，其出发点是投资回报最大化。与高额投资的战略相比，这些战略虽然可能导致可变成本的增加，但投资回报率得以提高。

降低成本是指在保持一定的客户服务水平的条件下，尽量将系统总成本降到最低。通常需要评价各备选的行动方案，例如，在不同的仓库选址、库存决策方案中进行选择或在不同的运输方式中进行选择，以形成最佳战略。在社会分工不断细化的物流领域，物流的重要目标是消灭库存，把从起运地到目的地之间的所有运行工具和技术都充分利用起来，实现最短送达方案，包括路途最短、时间最短和费用最低的综合目标。企业内部的物流体系则要帮助企业实现即时生产，减少企业的库存成本和费用。

系统总成本最优是一条永恒的原则。企业物流管理在操作层面上出现的许多问题皆是因为公司系统没有把某项具体决策的所有影响都考虑进去，包括直接和间接的影响。在某个领域内所作的决策常常会在其他的领域产生出乎意料的后果。例如：关于产品运输政策的调整，可能会影响产品库存持有成本；产品外包装设计的改变会对运输成本和产品的运输、保管质量维护等产生直接的影响。同样，以提高生产效率为目的的生产进度的改变会导致产成品库存的波动，从而影响到客户服务。

二、企业物流规划的有关内容

企业物流系统是一个包括众多子系统的复杂机体，其中主要有订单处理、运输、仓储、预测、采购与供应以及选址问题等。确定客户服务目标、库存规划、运输规划、物流设施选址、信息系统规划、多样化分拨是物流规划的主要内容，因为这些决策都会影响到供应链各企业的赢利能力、现金流量和投资回报率。

（一）确定客户服务水平

确定客户服务水平是企业物流系统规划的首要任务，企业提供的客户服务水平比任何其他因素对系统设计的影响都大。服务水平的高低，直接影响到物流成本的大小，进而影响到物流各阶段的服务方式以及服务质量的高低。显然，服务水平过低或过高都不利于系统的总体效率发挥。过低的服务水平满足不了用户要求，过高的服务水平则会带来较高的物流成本。

在当今消费者占主导的客户经济时代，客户服务驱动原则要求企业在进行内部供应链物流规划设计时应以客户为中心，站在客户的立场看问题，而不是以自我为中心，以产品为中心。要给客户提供时间、地点和交易上的方便，尽可能增大产品或服务的额外附加价值，从而提高客户的满意度和忠诚度。理想的企业物流系统应该遵循以下设计思路：识别客户的服务需求→定义客户服务目标→设计供应链物流管理系统。

（二）物流设施选址

物流设施选址，必须把握两个方面的问题：一是要考虑选址的环境。如既要考虑运输费用，又要考虑自然环境、经营环境和基础设施等。二是要把握选址方法，目前主要有数学模型、模糊评价法和层次分析法。物流设施选址主要确定设施的数量、地理位置、规模，并分配各设施所服务的市场范围。良好的物流设施选址规划还应考虑所有产品的移动过程及相关成本，包括从工厂、供货商经中途库存点后到达客户所在地的产品移动过程及成本。如果是通过不同的渠道来满足客户要求，如直接由工厂供货、供货商供货、经选定的库存点供货等，则会影响总的分拨成本。寻求成本最低的需求分配方案或利润最高的需求分配方案是选址规划战略的核心所在。

（三）库存与运输规划

库存规划是指库存管理方式，即将库存分配到存储点与通过补货自动拉动库存，代表两种不同的战略。其他方面的决策内容还包括：产品系列中的不同品种分别选在工厂、地区性仓库和基层仓库存放，以及运用各种方法来管理永久性存货的库存水平。

运输规划战略包括运输方式、运输批量和运输时间以及路线的选择。这些决策受仓库与客户以及仓库与工厂之间距离的影响，反过来又会影响仓库选址决策。库存水平也会通过影响运输批量影响运输决策。

（四）物流标准化及信息系统的规划、设计

物流中的标准化可以通过可替换的零备件、模块化的产品设计和生产以及给同样产品贴上不同品牌的标签等而实现，这样可以有效控制供应渠道中必须处理的零备件、供给品和原材料的种类。例如在彩电产品的新品设计中，如尽量做到零备件标准化，可大大降低材料的采购成本和库存成本。

随着企业业务规模的日益增大，企业必须将物流信息化纳入企业战略规划范畴。从某种程度上来说，当前 MRP Ⅱ 系统、ERP 系统、DRP 系统、SCM 系统的规划等最初都是围绕企业的物流活动做文章，目的是使企业物流、商流、资金流和信息流能协调统一，提高各“流”的流动效率和质量。

（五）多样化分拨战略实施的规划

主要包括以下几方面内容：（1）在同一产品系列中实施多种分拨；（2）提高企业资源的使用柔性；（3）实施分拨整合。

【案例 10-2】

伊藤洋华堂在完成“滞销商品的排除”、“POS 系统的导入与进货管理”业务革新之后，便开始第三次业务革新——利用共同配送推进物流革新。

应当讲，POS系统的导入对整个商品流通链产生了深远的影响。如果说第一次业务革新只是局限在伊藤洋华堂企业内部的话，那么第二次业务革新已经波及了企业外部，所以，随着第二次业务革新的发展，尤其是差错配送的降低和商品配送小单位化，一场新的物流革命正酝酿之中，这就是“窗口批发制”的导入。窗口批发制是商品共同配送或物流管理的一种形式，它是指零售企业按地域指定几家批发企业作为自己的对口批发企业或物流中心，其他批发企业向零售企业发的货都先送到指定批发商处，由它们进行各种物流作业后，再集中配送到零售企业店铺。随着商品经营多品种、少量化的发展，商品配送的次数日益增加，这无疑大大增加了相应的物流费用，加大了各批发企业或生产商的负担，同时，也对伊藤洋华堂产生了影响。因为批发商为了尽量减轻物流费用高涨对其产生的压力，只有相应地提高批发价格，这又在某种程度上削弱了零售企业的竞争优势，而集中化的物流能够避免以上问题，能有效地发挥物流管理的规模效益。正是基于这种想法，伊藤洋华堂决定开展第三次业务革新，推动窗口批发制的实施。

第三节　物流组织与控制

物流组织一般是指以物流经营和管理活动为核心内容的实体性组织，从广义上讲它可以是企业内部的物流管理和运作部门、企业间的物流联盟组织，也可以是从事物流及其中介服务的部门、企业以及政府物流管理机构。现代物流的实施和运行，不会是自发的，它必然要通过组织方式予以管理和推进，同时还要接受不同层次的控制和协调，这有些是通常的企业管理问题，有些是物流这种形态所需要的特殊管理形式。相比传统的分散的物流功能，物流功能系统化形成综合的、一体的物流活动之后，便显现了物流的奇特优势。

一、社会物流活动的管理——物流联盟

企业内部物流管理的最高阶段，是建立在信息化基础上的物流过程一体化。同样的做法扩展到社会，超越一个企业所形成的体制大体有三种形式：(1) 企业按照物流过程一体化的方法，将这种管理延伸到社会的物流全程；(2) 企业将物流业务外包，利用第三方物流；(3) 建立物流联盟。

物流联盟是为了达到比单独从事物流活动所取得的更好效果，企业间形成的相互信任、共担风险、共享收益的物流伙伴关系。狭义的物流联盟存在于非物流企业之间，广义的物流联盟包括第三方物流。在现代物流中，是否组建物

流联盟，作为企业物流战略的决策之一，其重要性是不言而喻的。

物流联盟的形成相关物流活动的主要参与者或者若干主要参与者共同发起，联盟的参与企业应当有以下可以合作的前提条件：共同的、战略性的发展意图，共同的利益，不同的、互为补充的核心竞争能力，妥协性和相容性。

二、物流协作管理

企业的物流需求不可能完全由自己来满足，外包、合作、购买物流服务是经常要做的事情，而前提条件是协议与合同。

在物流领域，国家对许多传统物流过程的合同管理都有所规定，在《合同法》中对于保管合同、联合运输合同、仓储合同都有明确的规定。

对于新兴的物流活动，例如第三方物流、供应链物流等，由于业务外包比较彻底，同时，供应链又需要很多企业协作，管理的复杂程度超过一般的物流运作，因此，通过协议和合同事先约定相关事宜，就显得更为重要。实际上，在物流远程化的今天，合同成了保证物流的法律手段。从某种意义来讲，第三方物流之所以能够作为一种主要的物流业态，供应链之所以可以运作成功，除了物流工程系统、物流信息系统和新的管理思想以外，主要依托力量就是合同。

（一）运输合同

运输合同是承运人将旅客或者货物从起运地点运输到约定地点，旅客、托运人或者收货人支付票款或者运输费用的合同。运输合同依据不同的标准可以划分为不同的种类。以运输的客体为划分标准，可以分为货物运输合同和旅客运输合同；以运输方式为划分标准，可以分为单一运输合同和联合运输合同。运输合同有以下几个特点：(1) 当事人是货主和承运人双方。(2) 运输合同是双务有偿合同，作为当事人的双方互相承担义务，所承担的义务根据合同规定。(3) 国家提供基础平台的运输领域，运输合同有国家规定的标准合同。这种合同采用“国民待遇”，一般不对一部分客户提供增值服务。当事人只有在承认和接受要约邀请的前提下，确立合同。(4) 对于构成国家物流平台一部分的运输部门，作为向社会公众提供服务的货物运输，一般都明示合同文本，在具体办理运输事宜时，不再单独签约，而以货运单据作为双方承担义务的约定文件。(5) 如果承运人是一般运输企业，如第三方物流企业，运输合同的确立则需要进行协商、谈判，双方共同约定协议条款。

（二）权利和义务

物流领域的合同和其他运输领域的不同在于，合同的标的往往很大，因此容易出现经济责任和其他责任的问题，承运人和当事人双方对于这种责任问题都非常关注。因此，在货运合同中要特别认定合同当事人的权利和义务，以保证合同的履行。需要提出的是，不同运输方式，例如铁路运输、公路运输、远洋海运、航空货运等，都有根据自身运输方式的特点所制定的特殊条款，在具体涉及这些领域的管理时，应当认知这些特殊的条款。

（三）仓储合同

1. 仓储合同的含义

仓储合同中包含储存和保管两部分合同内容。仓储合同是保管人储存存货人交付的仓储物，存货人支付仓储费用的合同。随着我国仓库行业大量从自有仓库向营业性仓库转变，这种经济交往的数量日益增大，仓储合同也是物流领域的重要合同项目。

2. 仓储合同的特点

仓储合同是提供劳务的合同，仓储责任人向存货人提供设备、人力、设施的服务，并取得相应的费用。在仓储活动中，保管是其中主要的劳务费支出领域。仓储合同所涉及的合同对象，大多是工业企业、事业单位的大宗货物，和一般保管合同不同，一般保管合同的储存对象是日常生活中的小型物品，如旅行包等，所以，一般而言，仓储合同的标的量都比较大。仓储合同的对象物是动产，不动产不包含在内。仓储合同属于诺成性合同。当合同成立便生效，不管货主是否将货物实际储存到仓库之中。

三、物流的绩效评价

（一）物流绩效评价的特殊性

物流活动具有复杂性，且物流活动是商业活动和其他活动的派生物，又具有远程性和服务性，因此，其结构不但复杂，而且不稳定，系统很难具有恒定性。在物流领域中业务比较稳定的仓库管理领域，尽管公认是绩效评价比较易于贯彻的领域，但是，仓库管理的对象也经常发生变化，流量的稳定性远比工业生产的差，因此，物流过程绩效评价很难像工业生产绩效评价那样达到事先控制的目的，这些特殊原因使物流领域不可能完全搬用工业绩效评价的方法。

（二）绩效评价的目的

物流绩效评价的目的在于，通过物流绩效评价系统，对物流作业进行监督、控制和指挥，以达到物流资源（人力、设施、装备、资金）有效的、合理的配置并且向客户提供达到或者超过协议服务水平的有效服务。

（三）物流绩效评价内容

主要包括：

(1) 合理划分责任中心，明确规定权责范围。

(2) 编制责任预算，明确各物流责任中心的业绩考核标准。

(3) 区分每个责任中心的可控与不可控费用。

(4) 建立健全严密的记录、报告系统。

(5) 制定合理而有效的奖惩制度。

(6) 定期编制业绩报告。

（四）物流绩效评价方法

物流绩效评价可以分成单项的、基础的、基本业务绩效评价和总体物流活动的绩效评价两类。

这两类评价方法有很大的不同，前者可以通过财务数据、计算数据、测定数据取得评价结果，比较容易量化；后者较多采取投入产出方法、价值工程方法、方案比较方法和其他模糊分析的方法，取得比较的结果。

1. 基本业务绩效评价

基本业务往往通过以下指标进行绩效的判定：

(1) 时间指标，例如货单处理时间、入库时间、出库时间、信息查询时间、答复及回文时间、等待时间、装卸时间、在途时间、结算时间、配送时间、资金周转时间、库存周转时间、返款时间以及差错处理时间等。

(2) 工作水平指标，例如差错率、损毁率、缺货率、准确率、资源利用率等。

(3) 成本指标，例如单位成本、人力成本、资源成本、各种费用支出、成本增减、成本占用比例、实际损失及机会损失等。

(4) 资源指标，例如原料消耗、燃料消耗、能源消耗（在物流领域主要是油耗）、材料消耗、人力消耗、设备占用、工具消耗等。

2. 总体物流活动的绩效评价

(1) 内部评价。对总体物流活动，物流企业必须做出自己的内部评价，以做到心中有数。内部评价是本身的一种基础性的评价，根据内部评价才可以确认对客户的服务水平、服务能力和满足服务客户要求的最大限度，做到既不失去客户，又不因为过分满足客户的要求而损害企业的利益。内部评价是建立在基本业务绩效评价的基础之上的，以此为基础，把物流系统作为一个“黑箱”，进行投入产出分析，从而可以确认系统总体的能力、水平和有效性。

（2）外部评价。对物流总体的外部评价，应当具有客观性，采用的主要方法有两个：一个是顾客评价，可以采用调查问卷、专家系统、顾客座谈会等方式进行这种评价；也可以采取选择模拟的或者实际的“标杆”进行对照、对比性的评价采用计算机模拟技术，用虚拟现实的方法，可以有效对物流系统的总体做出准确的绩效评价。

【案例 10-3】

IBM 过去倾向于根据库存来生产计算机，由于其制造的产品型号繁多，常常发现在有的地区存储的产品不合适，丧失了销售时机。计算机业面临的另一个问题是技术上的日新月异，这意味着库存会很快过时，造成浪费。为解决这些问题，IBM 和其他众多计算机厂商正在改变其供应链，使之能够适应急剧变化的市场环境。

通过实施供应链管理，IBM 生产的盲目性得到了避免，完整的欧洲区供应链管理系统所带来的益处是：帮助 IBM 随时掌握顾客的真正需求，并按照订单制造、交货，没有生产效率的损失；能全面掌握所有供应商的详细情况；合理规划异地库存的最佳水平；合理安排生产数量、时间以及运输等问题；合理调整公司的广告策略和价格政策；进行网上订货和电子贸易；可随时把电脑的动态信息告诉每一位想了解的顾客；减少了工业垃圾和制造过程对环境的破坏。

【复习思考题】

1. 你认为物流管理的任务是什么？它应该包括哪些内容？

2. 什么是企业物流？什么是社会物流？你认为应该怎样划分？

3. 什么是物流系统？你认为企业物流规划应包括哪些内容？如何组织实施？

4. 结合物流系统的结构特点，分析电子商务给物流带来的机遇和挑战。

5. 实施供应链物流管理的方法有哪些？你认为实施供应链管理应考虑哪些问题？

6. 什么是物流协作管理？怎样对物流绩效进行评价？

【本章案例】

海尔“一流三网”与“三个零”

海尔特色物流管理的“一流三网”与“三个零”充分体现了现代物流的

特征:

“一流”是以订单信息流为中心。

“三网”分别是全球供应链资源网络、全球用户资源网络和计算机信息网络。“三网”同步运动，为订单信息流的增值提供支持。

“三个零”就是零库存、零距离、零营运资本。

“零库存”即三个JIT（Just In Time，即时）——JIT采购、JIT配送和JIT分拨物流。现在海尔的仓库已经不叫仓库了，它只是一个配送中心，是为了下道工序配送而暂存的一个地方。由于物流技术和计算机信息管理的支持，海尔物流通过三个JIT实现同步流程。目前通过海尔的BBP采购平台，所有的供应商均在网上接受订单，并通过网上查询计划与库存，及时补货，实现JIT采购；货物入库后，物流部门可根据次日的生产计划利用ERP信息系统进行配料，同时根据看板管理4小时送料到工位，实现JIT配送；生产部门按照B to B、B to C订单的要求完成订单以后，满足用户个性化需求的定制产品通过海尔全球配送网络送达用户手中。目前海尔在中心城市实现8小时配送到位，区域内24小时配送到位，全国平均4.5天到位。

“零距离”指根据用户的需求，拿到用户的订单，再以最快的速度满足用户的需求。现在海尔的生产过程和生产线都是围绕订单来进行生产的。海尔在全国有42个配送中心。这些配送中心可以把产品及时地配送到用户手里。零距离对企业来讲，不仅意味着产品不需要积压，赶快送到用户手中，它还赋予海尔不断获取新的市场、创造新市场的能力。

“零营运资本”指零流动资金占用。简单地说，在给供应商付款之前，海尔就可以先把用户的应付货款收回来。其原因在于海尔根据用户的订单来制造，可以做到现款现货。

海尔总裁张瑞敏认为:“对海尔来讲，物流可以使我们寻求和获得核心竞争力。一只手抓住了用户的需求，另一只手抓住了可以满足用户需求的全球供应链，把这两种能力结合在一起，这就是企业的核心竞争力。”

案例思考题

1. 为什么说对海尔来讲，物流可以使其获得核心竞争力？

2. 海尔的“一流三网”与“三个零”给我们的启示是什么？

第十一章 人力资源开发与管理

【教学目的与要求】 明确人力资源开发的特点及分类；熟悉人力资源管理的规范；掌握员工招聘的主要方法；正确认识员工培训的意义及过程；熟悉员工培训的方法；掌握绩效评估的模式及评价方法。

当今企业的竞争，是人才的竞争，更是优秀人才的竞争。谁拥有高素质的人才，谁拥有丰富的人力资本，谁能进行高水平的人力资源管理，谁就能在21世纪的竞争中处于战略主动地位。本章重点讲述人力资源开发与管理的一般理论，以及人力资源开发与管理的基本程序。

第一节 人力资源规划

一、人力资源的概念及特点

“人力资源”这一概念是由当代著名的管理学家德鲁克于1954年在其《管理的实践》一书中首次提出的。他认为人力资源拥有当前其他资源所没有的素质，即“协调能力、融合能力、判断力和想象力”，人力资源具有自我利用的特性。1965年雷蒙德·迈勒斯（Raymond E. Miles）建议在管理中用人力资源来代替员工的概念。自此“人力资源”这一概念引起学者和管理人员的注意。

人力资源有广义和狭义之分，广义的人力资源认为智力正常的人都是人力资源。狭义的人力资源概念有以下几种说法：

（1）人力资源是指一个国家或地区有劳动能力的人的总和。

（2）人力资源是指具有智力或体力劳动能力的人们的总和。

（3）人力资源是指一切具有为社会创造物质文化财富，为社会提供劳务和服务的人。

（4）人力资源是指包含在人体内的一种生产能力。如果这种生产能力没有发挥出来，这就是潜在的劳动生产能力；如果发挥出来，它就变成了现实的劳动生产力。

因此可以说，所谓人力资源，是指存在于人身上的社会财富的创造力，是人类可用于生产产品或提供服务的体力、技能和知识的总和。

人力资源与其他资源相比，具有以下特点：

（一）支配性

人类是各种资源利用的主体，人力资源具有对其他资源的支配性。在人与自然的关系中，人是具有主观能动性的因素，人类的生产实践活动是有目的、有意识的活动，人类是在充分利用各种自然资源和社会资源的基础上不断向前发展的，而自然资源则只能被动地适应环境的变化。

（二）自控性

人力资源的利用由人自身控制，积极性的高低调节着人的作用的发挥程度，其他资源的利用程度具有完全的他控性。

（三）成长性

自然资源、资本、信息一般来说只有客观限定的价值，而人的创造力可以通过培训及实践经验的积累而不断成长。

（四）社会性

人类劳动以结合的方式进行，个人创造力受社会关系、文化气氛的影响和制约，其他资源的利用则不存在这个问题。

（五）再生性和时效性

自然资源经开发、利用，其数量会逐渐减少，而人力资源经过再生产活动，通过劳动力的再生产具有再生性。从个体来看，个人具有生命周期，作为生物有机体，能够从事劳动的时间被限定在其生命周期的某一时段，人力资源不像其他资源那样可以储存，它具有时效性。

二、人力资源规划的内容

人力资源规划是指为实施企业的人力资源战略，企业根据内外环境的变化，进行人力资源供需预测，确定目标和政策，有计划地通过内部培养或外部招聘等方法为企业的发展提供各类人才，以满足企业经营发展需要的过程。

人力资源规划一般包括两个层次：总体规划和业务规划。人力资源总体规划是指在规划期内人力资源管理和开发的总目标、总政策、实施步骤以及预算的安排。各项业务计划是人力资源总体规划的展开和深化，它包括人员补充规划、培训开发规划、人员分配规划、人员晋升规划、工资奖励规划、劳资关系规划、退休解聘规划等内容。

三、人力资源规划的程序

人力资源规划工作主要包括以下几个步骤。

(一) 人力资源规划的供求预测

人力资源规划的供求预测包括供给预测和需求预测。供给预测包括两方面：一是内部人员拥有量预测；二是外部供给量预测。企业在进行人力资源预测时，应把重点放在内部人员拥有量的预测上，外部拥有量的预测则着重于关键人员，如高级管理人员、专业技术人员等。人力资源的供需预测是一项技术性较强的工作，其准确程度直接决定规划的有效性。因此，除了方法的正确选择外，对预测人员素质、业务能力和经验的选择性也很高。

(二) 确定人力资源的净需求

在企业员工未来供给和需求预测的数据基础上，将本企业人力资源需求的预测数与在同期内企业本身可供给的人力资源预测数进行对比分析，就可以计算出各类人员的"净需求"。净需求是正数，则表明企业这类人员欠缺，需要通过招聘、企业内部晋升、调配等方式进行补充；净需求是负数，则表明企业在这方面人员出现过剩，需要采取裁员、缩短劳动时间等方式进行精简。

(三) 制定人力资源规划

根据企业战略目标、人力资源战略目标以及本企业员工的净需求量，可以制定出人力资源的规划。不同的供需预测结果，需要制定不同的人力资源总体规划以及相应的业务计划。

(四) 人力资源规划的实施与评估

该阶段作为人力资源规划的实际操作过程，要注意协调好各部门、各环节的关系。在实施人力资源规划的同时，要进行定期和不定期的评估与审核的理由如下：

(1) 通过人力资源规划的评估和审核工作，可以对规划的执行者造成一定的压力，防止规划的实施流于形式。

(2) 在评估和审核过程中，可以广泛听取企业员工对人力资源管理工作的意见和建议，有利于人力资源规划内容的不断完善。

(3) 人力资源规划是一个长久持续的动态过程。依据企业内外因素的不断变化，对企业人力资源战略以及人力资源规划及时评估和修改，有利于适应变化了的环境。

在评估审核的方法上，可以采用目标对照审核法，即以原定目标为标准进行逐项的评估审核；也可以采用广泛搜集并分析研究有关数据的方法，如某一时段各种人员的流动情况、员工的生产积极性等。为确保评估结果的公正有效，进行评估审核的人员可以是规划执行者的上级或同级，但不能是规划执行者本人或其下级。

【案例 11-1】

信达公司是香港速递行业的领袖，是全球速递公司 IDG 在香港的子公司。公司在官方文件递送市场上也居于领导地位。信达公司最成功的实践之一是人力资源计划（MP）。人力资源部门开发该计划的主要原因是人力成本是公司仅次于航运成本的第二大成本项目，MP 能控制支出并最大限度地促进收入增长。信达公司的 MP 是一个综合的、互动的过程，从高级经理（top manager）到主管层（supervisory level）都参与其中。它总共包括三个阶段：第一阶段：企业计划。首先，市场部根据历史因素、总部战略、市场调查情况等提出公司的战略，并提交给由不同职能经理组成的高级管理小组，人力资源主管也是这个小组中的一员。然后，职能经理们开始共同讨论企业战略对各部门职能的影响。第二阶段：一系列的专门小组会议。各部门经理向专门小组汇报他们部门的人力计划、培训计划、资本支出、IT 设备计划。因为它们直接或间接地影响到人力资源和培训资源的安排。第三阶段：行动计划。内容包括：（1）各单位、部门的人数；（2）加班时间；（3）预计人员流动；（4）激励计划；（5）培训计划。

董事长赖先生把信达公司的人力资源哲学阐述为："影响人的思想，将人力资源责任交给一线。"经过 5 年的运行，合作关系已经在经理们中间建立起来。

资料来源：赵曙明．人力资源管理案例点评．杭州：浙江人民出版社，2003.

第二节　员工招聘与选拔

企业在人力资源规划的基础上，确定了人力资源的基本状况、供求差异，然后可以通过不同的途径来招聘员工，以满足企业对人力资源的需求。

一、招聘选拔的原则

在招聘选拔过程中，应坚持以下原则：

（一）明确录用标准的原则

在招聘以前应根据职位空缺，拟定录用人员的素质要求，包括任职所需要的生理、心理、道德、知识、能力等方面的录用标准，使招聘选拔有客观依据。

（二）公开公正的原则

应将招聘职位、人数、资格条件及选聘程序公诸于众，以便扩大人才来源和便于公众监督。招聘时应对应聘者一视同仁，以同样尺度和方法衡量是否合格，不应出现种族、性别歧视和考虑关系亲疏，保证选拔的公正性。

（三）竞争择优的原则

在多人应聘某一职位的情况下，应通过考试、答辩、游戏等竞争方式比较应聘者，以综合素质水平择优录用。

（四）经济高效原则

招聘范围要恰当，招聘方法要科学，在保证招聘质量的同时，努力降低招聘费用。同时招聘前要做好准备工作，在招聘过程中提高效率，招聘到所需的人才。

（五）内部人优先原则

职位出现空缺，既可以在企业内部调剂提升，也可以面向社会招聘，应确定在同等条件下，以内部人优先的原则。

二、员工招聘的过程

企业招聘员工的过程一般可以分为以下几个步骤：

(1) 了解招聘需求。它包括内部条件分析、外部环境分析。

招聘的内部条件主要有人力资源招聘计划和组织的内部提升政策。人力资源计划是有助于招聘的一个重要内部条件。一般而言，组织可以着重于一种从内部提升的政策或一种从外部组织中填补职位的政策。这两种方法都有其优点，要视具体的情况而定。

招聘的外部环境分析主要是指劳动力市场分析。在劳动力市场上，专业技术人才的需求和供给特别重要。当某一组织的劳动力市场失业率很高时，企业的招聘过程就比较简单了。相反，随着失业率的下降，企业就必须对招聘工作付出更多的努力，并开辟新的招聘来源。公司的企业形象也是影响招聘的一个重要因素。如果员工对公司有信心，这有助于建立与未来员工之间的相互信任，并会吸引更多和更好的合格申请者来公司求职，招聘成功的可能性也大大增加。

（2）确定招聘目标。招聘目标包括职务岗位、任职资格、招聘范围。

（3）招聘准备。包括招聘标准、招聘计划、招聘工具、招聘渠道选择。

（4）招聘实施。包括信息发布、考核方式、体检、录用等。

（5）实现组织目标。企业通过招聘一系列活动，招聘到所需的员工。

三、员工招聘方式

为了选拔合适的员工，企业往往要对应聘者进行考察和评价，目前国内外的招聘方法有许多，组织中的员工招聘一般可分为内部征召和外部招聘两种方式。

（一）内部征召

内部征召是指吸引现在正在组织中任职的员工填补组织空缺职位的一种方式。严格来说，内部征召不属于人力资源吸纳的范畴，但它又确实是组织中重要员工的征召来源，特别是对于组织的管理职位来说是最重要的来源，如在美国有抽样调查资料显示，90%的管理职位是由内部征召来填补的。

1. 内部征召的方式

（1）内部提升。指组织中有些比较重要的岗位需要招聘人员时，让组织内部符合条件的员工从一个较低级职位晋升到一个较高级职位的过程。

（2）职位转换。指组织空缺的岗位与现有员工的岗位层次相同或较低而要将现有员工补充到空缺岗位的过程。

2. 内部征招的方法

内部征招的方法有两种：一是工作公告，它是一种向员工通报现有工作空缺的方法。工作公告一般要列出工作的特性，如资格要求、主管人员姓名、工作时间表、薪资等级等。二是工作投标，它是一种允许那些自认为具备所需资格的员工申请公告中的工作的自荐技术。

3. 内部征召的优缺点比较

内部征召的优点有：首先，对员工具有激励作用，有助于提高员工的工作绩效和士气；其次，由于组织对员工的技能、才能了解比较清楚，所以能够较好地实现人适其职；再次，增强内部候选人对组织目标的认同感，并且更不容易辞职；最后，可以节约大量的征召广告费和筛选录用方面的相关费用，以及部分培训费用。

内部征召的不足有：容易使提出申请但没有得到职位的员工失望，以及引起忌妒、攀比等心理问题。如果从内部征召的人被证明是不适合新的职位，组织会面临比较尴尬的局面。内部征召最大的问题是容易导致"近亲繁殖"。

（二）外部招聘

外部招聘是指组织从外部寻找、吸引求职者以填补空缺职位的过程。特别是当组织需要大量人员补充时，主要通过外部招聘来解决。外部招聘的主要方式有：

1. 自荐

没有通过预约就进入组织的人事部门或招聘现场的职位申请者就是自荐的应聘者。一般来说，一些大型的、知名度高的组织或公司，常常会有许多这样的自荐者。在所有的外部招聘来源中，自荐是招聘成本最低的。

2. 员工引荐

员工引荐是指组织的员工从他们的朋友或相关的人中引荐求职者。这种方法的优点是组织和应聘者双方能迅速了解，从而节约部分招聘费用。但采用这种方式招聘员工容易掺杂人情关系，且录用后，如果新员工不能令组织满意，辞退却很不容易。

3. 广告招聘

广告招聘是指组织通过广播、报纸、电视和行业出版物等媒体对空缺职位进行广告招聘。这种方法通常能够吸引大量的应聘者，是组织招聘常用的一种方式。它的优点是信息面影响广，能够吸引较多的应聘者，可以减少应聘的盲目性，优秀的招聘广告是对企业形象的有效宣传。缺点是广告费昂贵，应聘者较多，造成招聘费用增加。

4. 就业机构介绍

就业机构指各种职业介绍所、人才交流中心等。利用这一方式招聘的优点是：应聘者面广；录用后员工很难形成裙带关系；招聘时间短。不足之处是：由于对应聘者了解不够，不易选到合适的人员。根据国内外的经验，寻求职业介绍机构帮助的求职者主要是工人和一般办事员，而专业技术人员一般难以聘到。另外，由于这些机构要收取中介费，尤其是私人职业介绍机构收费较高，所以会增加招聘成本。

5. 专职猎头机构

在发达国家，专门为组织招聘高级管理人才或重要的专门人才的私人就业机构被称为“猎头公司”。在我国，“猎头公司”在招聘高级管理人才方面占有一席之地。这些公司一般进行两项业务：一类是针对需要人的组织进行的；另一类是针对需要工作的个人进行的。这种方法的优点是为企业寻找高级管理人才节省了时间，缺陷是费用高，对于工作候选人来说，如果猎头公司不注意保密，很可能在时机不成熟时，使候选人名声败落。

6. 校园招聘

校园招聘是企业获得潜在管理人员以及专业雇员和技术雇员的一条重要途径。它的优点是在较短的时间内能吸引大量有一定素质的应聘者。不足之处是大多数人没有实践经验，增加了企业培训成本，许多毕业生在刚进入劳动力市场时有多种选择意向，招聘到公司以后短期内流失率较高。

7. 网络招聘

随着计算机网络的逐步普及，许多企业利用网络来招聘人才。企业可通过交纳一定的费用，利用专业的网络数据库来广泛地搜寻人才，从而招聘到合适的人选。其优点是节约时间，成本较低，获得的信息量大。

四、企业招聘方法

企业招聘方法较多，一般有以下几种：

（1）加权申请表和自传式调查表。这是针对应聘职务所需要的个人条件和以后工作成就之间的关系制定的特殊测评工具。可根据历史资料或权威机构确定，然后根据应聘者受教育程度打分，将各种影响绩效的因素一一打分后累计，作为比较评价应聘者的依据。

（2）心理测验。通过心理测验，可以判断应聘者的气质、思维敏捷性、特殊才能等。常用的方法有能力测验、人格测验及成就测验。

（3）知识测验。即根据职务对工作人员的知识要求，组织应聘者参加书面考试，这是招聘中最常用的方法。

（4）面试。面试是一种必不可少的检测手段，它在人员选聘中运用较广。尤其是在选聘高级管理人员时，使用较普遍。面试的基础是面对面进行口头信息沟通，效果主要取决于主考者的经验。

（5）评审中心的方法。它是一种标准的评价、选拔管理人员的方法。首先由专家分析某种职位所必需的能力和态度，并设计能够让被试者表现出其能力及态度的测验，在既定的控制条件下进行测试，由一组评审员各自观察并记录被试者的表现，最后综合成评估报告，作为被试者晋升、培训、任用的参考依据。

【案例 11-2】

微软公司靠别出心裁的管理，吸引了一大批富有创造力的人才到微软公司工作，并且微软公司独特的文化氛围，使这些人才留在微软。比尔·盖茨靠什么对这些员工进行有效的管理呢？答案是，微软公司进行人格化管理。具体做法有：(1) 建立电子邮件系统，使职工体验到一种真正的民主气氛。电子邮件是一种最迅速、最方便、最直接、最尊重人性的沟通方式，确保了相互间意见的及时沟通，有利于消除隔阂，统一步调，这是微软公司在人员管理上的一大创造。(2) 无等级的安排。微软公司在公司内部人员关系的处理上强调平等，如平等的办公室、无等级划分的停车场。(3) 宽松的工作氛围。微软公司处心积虑地为职工设想每一个方面，如没有时钟的办公大楼，大家凭良心上下班，加班多少也是自报的；适应西雅图市天气的工作方式，该市经常是阴天，晴天很少，只要是风和日丽，员工们可自由自在地在外面散散心；快乐的周末，每周五晚上举行狂欢舞会是微软公司的传统。比尔·盖茨一直想把这个舞会办得更正式一点，以缓解员工因拼搏或矛盾形成的压力和紧张，增强企业职工的凝聚力和向心力，达到相互沟通、增进理解和友谊的目的。

第三节　员工培训

一、员工培训的意义

员工培训是一种定向教育，它是一项适应实际需要的教育活动。世界知名企业都相当重视职工培训。员工培训，特别是新雇员的培训，一般是围绕工作任务、工作的性质而开展的培训活动。其目的是使员工更快地适应工作环境，学会基本操作，掌握必要的技能。

员工培训是一种终身教育，它要适应科技发展、知识更新的需要。现代科学技术突飞猛进，企业员工只有不断学习，才能跟上形势发展的需要，员工培训需要不断地更新员工的知识结构，更新观念，不断学习新的管理知识和经验。员工培训可以说是一种终身教育，它注重在员工的整个职业生涯阶段开展不同形式的教育。

员工培训是开发智力、培养人才、适应现代企业发展趋势的重要管理活动。企业的人力资源是一种宝贵的财富，企业人力资源的开发对提高企业竞争力、提高管理水平具有重要意义。许多知名企业投入员工培训的经费较多。如IBM、施乐公司、摩托罗拉公司将其雇员工资总额的5% ~10%用于雇员的培训。

二、员工培训的类型

员工培训的类型从不同的角度有着不同形式的划分。在不同形式的类型划分中，我们可以认识员工培训的内容、对象、途径和层次等基本内容。

(一) 知识培训、技能培训、态度培训

从培训的内容来看，常见项目达五十余种，大体可归纳为以下三类：

(1) 知识的培训。通过培训使员工具备完成本职工作所需要的基本知识，了解组织的基本情况，如组织的发展战略、目标、经营状况、规章制度等。

(2) 技能的培训。目标是使员工掌握从事本职工作的必备技能，如操作技能、处理人际关系的技能、谈判技能等，并以此培养、开发职工的潜能。

(3) 态度的培训。通过这方面的培训建立起组织与员工之间的相互信任关系，培养员工对组织的忠诚及积极的工作态度，增强组织观念和团队意识。

(二) 新员工培训、在职在岗培训、在职脱产培训

1. 新员工培训

指对刚进企业、对内外情况生疏的新员工指引方向，使之对新的工作环境、条件、人际关系、应尽职责、规章制度、组织期望有所了解，使其尽快融入组织之中的一系列培训活动。新员工培训的深层意义在于培养员工对组织的归属感，包括对组织从思想上、感情上及心理上产生认同、依附感并投入其中，这些是培训员工对组织责任感的基础。

2. 在职在岗培训

指在工作中直接对员工进行培训，是通过聘请有经验的工人、管理人员或专职教师指导员工边学习边工作的培训方式。在职在岗培训是一种最普遍的培训方式，也是一种比较经济的方式。在职在岗培训不仅使员工获得完成工作所需要的技能，还可以传授给员工其他的技能。

3. 在职脱产培训

指有选择地让部分员工在一段时间内离开原工作岗位，进行专门的业务学习与提高的培训方式。脱产培训花费较高。随着企业人力资本投资比例的增加，组织对员工工作效率的日益重视，在职脱产培训在一些实力雄厚的大型企业和组织严密的机关事业单位得到普遍采用。

(三) 各层次、各职能的培训

1. 各层次培训

这是指对经营及管理的各层次（上、中、下层）和各职能部门员工所进行的培训。

组织中的高层管理人员应具有丰富的工作经验和杰出的才能。因此，对他们的培训主要应达到以下目的：

(1) 使高层管理者能有效地运用自己的经验，发挥自己的才能；

(2) 帮助管理者及时发现和理解组织外部环境与内部条件的变化；

(3) 帮助高层管理者提高和完善工作中的专门技能；

(4) 帮助新上任的高层管理人员迅速了解组织的战略方针，以尽快适应工作。

组织中的中层、基层管理人员在组织整体利益与下属员工利益之间，很容易发生角色冲突和矛盾。在他们担任中层、基层管理职务后，必须通过培训尽快掌握必要的管理技能和工作方法。

专业技术人员和一般员工的培训。专业技术人员培训指对财务人员、工程技术人员等的培训，这类培训对象都有自己的业务范围，掌握着本专业的知识技能。在现代组织中，团队工作方式日益普遍，如果各类专业人员局限于自己的专业领域，彼此之间缺乏沟通与协调，必将妨碍团队的工作。一般员工的培训主要依据工作说明书和工作规范的要求，明确权责界限，掌握必要的工作技能，培养与组织相适应的工作态度与行为习惯，使之有效地完成本职工作。

2. 各职能培训

指对经营及管理的各职能部门（业务、生产、人事、财务、研究开发等）人员所进行的培训，目的是使员工明确各职能部门的职业分工、操作规程、权责范围。它的特点有：(1) 强调培训的专业性；(2) 强调专业知识和技能的层次；(3) 强调培训的适应性和前瞻性。

三、员工培训实施方法

常见的培训实施方法有如下几种：

(1) 讲授法：属于传统的培训方式，主要是由培训者讲授知识，受训者记忆知识，中间穿插一些提问。其优点是运用起来方便，便于培训者控制整个过程，常被用于一些理念性知识的培训。缺点是单向信息传递，反馈效果差，而且效果取决于培训师的演讲水平。

(2) 视听技术法：通过现代视听技术（如利用投影仪、DVD、录像机等设备，利用电影、闭路电视等媒介）对员工进行培训。优点是运用视觉与听觉的感知方式，直观鲜明。但学员的反馈与实践较差，且制作和购买的成本高，内容易过时。它多用于企业概况、传授技能等培训内容。

(3) 讨论法：按照费用与操作的复杂程度又可分成一般小组讨论与研讨会两种方式。研讨会多以专题演讲为主，中途或会后允许学员与演讲者进行交流沟通。优点是信息可以多向传递，与讲授法相比反馈效果较好，但费用较高。而小组讨论法的特点是信息交流方式为多向传递，学员的参与性高，费用较低，多用于巩固知识，训练学员分析、解决问题的能力及人际交往的能力，但运用时对培训教师的要求较高。

(4) 案例研讨法：通过向培训对象提供相关的背景资料，让其寻找合适的解决方法。在对特定案例的分析、辩论中，受训人员集思广益，共享集体的经验与意见，有助于他们在未来实际业务工作中思考与应用。这一方式费用低，反馈效果好。近年的培训研究表明，案例讨论的方式也可用于知识类的培训，且效果颇佳。

(5) 角色扮演法：指在模拟的人际关系情景中，设计一系列尖锐的人际矛盾和人际冲突，要求被试者扮演某一角色并进入角色情景去处理各种问题和矛盾，看受训者是否符合角色的身份和素质要求，使他们真正体验到所扮角色的感受与行为，以发现和改进自己的工作态度和行为表现。由于信息传递多向化，这种培训方式反馈效果好、实践性强、费用低，多用于人际关系能力的训练。

(6) 观摩范例法：指通过现场演示方法进行培训。这一方式较适于操作性知识的学习。由于成人学习具有偏重经验与理解的特性，让具有一定学习能力与自觉性的学员在观察过程中学习是既经济又实用的方法，但此方法也存在监督性差的缺陷。

(7) 敏感训练法：主要适用于管理人员的人际关系与沟通训练。让学员以在培训活动中的亲身体验来提高他们处理人际关系的能力。其优点是可明显提高人际关系与沟通的能力，但其效果在很大程度上依赖于培训教师的水平。

(8) 工作轮换法：是将员工由一个岗位调到另一岗位以扩展其技能的方法。轮换培训可以帮助新员工理解他们工作领域内的各项工作。其缺陷是新员工从事每项工作的时间较短，使他们觉得自己更像是某个部门的旁观者而不是该部门中的一员，还可能因为他们的工作水平较低而影响整个工作团队的工作效率。

(9) 电脑网络培训法：这是近年来流行的一种新型的计算机网络信息培训方式。这一方法投入较大，但由于使用灵活，符合分散式学习的新趋势，节省学员集中培训的时间与费用。这种方式信息量大，新知识、新观念传递优势明显，特别为实力雄厚的企业所青睐，也是培训发展的一个重要趋势。

可见，各种培训方法各有其优缺点，根据不同的培训项目和培训目标，我们可以找到一组最佳的组合办法。另外，培训方法的选择也依赖于培训经费的支持，要有培训场地和器材作保证，需要培训教师准确有效地采用。

【案例11-3】

2004年上半年，宝钢股份炼铁厂的49名作业长接受了宝钢集团教育培训中心的“4+1”综合研修培训。培训结束后，财务人员对培训效果进行了核算，得出的结果是1元的培训投入带来了6.4元的经济效益。“4+1”综合研修，是指岗位培训中，将管理新概念、技术创新思维、相关专业知识拓宽和前沿技术应用四个教学单元与一项生产现场应用成果相结合。由于2003年底宝钢股份在作业现场推行“单职制”，管理重心下移，如何提高作业长的综合素质就显得十分迫切。而作业长由于未接受过系统的继续教育，知识老化，对现代化大生产专业化分工的上、下道工序缺乏了解，系统思考和横向协作的能力较为欠缺，因而必须用一种全新的培训模式来迅速改变这种状况。

“4+1”综合研修从课程设置、教学方式到考试方法，都不同于以往的培训。它的课程包括系统工程学、现代信息检索、管理系统思考与创新、专利法、知识产权以及技术创新等12个方面。教学方式上采取理论讲座与案例分析、专家答疑相结合。考试则采取课堂与岗位考核相结合的方式进行。结业论文要求学员结合专业和岗位特点，运用专业技术知识和计算、绘图、实验等基本技能解决实际生产问题。

第四节　绩效评价

绩效评价是指定期考察和评价个人或小组工作业绩的一种正式制度。绩效评价在人力资源管理活动中是较困难而且棘手的工作，但它又是一项必不可少的工作。企业进行绩效评价工作的原因主要有：一是绩效评价所获得的信息有助于确定员工的晋升及工资的调整。二是它为管理人员及其下属提供了一个机会，使双方能够有机会通过制定计划来克服在工作绩效评价过程中所揭示出来的那些低效率行为，进而可以帮助管理者强化下属人员已有的正确行为。三是绩效评价可以被运用于企业员工的职业发展规划过程中，它可以根据员工在绩效评价中所表现出的优点和缺点来更好地制定员工的个人职业发展规划。

一、绩效评价的目的

绩效评价是组织进行管理、决策和控制必不可少的重要环节。绩效评价的主要目的有三个方面：绩效评价是提高组织管理效率及改进工作的重要手段；绩效评价是员工改进工作及谋求职业发展的重要途径；绩效评价是人力资源管理系统中许多环节的重要依据。

二、人员绩效评价的方法

员工绩效评价是一项非常重要的工作。其评价的方法多种多样，目前还没有适合所有企业的统一评价方法，下面介绍员工绩效评价的几种主要方法。

（一）书面描述法

这是最简单的绩效评估方法，就是写一份记叙性材料，描述一个员工的所长、所短、过去的绩效和潜能等，然后提出予以改进和提高的建议。书面描述不需要采取某种复杂的格式，也不需要经过多少培训就能完成。但是，一种“好”或“差”的评价，可能不仅取决于员工的实际绩效水平，也与评估者的写作技能有很大关系。

（二）关键事件法

使用关键事件法，评估者将注意力集中在那些区分有效的和无效的工作绩效的关键行为方面。评估者记下一些细小但能说明员工所做的是特别有效果的或无效果的事件。这里的要点是，只涉及具体的行为，而不笼统地评价一个人的个性特质。为某一个人记下一长串关键事件，就可以提供丰富的具体例子，给员工指明他或她有哪些期望的或不期望的行为。

（三）评分表法

评分表法是一种最古老也最常用的绩效评估方法。它列出一系列绩效因素，如工作的数量与质量、职务知识、协作与出勤，以及忠诚、诚实和首创精神等，然后，评估者逐一对表中的每一项给出评分。评分尺度通常采用5分制，如对职务知识这一因素的评分可以是1分（对职务职责的了解很差）至5分（对职务的各方面有充分的了解）。评分表法的优点是其设计和执行的总时间耗费较少，而且便于作定量分析和比较。

（四）交替排序法

即根据某些工作绩效评价要素，将雇员们从绩效最好的人到绩效最差的人进行排序。由于通常来说，从雇员中挑选出最好的和最差的要比绝对地对他们的绩效进行评价要容易得多，交替排序法是一种运用得非常普遍的工作绩效评价方法。

（五）配对比较法

即将每一位雇员按照所有的评价要素（工作数量、工作质量等）与所有其他雇员进行比较。

（六）强制分布法

强制分布法的基本方法是提前确定准备按照一种什么样的比例将被评价者分别分布到每一个工作绩效等级上去。

在实际操作的过程中，管理人员首先将准备评价的每一位雇员的姓名分别写在一张小卡片上，然后根据每一种评价要素来对雇员进行评价，最后根据评价结果将这些代表雇员的卡片放到相应的工作绩效等级上去。

总之，员工绩效评价的方法是多种多样的，在方法的使用中一定要结合企业的具体情况，选择恰当的评价方式，这样才能更好地调动员工的积极性，实现组织的目标。

【案例 11-4】

迪斯尼公司在短短的时间取得很大的成功，重要的原因之一是迪斯尼公司在对人力资源的培训与激励上具有独到之处。让成千上万的游客心甘情愿付出高额代价去享受迪斯尼的超值服务是该公司的宗旨。

迪斯尼的卡通人物日复一日、年复一年，天天回答同样的问题、干同样的工作，这是非常枯燥的，而迪斯尼要求员工“面带微笑，服务顾客”，为使卡通人物每天都能设法翻出一些新花样，让游客在这里看米老鼠时会感受到神奇的滋味，迪斯尼公司提供了各种奖励，包括服务优良奖、同仁表扬活动、全勤奖以及服务期满 10 年、15 年及 20 年的特别奖励会餐，此外，公司餐厅提供免费啤酒以提高士气，公司还辅助进行各种社团活动。另外，为更好地激励员工，公司还在各类节日期间，以各种方式感谢卡通人物及其家属。所有活动的共同目标是：激发员工的活力、热忱、投入和荣耀，使他能在适合自己的工作岗位上自我要求，认同公司，与管理者一起，为顾客提供更好的服务。

【复习思考题】

1. 人力资源有哪些特点、类型？
2. 人力资源规划的内容有哪些？人力资源规划的程序是什么？
3. 员工招聘选拔的原则是什么？企业外部招聘的主要方式有哪些？
4. 员工培训方法有哪几种？
5. 人员绩效评价的方法有几种？

【本章案例】

小白的跳槽

小白的专业是日语，毕业后被一家中日合资公司招为销售员。他对这岗位挺满意，不仅工资高，而且尤其令他满意的是这家公司给销售员发的是固定工资，没有采用佣金制。这样不会因比别人少拿佣金而感到丢脸。

刚上班的头两年，小白虽然兢兢业业，但销售成绩只属一般。可是随着他对业务的逐渐熟悉，又跟那些零售商客户们搞熟了，他的销售额渐渐上升。到第三年年底，他觉得自己已可算是全公司几十名销售员中头20名之列了。下一年，根据跟同事们的接触，他估计自己当属销售员中的冠军了。不过公司的政策是不公布每人的销售额的，也不鼓励互相比较，所以他还不能很有把握说自己一定坐上了第一把交椅。

去年，小白干得特别出色。尽管定额比前年提高25%，可到了9月他就完成了全年销售定额。虽然他对同事们仍不露声色，不过他冷眼旁观，也没发现有什么迹象说明他们中有谁已接近完成自己的定额了。此外，10月中旬时，日方销售经理召他去汇报工作。听完他的汇报后，经理对他说："公司要再有几个像你一样棒的推销明星就好了。"小白只微微一笑，没说什么，不过他心中思忖，这不就意味着承认他在销售员队伍中出类拔萃、独占鳌头么？

今年，公司又把他的定额提高了25%。尽管一开始不如去年顺手，但他仍是一马当先，比预计干得要好。他根据经验估计，10月中旬前他准能完成自己的定额。不过他觉得心情不舒畅，最令他烦恼的事，也许莫过于公司不告诉大家干得好坏。他听说本市另两家中美合资的化妆品企业都搞销售竞赛和奖励活动，其中一家是总经理亲自请最佳销售员到大酒店吃一顿饭，而且还有内部发行的公司通信之类的小报，让人人知道每人的销售情况，表扬每季和年度的最佳销售员。想到自己公司这套做法，他就特别恼火。其实，在开始他干得不怎么样时，他并不太关心排名第几的问题，但如今觉得这对他越来越重要了。不仅如此，他开始觉得公司对销售员实行固定工资制是不公平的，一家合资企业怎么也搞"大锅饭"？应该按劳付酬嘛。

上星期，他主动找了那位日本经理，谈了他的想法，建议改成佣金制，至少实行按成绩给予奖励的制度。不料日本上司说这是既定政策，母公司一贯就是如此，这正是本公司的文化特色，拒绝了他的建议。昨天，令公司领导吃惊的是，小白辞职而去，听说他被挖到另一家竞争对手那儿去了。

资料来源：陈维正，余凯成，黄培伦．组织行为学高级教程．北京：高等教育出版社，2004.

案例思考题

1. 什么原因导致小白跳槽？
2. 你是如何看待小白跳槽这件事的？说明你的理由。

第十二章　科技开发管理

【教学目的与要求】明确研究与发展的定义与内容；熟悉技术创新的类型；了解技术创新的重要性；明确技术引进的原则与方式；正确认识技术改造的作用与类型；掌握技术改造的组织管理方式。

20世纪90年代以来，由于计算机技术的迅速发展和广泛使用，产品的开发周期和生产周期大为缩短，通信技术和交通运输的发展使全球化的生产与销售成为可能，经济全球化使企业之间竞争加剧，在这种情况下，企业为了追求利润，使自己在激烈的竞争中立于不败之地，就必须加强研究与发展二作。事实上，企业的研究与发展工作是一个企业赖以生存与发展的重要条件，是企业的生命所在。

第一节　研究与发展概述

一、研究与发展的概念与分类

研究与发展（Research and Development，R&D）是国际通用语，其含义是：致力于增加科学或技术知识，并将该知识应用于新产品和生产资料的创造以及现有产品和生产过程的改善的活动。研究与发展活动分三大类，根据联合国教科文组织的概念，其定义和内容如下：

（1）基础研究。旨在对自然界现象的基本方面获得比较完整的知识或了解而进行的研究活动称为基础研究。基础研究的主要目的在于揭示观察到的现象和事实的基本原理，而不是针对任何专门的用途。它分析事物的性质、结构和关系，以便提出和检验假说、理论或规律。

（2）应用研究。旨在获得为解决某种具体的问题而必须具有的知识而进行的研究活动称为应用研究。应用研究也是为了获得新知识而进行的独创性的研究。然而，它主要是针对某一特定的实际目的或目标进行工作。应用研究的目的或者是确定基础成果可能的用途，或者是确定为了达到一些具体的、预定的目标应采取的新方法或手段。

(3) 发展。旨在系统地应用科学研究所获得的知识，期望得到有用的材料、器件、系统和方法，包括设计、原型和工艺，但不包括质量控制、产品例行测试和生产，而进行的活动称为发展。发展是系统性的工作，它凭借从研究和实际经验中所获得的知识，指导生产新材料、新产品和设计，建立新的工艺、系统和服务，并且从本质上去改善已有的材料、产品和设计。

通常上述三大类或三个阶段的活动统称为研究与发展。大型企业有较全面的研究与发展工作。比如，美国电话电报公司的贝尔实验室的研究与发展工作大致有以下几个方面：进行与通信技术有关的应用数学、物理、化学、材料等学科的基础研究，探讨种种可能用于通信的新技术和新工艺，发展和设计各种用于通信的器件、设备、信息和运筹系统，协助规划电话公司的通信网等。

需指出的是，企业研究与发展活动和生产活动之间的区别，常常是复杂的和分不开的，通常以企业领导层作出是否投产的决策作为界限的标志。

二、研究与发展和劳动生产率的关系

一般来说，研究与发展经费占国民生产总值的比例增长越快，则经济增长越快。二者之间存在比较明显的因果关系。劳动生产率的提高不仅与研究与发展经费的总量和增量有关，还与研究与发展经费的结构有关。研究与发展经费的投入比生产要素（劳动力、资源、资本）的投入更能促进经济的发展，因此，各国非常重视研究与发展工作。工业化国家的研究与发展经费一般占国民生产总值的2.8%。

第二节 技术与技术创新

一、技术与技术进步的含义

（一）技术的含义

“技术”这个词在不同的研究领域中含义不尽相同。在社会学中，技术是指在特定时间人们用以解决社会发展中所面临的问题的科学知识。在经济学中，技术则被定义为知识在生产活动中的具体应用。在商业文献中，技术则被视为把科学知识转化为产品的手段。国际工业产权组织则对技术作了一个更具体的定义：技术是制造一种产品或提供一项服务的系统知识。这种知识可能是

一项产品或工艺的发明、工业外形设计、一种实用新型、一种动植物新品种，也可能是一种设计、安排、维修和管理的专门技能。

根据不同的特征，可将技术分为不同的类型。

1. 按技术的功能划分

(1) 产品技术。指技术被用来改变一项产品的特征。这既可能是一个全新产品的发明，也可能是局部的设计改进，比如增加一部分功能、提高产品的质量或降低产品的生产成本等。产品技术可以延伸到设计或改进一项服务。

(2) 生产技术。指技术被用于产品的制造过程，比如一项新工艺、新的流程、新的测试手段、新的加工设备和手段。

(3) 管理技术。指整个研究、开发、生产、销售和服务活动的组织。长期以来，管理不被当作技术，其重要性也常常被忽视。事实上，在相同的产品和生产手段的情况下，采用不同的生产和服务的组织方式、不同的管理技能，所产生的经济效益会大不相同。

2. 按技术的表现形式划分

(1) 硬技术。硬技术存在于产品中，比如一套新的机器、仪器或设备。

(2) 软技术。它以书面记述的形式存在，比如计算机程序、设计蓝图、工艺、操作和维护的程序等。

(3) 专家技术。指不存在于产品中，也不存在于文字或书面记述中，只存在于人的大脑中，比如一种特殊的制造、操作或管理技能、专长或诀窍。我国技术引进的实践表明，对软技术和专家技术往往重视不够。

3. 按技术的生产要素特征划分

(1) 劳动密集型技术。指生产过程中所投入的劳动成本比资本多的技术。

(2) 资本密集型技术。指生产过程中所投入的资本比劳动成本多的技术。

运用这种划分方法，有利于引进适合我国国情的技术。

4. 按技术产权特征划分

(1) 公有技术。即公开技术。它是人类社会的公有财产，任何人都可以无偿地使用，比如各种学术会议和学术刊物上的研究成果、过了保护期限的专利技术。

(2) 私有技术。拥有人可以申请专利，受法律保护的技术。但有些技术拥有人并不申请专利，只是通过保密措施来保护拥有权。比如，可口可乐的配方没有申请专利，至今已保密了一百多年。

5. 按技术的发展阶段和水平划分

这种划分是按产品的生命周期的四个阶段来分的。技术伴随产品而生。在一项产品技术的开发、成长、成熟和衰老的四个阶段中，处于研究与开发阶段的技术叫尖端技术或高技术，这一阶段的产品带有试制性质。这一阶段完成后，该技术逐渐完善和成熟，并投入商业生产，这是技术的收获季节。在此之后，这项技术逐渐衰老，开始被其他新生技术所替代。值得指出的是，不同的技术有不同的生命周期，比如内燃机技术持续了几十年，但电子工业的一些技术生命只有一两年甚至更短。

(二) 技术进步的含义

狭义的技术进步主要指硬技术应用的变化，它包括技术进步和技术革命。技术进步是指在技术基本原理未变的情况下，对技术进行局部改良，使之逐步完善成熟。它是一个渐进的量变过程，如机床与电脑相结合组成的数控机床、黑白电视机进化到彩色电视机等。技术革命则是指技术原理的根本性变革，它是技术发展过程中质的飞跃，如第一次技术革命时蒸汽机的出现，第二次技术革命时电能的应用，第三次技术革命时电子计算机技术的应用。技术革命的结果是使原来的社会经济结构发生巨大的变革，劳动生产率获得极大提高。

广义的技术进步，包含了软技术的变革，它是经济增长中的一个中心要素，它使得劳动和资本的投入在不改变数量的情况下，能够生产出更多的产品。

技术进步通常被划分为劳动节约型、资本节约型和中性三类。技术进步的突出特点是劳动生产率的迅速提高。企业争取技术进步的途径通常有三条：一是纵向的技术开发，二是横向的技术引进，三是企业内部的技术改造。

二、技术创新

技术创新是指一种新的生产方式的引入。这种新方式可以建立在一种新的科学发现的基础之上，也可以是以获利为目的的经营某种商品的新方法，还可以是工序、工艺的创新。所谓新的生产方式，具体是指企业从投入品到产出品的整个物质生产过程中所发生的“突变”。这种突变与在循环流转的轨道中年复一年地同质流动或同步骤的调整不同。它既包括原材料、能源、设备、产品等硬件创新，也包括工艺程序设计、操作方法改进等软件创新。

技术创新也称技术开发，它是指人们在科学技术领域中进行的知识创新活动，是指人们自觉地探索自然规律，并将自然科学的研究成果应用于生产实践，把科学技术转化为现实的生产力的开拓过程。技术创新有广义与狭义之分，从广义来说，技术创新是指科学技术上的新发现、新发明转化为社会生产力的全过程活动；从狭义来说，技术创新是对企业中首次应用或出现的新技术所开展的一系列活动，如新产品的开发、新工艺的应用、新市场的开拓等。技术创新有三大突出的特征：（1）它是一个过程、系统；（2）它追求市场满足和商业利润；（3）它的主体是企业。

（一）技术创新的特点

技术创新活动不同于一般的生产经营活动，具有以下几个特点：

1. 技术创新的高风险性

从总体和长远看，技术创新会给企业带来较高效益，然而对具体的企业和项目而言，则由于技术条件、生产环境、市场容量等不可控因素的影响，技术创新的成果转化必然存在短期不一定见成效的现象，甚至会有一定的风险，大量的投入能否顺利实现价值补偿，受到许多不确定因素的影响，既有来自技术本身的不确定性，也有来自市场和社会的不确定性，可能使技术创新的投入难以收回。

2. 技术创新的高收益性

高风险与高收益同时并存。据有关资料显示，技术创新有20%左右的成功率就可收回技术创新的全部投入并取得相应的利润。也正是因为这样，世界上许多国家相继建立了风险投资银行，向技术创新提供风险性贷款，促进技术创新。许多企业也正是以技术创新的高收益性为准绳进行技术创新，求得发展的。

3. 技术创新的超前性或先进性

技术创新必须具有超前性，不具有超前性的技术创新是原有技术的低级繁衍，难以生产出满足市场需求的商品，难以提高企业的竞争能力，只有具有超前性的技术创新，才能使创新者占领竞争的制高点，赢得竞争的胜利。但是，同时还要强调技术创新的超前性必须与其适应性、可行性相结合，否则，太超前的技术一方面可能在技术上不可行，另一方面可能难以适应市场，并增大技术创新的风险。

（二）技术创新的类型

1. 按创新的技术变化的性质不同，技术创新可分为突变性创新、累进性创新以及根本性创新

突变性创新指某一创新使相应的技术领域在短时间内发生质的变化。技术变化发生跳跃式的变化。累进性创新指创新时间周期较长，每一次只产生微小的技术改进，而无质的突破，但随着创新的日积月累，最终可能产生质的跃进。根本性创新，则是指技术上有重大突破，并投入商业化应用的创新活动。这类创新往往要应用新的科学原理，创新成果成组出现，且技术含量较高，有

大的突破。

2. 按创新的效益来分，创新可带来生产要素的节约

这有三种情况，相应有三类创新：一是资本节约型技术创新，即在创新完成之后，可使商品价值构成中活劳动凝结的价值比重增大，物化劳动转移价值的比重减小。因此，商品生产向劳动密集型靠拢。二是劳动节约型技术创新，即在创新完成之后，可使商品价值构成中的物化劳动转移价值的比重增大，活劳动凝结的价值比重减小。因此，商品生产向资本密集型靠拢。三是中性技术创新。即在创新完成之后，生产效率提高，商品内含的价值减少，但商品价值构成中，活劳动凝结的价值和物化劳动转移价值所占比重不变。

（三）技术创新的途径

1. 技术引进

技术引进是发展中国家技术进步的一条捷径。与产品自行开发、设计相比，引进国外工艺设备可以加快改变产品、技术落后的局面，能够在短时期内在技术上消除差距，其经济效果非常明显。在引进技术的同时，必须注意对引进技术的消化、吸收和创新。其中，“创新”是对引进技术的发展和革新，是技术引进中更高一层的工作，是进行技术返销的重要手段，是在消化吸收引进的基础上，对其存在的缺陷进行改进、提高，进而创造出比引进技术更加完善的工艺设备和产品。只有不断创新，才能获得技术的不断进步，缩小与发达国家的差距。

2. 模仿创新

模仿创新是指创新主体通过学习模仿率先创新者的方法，引进、购买或破译率先创新者的核心技术和技术秘密，并以其为基础进行改进的做法。模仿创新并非简单抄袭，而是站在他人的肩膀上，投入一定研发资源，进行进一步的完善和开发，特别是工艺和市场化研究开发。因此，模仿创新往往具有低投入、低风险、市场适应性强的特点，其在产品成本和性能上也具有低投入、低风险、市场适应性强的特点，其在产品成本和性能上也具有更强的市场竞争力，成功率更高，耗时更短。工业经济的发展和创新模式演进的规律表明，模仿创新是不可跨越的发展阶段。

首先，对企业来说，模仿创新无需与研究发明环节发生关系，无需为创新前的环节支付较多的费用。其次，模仿创新的技术开发一般都具有较好的商业前景。因为模仿创新更偏重于对产品的改进和完善，使产品性能更趋完善，更适合市场的要求。最后，模仿创新通过合法手段也能取得自主知识产权，获得法律保护，这是落后企业追赶先进企业的一条捷径。但模仿创新有被动性、缺

乏超前性、受制于人的局限，往往受到率先创新者技术壁垒、市场壁垒的制约，有时还面临法律、制度方面的障碍，如专利保护制度就被率先创新者利用作为阻碍模仿创新的手段。

3. 自主创新

自主创新是一种率先创新。它是指创新主体以自身的研究开发为基础，实现科技成果的商业化、产业化、国际化，获取商业利益的创新活动。自主创新所需的核心技术来源于企业内部的技术积累和突破，这是它区别于其他创新模式的本质特点。技术创新的后续过程也都是通过企业自身知识与能力支持实现的。

自主创新的优点有：(1) 有利于创新主体在一定时期内掌握和控制某项产品或工艺的核心技术；(2) 在一些技术领域的自主创新往往能引起一系列的技术创新，带动一批新产品的诞生，推动新兴产业的发展；(3) 有利于创新企业更早积累生产技术和管理经验，获得产品成本和质量控制方面的经验；(4) 自主创新产品初期都处于完全独占性垄断地位，有利于企业较早建立原材料供应网络和牢固的销售渠道，获得超额利润。

自主创新的不足有：(1) 需要巨额的投入，不仅要投巨资于研究与开发，还必须拥有实力雄厚的研发队伍。(2) 高风险性。自主研究开发的成功率相当低，在美国，基础性研究的成功率仅为5%，在应用研究中有50%能获得技术上的成功，30%能获得商业上的成功，只有12%能给企业带来利润。(3) 时间长，不确定性大。(4) 市场开发难度大，资金投入多，时滞性强，市场开发投入收益较易被跟随者无偿占有。(5) 在一些法律不健全、知识产权保护不力的地方，自主创新成果有可能面临被侵权的危险，搭便车的现象难以避免。因此，自主创新模式主要适用于少数实力超群的大型跨国公司。

自主创新对那些创新资源有限、技术基础和技术积累还不雄厚，完全依靠企业自身技术能力开展创新活动，短期内很难提高创新的技术档次和效率的中小企业有一定的难度。因此，另外一种技术创新战略方式——合作创新，成为大多数中小企业的必然选择。

4. 合作创新

合作创新指企业间或企业与科研机构、高等院校之间联合开展创新的做法。合作创新一般集中在新兴技术和高技术领域，以合作进行研究开发为主。由于全球技术创新速度的加快和技术竞争的日益激烈，企业技术问题的复杂性、综合性和系统性日益突出，依靠单个企业的力量来解决技术问题越来越困难。因此，利用外部力量和创新资源，实现优势互补、成果共享，已成为技术创新发展的趋势。

合作创新的优势有：

(1) 合作创新可以在更大范围内实现创新资源的优化配置，产生创新协同力和聚合力，有利于创新资源的集中使用，还可以避免重复性开发和投资，提高全社会的创新效益。科研机构和高校的科研成果也有实现市场化的需要，这成为产学研合作的动因。

(2) 合作创新可分散技术创新的风险，缓解技术和环境变化的不确定性和多变性。技术创新是一个复杂的过程，从科技成果到生产企业，再到最终的消费者，每一个环节都充满风险和不确定性。多家单位合作创新取长补短，可分担和减小创新的巨大风险。

(3) 合作创新具有促进技术扩散的作用。不同创新主体合作的过程，同时也是一个技术、经验和知识的交流过程。交流范围的扩大，促进了技术扩散速度及效率的提高。

合作创新的局限性有：企业不能独占创新成果、获取绝对垄断优势，必须在合作者之间分离创新成果。因此，在合作创新之前，企业要认真评价创新的难易程度，权衡合作创新的利弊。

综上所述，四种创新模式各有利弊。采用这些模式需要不同的条件。自主创新要求创新主体有强大的经济实力、雄厚的研发力量和大量的成果积累，在技术上具有领先优势，起点和要求是最高的；而模仿创新和合作创新起点要求较低。上述三种模式也不是完全排斥的而是可以相互结合的。一方面，企业可根据自身的实力和研发水平选择适宜的创新模式，并根据不同发展阶段对不同产品、不同技术领域分别采取三种不同模式。另一方面，从时间上看，模仿创新往往是自主创新的过渡阶段。企业可通过模仿创新逐步积累自己的技术、资金实力、人才队伍，为自主创新创造条件。

【案例 12-1】

有力的知识产权保护不但鼓励发明，还会增强外国投资者的信心，从而吸引外国投资，促进技术转移。约旦是一个很好的例子：强化专利保护导致立竿见影的经济收益。2004 年 8 月，国际知识产权研究所（IIPI）发表了一份报告，全面探讨了约旦建立的具有全球竞争力的药品工业与生物医疗技术工业。报告认为：约旦经济大大受益于不久前采取的知识产权保护措施，指出加强知识产权保护，特别是专利保护，促使约旦的医药公司将重点转向以研究为基础的创新。约旦医疗服务业在国内生产总值中的占比从 1997 年的 2.8% 上升到

2001 年的 3.5%，行业就业人数比 1997 年增加 52%。报告还发现，药品工业成为约旦第二大领先行业，在 1999—2002 年期间，当地药品出口增长了 30%。

第三节　技术引进与技术改造

一、技术引进

（一）技术引进的必要性

技术引进从一般意义上说包括对国内外先进技术的引进，但我们通常是指引进国外的先进技术。所谓技术引进，是指为发展本国经济和科学技术，有计划、有选择地引进外国的先进科学技术成果，这有利于较快地提高企业的科学技术水平，增强自我发展的能力。

当代技术发展的一个重要趋势是技术既向纵深发展又向边缘发展，技术种类繁多，错综复杂，发展一项技术所需要的投资也越来越多，甚至超过一国的经济能力。任何国家不可能在所有领域保持技术领先。因此，各国往往会根据自己的特点，集中精力侧重发展若干项技术并保持领先地位，其他技术靠引进、合作，使有限的创新资源利用更合理，效率更高。引进别国的先进技术，可以缩短一国探索科技发展的历程，减少科研费用，可以直接采用最新的技术，加快技术改造，赶上世界的先进水平，并且能大幅度地提高社会生产力和经济效益。世界主要工业发达国家不仅是主要的技术出口国，而且还是主要的技术引进国。

技术引进的内容很多，总的来说包括"硬件"和"软件"两个方面。"硬件"是指通过购买机器设备来引进技术或由技术输出方承包的工程项目。"软件"是指软技术，即引进外国的先进技术成果、专利、技术诀窍、管理技术或其他工业产权，如商标等。引进硬件时间短，形成生产能力快，便于弥补空白，但要花费大量外汇，学不到关键技术，不利于吸收、消化、创新，甚至不能很好地利用，有时还要依赖国外进口大量备品配件。因此，在技术引进中，我们应大力引进软技术，并适当引进硬技术，两者要有机地结合起来，以达到技术引进的目的。

（二）技术引进的原则

技术引进涉及政治、经济、技术、生产、贸易、外交、法律等各个方面，因此，做好技术引进工作，必须坚持下列原则。

1. 引进技术的先进性与适用性结合

技术引进工作中，必须从我国的实际出发，坚持统筹安排，循序渐进的原则。技术有生命周期，从技术拥有方看，为了获得利润一般不会过早地将技术转让，经过技术的成长期、成熟期获得大量利润后，他们才想尽快将技术转让出去；从技术引进方看，引进成熟期或衰退期的技术获利不大，直接引进未商品化的研究与发展成果，技术进步更大，赢利更多。我国现有技术比较落后，如果过于迁就现状，就会永远落在别人后面。另外，引进的技术要同我国的资源情况、技术水平和管理水平相适应，即引进“适用技术”。如何在技术引进上与本国资源禀赋特征相适应，扬长避短，关系到技术发展的长远战略。

2. 国与国之间平等，经济上互利

所谓国与国之间平等，是指引进技术必须不损害该国主权，不妨碍该国经济独立；所谓经济上互利，是指合作双方在经济上都能得到合理的利益。

3. 讲求经济效益，把技术与经济结合起来

提高经济效益是技术引进的最终目标，因此，引进技术要搞好技术经济论证，计算和分析经济效益。因此，凡是我国自己能制造的设备，就不要引进；关键设备，自己可以配套的，就不要成套引进，只引进精度高的关键设备、自动控制仪器、仪表及检测仪器等。

引进的技术和设备，要与我国产品的系列化、标准化相结合，逐步形成我国自己的产品系列，注意技术的连续性、先进性、配套成龙，不能“一刀切”。引进技术要与引进管理并举。技术复杂或规模较大的引进项目，应聘请外国专家负责设计和帮助建设，建成后再留一段时间帮助掌握和管理。

4. 应确保吸收、消化，能逐步形成自我发展的能力

学习与创新相结合，是我国赶超市场先进水平必由之路。对外国的先进技术，应该采取“一学、二用、三改、四创”的方针。要引进先进技术为我所用，就要切实认真地消化、吸收、发展、并力求创新。做好引进技术的反求工程（reverse engineering）。反求工程指对外国先进产品作全面、系统、深入的科学分析和研究，通过对实物反复深入分析研究，做到触类旁通、举一反三，破解技术秘密，掌握国外先进技术，达到消化吸收和再创新的目的。

5. 加强信息沟通，进行多种方案的比较

技术引进必须向多个国家、地区、厂家搜集多方面的信息，熟悉国际行情。同时，要拟定多个方案，把不同国家、地区、厂家的技术引进方案进行分析比较，然后才选择最优决策。不能只有一两个方案就立即作出结论。

（三）技术引进的方式

1. 按是否采用贸易形式划分为非贸易形式和贸易形式

非贸易形式主要是通过国际性科学技术的交流活动，吸收国外科学技术成果，如举办或参加学术会议、技术讲座，邀请外国专家讲学，派遣留学生，出国考察，举办展览会，交流文献资料等。此外，政府或民间的技术援助和技术合作一般是无偿的，也是一种有效的技术引进途径。贸易形式主要是通过国际技术贸易的方式，在平等互利的基础上，引进国外的先进技术成果。所谓技术引进，主要是指这种有偿的、以贸易形式实现的技术转移。

2. 按是引进产品，还是引进知识划分为硬件模式和软件模式

硬件模式是指技术产品贸易和承包工程项目。主要通过购买机器和成套设备，进口国外散件、零部件进行加工装配生产线，在较短的时间内形成社会生产力，以迅速克服生产技术的薄弱环节和填补空白，尽快收到显著的效果。但这种引进长期以往会产生对外国技术的依赖性。软件模式是指技术知识的引进，包括产品设计、工艺流程、测试技术、材料配方、聘请专家、培训人员、技术咨询、科研合作、生产合作管理方法等。这种方式较多地表现为资料、图纸等信息形式，以知识获取为特征。它必须通过技术贸易合同，才能够获得工业产权的使用权。

（四）技术引进的途径

技术引进的途径主要有以下几种：

（1）产品贸易。即买进机器设备来引进技术。

（2）包建项目。即由技术输出方承包所建项目，包括设计、施工、设备的购买和安装直至试验成功投产。

（3）许可证贸易。是一种单纯的软技术的引进方式，应用十分广泛。基本方法是：技术供应方与引进方就某项技术转移达成协议，签订正式的合同或许可证，允许技术引进方使用技术供应方的技术，引进方为此支付一定的费用。技术许可证包括：专利许可证、商标许可证、版权许可证、商业秘密许可证、技术服务和咨询合同。技术的转让是使用权的转让，这种使用权的权限、时间期限、地域范围和处理纠纷的仲裁程序都是在许可证合同中加以确认的。

（4）合作生产。指技术引进方与技术供应方就某种产品的生产进行合作，由技术供应方提供并转让生产技术，提供一部分关键的机器设备或零部件；由技术引进方提供厂房、基础设施。双方的关系仅仅是合作不是合资，各自独立核算，相互之间的技术转让、设备引进、提供零配件、销售产品都是有偿的。

（5）合资经营。合资经营指两个或两个以上的合作者共同兴办一个企业，

共同投资、共同经营、共享利润、共担风险。一般是技术供应方以专利或专有技术、机器设备、现金作为资本投资，技术引进方以厂房、土地、劳务、基础设施等作为资本进行投资。

(6) 补偿贸易。补偿贸易是用产品支付引进技术和设备贷款的一种贸易方式。技术引进方以借贷方式引进技术供应方的技术和设备，利用引进的技术和设备生产产品，在双方商定的期限内用产品分期偿还贷款的本金和利息，这种方式称为产品返销。如果是用双方商定的其他商品偿还贷款，则称为抵偿贸易。

(7) 技术咨询服务。技术咨询服务指技术提供方利用自己的技术、能力和经验，协助对方达到某种技术经济目的而进行的合作，如提供专家指导、人员培训、管理咨询。

可见，技术引进的途径是多种多样的，企业完全可以根据自身的情况决定采取何种引进方式和途径。

二、技术改造

工业企业技术改造，是指用先进的技术改造现有企业的落后技术，用先进的工艺和装备代替落后的工艺和装备，改变企业的技术落后面貌，实现以内涵为主的扩大再生产，达到增加品种、提高质量、节省能源、全面提高综合经济效益的目的。

技术改造是促进企业技术进步的重要手段，它的目标是提高经济效益。我国企业进行技术改造，走内涵扩大再生产道路具有很强的现实意义。

据美国的调查，技术上的改进可以使一些公司的生产费用降低至少三分之二。由于这种原因，美国的企业对较小的技术改进也总不轻易放过。特别是与生产工艺直接有关的技术改进，往往对节省劳力、材料和能源起到很大的作用。而且这种较小的技术改进一般可由生产部门的人员去进行，不一定通过研究与发展工作。技术改造的内容是多方面的，其中主要有以下几个方面：

(1) 产品的更新换代。在工业企业中，往往是产品决定所采用的工艺，工艺决定所需的技术装备。因此，企业的技术改造，首先是应当从社会需要出发，从产品更新换代入手。新技术开发是围绕着新产品的开发进行的，产品更新换代，是技术改造的首要内容。

(2) 设备更新改造。设备更新改造，包括生产设备、辅助装置和计量测试手段等更新改造。设备是企业生产的主要物质基础，以先进的设备代替原有落后的设备，以先进的技术改造旧设备，才能从根本上改变企业的技术落后状态。

（3）工艺改革。工艺影响到产品质量、生产效率、成本高低。随着新产品的开发，新的技术装备的采用，就要求采用新工艺，进行工艺改革，用先进的工艺改造或代替落后的工艺。工艺改革包括工艺流程、工艺操作方式和工艺装备等方面的革新和改进。

（4）原材料、燃料的综合利用和“三废”的治理。开展综合利用，才能充分利用资源，提高经济效益。

（5）厂房建筑和公用工程的改造。厂房建筑和公用工程虽不属于直接的劳动工具，但它包括在广义的劳动资料范围，是保证生产正常进行的重要条件。企业技术改造应包括加固、翻修厂房建筑，并按照工艺、设备和负荷等级要求，以及生产布局的需要，对厂房建筑物进行同步的技术改造。

总之，技术改造一般是指对企业的技术基础引起质变或部分质变的、工程量较大的项目的改造。为了提高生产技术水平，发掘潜力，改善技术革新活动，采用各种技术组织措施。技术组织措施的内容，除与上述技术改造内容相似外，还包括生产组织与劳动组织的改进，采用科学管理的方法等组织方面的措施。这些合理化建议花钱少，效果显著，应积极开展。

【复习思考题】

1. 什么是技术创新？为什么说技术创新是企业成长、发展和壮大的巨大力量？
2. 简述技术创新的途径与方法。
3. 什么是技术引进？它有哪些重要内容？技术引进的原则有哪些？
4. 试说明企业技术改造的作用与主要内容。

【本章案例】

比亚迪——站在巨人的肩膀上

从16年前试水电池制作到如今成为全球“电池之王”，从6年前进军汽车制造业到今天执掌国内电动汽车之牛耳，比亚迪发展的每一步，都有赖于其掌门人王传福所倡导和贯彻的反市场技术路线。

以技术为矛、专利为盾，GE、微软、丰田、索尼等世界级企业在中国做到了不战而屈人之兵，许多中国企业也相信：技术天堑几乎无法逾越。比亚迪用破坏式创新的方式击碎了这一戒律。自成立的那一天起，比亚迪就以一个模仿者的姿态出现在大众面前，如电池模仿三洋，手机零配件模仿富士康，汽车模仿丰田、通用等。为此，三洋、索尼、富士康以及美国的一些企业不断把比亚迪告上法庭，企图用专利大棒砸晕王传福，但都无功而返。对于这些似乎意料之中的结果，王传福总是笑而作答："我只是站在巨人的肩膀上"。

的确，比亚迪是一个模仿者，但更是一个学习型的超越者。在王传福看来，"一种新产品的开发，实际上60%来自文献，30%来自样品，另外5%来自原材料等因素，自身的研究实际上也就5%左右"。因此，比亚迪大量使用非专利的技术，把专利技术剔除掉，非专利技术的组合就是他们的创新，如通过拆解重金买来的世界最先进的汽车样车，加以测量、分解、检测，研究其结构，试验其性能，认真分析其零部件，没有专利的照着做，有专利的把它改一改。在比亚迪内部，有一个多达上百人的知识产权部，它的一个重要职责就是对比亚迪的各个产品事业部进行监督，随时提出哪些技术是别人的专利，必须规避。这100多人中，有50多人专门面向汽车产品，他们甚至做好了打官司的准备，而且100%不会让对手赢。

其实，技术上的模仿和创新只能解决产品的问题，而商业模式创新才是比亚迪的精华所在。观察发现，无论是在手机电池领域，还是在汽车生产流程，比亚迪都始终注重实现产业链的垂直整合。王传福认为，在垂直整合战略中，最核心的是前端研发设计。"制造工艺弥补不了设计缺陷，实际上产品70%~80%来源于设计，20%~30%来源于制造。设计得好，70%~80%的品质就保证了。"正因如此，比亚迪目前的汽车电池研发团队从过去的10人扩张到4000人，而且深圳研发中心将来会达到1万多人。

除了设计，垂直整合模式的另一关键是零部件模具的开发制造。在收购秦川汽车之后的几个月里，比亚迪就和北京吉驰汽车模具公司签署了重组协议，随后成立了北京比亚迪模具有限公司。如今，不仅F3、F6的所有模具来自这家企业，克莱斯勒、通用、福特、丰田的相当一部分模具也从这里采购。无独有偶，2008年10月，比亚迪以近2亿元人民币的价格收购了一家半导体制造企业——宁波中纬，这一举动被外界解读为比亚迪对整合电动车上游产业链、加速电动车商业化的尝试。

除了极其重视研发和制造环节外，比亚迪最近5年也在下游的安全性能领域投入了大笔资金，包括西安和深圳的整车检测生产线、上海的整车碰撞实验室、深圳的整车实验室以及试验跑道在内，比亚迪已率先完成了汽车生产质量检测体系的全国性布局。当然，站在巨人肩上而又敢于摸高的比亚迪同时也实现了许多"超越"。目前，比亚迪60%的电池生产设备都是自主开发的。不仅电池生产设备，手机部件甚至汽车的许多设备，都是自己制造的。

资料来源：张锐．比亚迪的反常规路线．企业管理，2010（4）．

案例思考题

1. 面对激烈的市场竞争，王传福采取了什么技术策略？

2. 你同意“比亚迪是一个模仿者，但更是一个学习型的超越者”这一观点吗？

第十三章　新产品开发管理

【教学目的与要求】 正确认识新产品的特征及分类；了解新产品开发方向策略；明确新产品开发原则及程序；熟悉新产品开发规划与组织；掌握价值工程的概念及价值分析的方法。

在当代激烈竞争的市场上，企业要想持久地占领市场，立于不败之地，光靠现有产品是绝对不行的，作为营利性经济组织，企业必须动态地适应市场需求，不断地推出有销售潜力的新产品，以提高产品的竞争能力。组织好企业的新产品开发，做好产品开发的评价工作，是现代企业管理的重要组成内容。我国古代兵法主张在战争中要“出奇制胜”，借鉴这个思想，在商战中就要不断创新，做到“人无我有，人有我廉，人廉我新，人新我转”。

第一节　新产品概述

一、新产品的概念、分类与特征

新产品是指现有产品在原理、用途、性能、结构、材质等某一方面或几个方面具有新的改进的产品。新产品是一个相对的概念，在不同的时间、地点、条件下又具有不同的含义。从技术的角度看，新产品必须是全新设计并进行试制生产的产品，其性能结构或化学成分均应比老产品优越。而从企业的角度看，只要产品整体概念中任何一部分有所创新、改革或改进等，都应属于新产品。

为了加强对新产品的管理，我国政府根据管理上的需要，对新产品的条件、范围作出相应的规定和要求。新产品是指在结构、性能、材质、技术特征等某一方面或几个方面比老产品有显著改进和提高，或独创的；具有先进性、实用性，能提高经济效益，有推广价值的；在一个省、市、自治区范围内第一次试制成功的；经过有关部门鉴定确认的产品。产品的结构、性能没有改变，只是在花色、外观、表面装饰、包装装潢等方面改进提高的，不能算作新产品。按照新产品的新颖程度分类，可将新产品分为四种类型：

（1）全新产品。全新产品是指采用新原理、新结构、新技术、新材料制造的前所未有的产品，如第一次出现在市场上的电视机、空调、计算机等。

（2）换代产品。指采用的基本原理不变，在原来产品的基础上，部分采用新技术、新材料或新的元器件，使产品性能、式样、品质等有显著提高的产品，如电视机从黑白到彩色。

（3）改进产品。是指在原来产品的基础上采用了某些改进技术，使产品性能、结构、花色、品种、材料等有一定程度改善的产品。

（4）仿制产品。是指企业模仿制造出的市场上已有的产品，又称地区性新产品。由于专利技术等知识产权的限制，在仿制产品时，需要作一些修改，或者通过改进、借鉴先进技术而仿制。

按新产品开发的方式分类，主要有下述几种类型：

（1）独立研制。是针对企业产品现状和存在的问题，根据市场需要，开展有关新技术、新材料方面的研究，研制出独具特色的产品。这种研制方式是结合本国国情，运用自己独创性与原创性研究，较强的科研力量，形成企业自己的产品系列，使企业在某一方面具有领先地位。这种方式适合那些拥有自己的科研院所的大中型企业或企业集团，并以基础研究和应用研究为前提。

（2）技术引进。是指从国外或其他地区引进本企业没有的技术来开发新产品，或是直接引进生产线生产新产品。这是科学技术水平比较落后的国家或地区的企业或者是没有自己科研机构的企业开发新产品的重要策略，可节约研制费用，尽快将产品制造出来以填补国内空白。在科研、技术能力有限的情况下，通过技术引进可以加快新产品的开发速度，企业由此可获得更多的市场机会。但引进的技术往往是别人正在使用或已经过时的技术，引进前应进行以下经济技术评价：①市场的容量和经济效益分析；②企业对该技术的消化、吸收与转化能力，能否做到引进与创新结合；③该技术的先进性、适用性分析。

（3）独立研制与技术引进相结合的方式。它是指企业在对引进技术消化和吸收的基础上，将引进技术与本企业的科研活动相结合，推动本企业的科研活动，在开发新产品的策略上应当坚持两条腿走路的方针，既重视独立研制，又重视技术引进，两者有机结合，在引进技术的基础上不断创新，开发新产品，努力赶超国际先进水平。

（4）联合开发方式。当今许多企业苦于缺乏新产品的生产制造技术，而许多科研单位、高等院校又苦于没有更多的资金将研制开发出的新产品投入生产，或是不能准确把握研究方向。解决这一问题的有效方式就是，双方联合开发新产品。由企业提出需求，由科研单位和高等院校组织人力进行开发。其结果既加快了科技成果的转化，又使双方都受益。

当然上述四种产品开发方式并不是相互排斥的，它们可以并行不悖。企业可以根据自身的实际情况，针对不同的新产品，分别采取有选择地综合采用。

二、新产品开发的方向及开发策略

（一）新产品开发的方向

新产品开发的方向，是指企业在一定时期内的产品发展方向，是科学技术的进步和社会对产品要求的综合反映。主要包括：

（1）产品的高效化与多能化。即开发高性能、高效率、功能多和用途广的产品。

（2）产品的小型化与微型化。即在功能保持一定的情况下，开发体积小、重量轻的产品。

（3）产品的多样化与标准化。即在开发新产品时，既要注意开发多品种、多型号的产品，又要使产品符合标准化和系列化的要求。

（4）产品的节约化与无污染。即在开发新产品时，既要做到节约能源、原材料，又要减少产品对环境的污染，有利于保护环境和人民的身心健康。

（二）新产品开发策略

企业的新产品开发策略是企业总体经营策略和市场营销策略的重要组成部分。关于新产品开发的策略有许许多多，以下介绍最具代表性的三种策略。

1. 维持强化型开发策略

这种产品开发策略本质上是一种防卫性策略，当企业对经营的现状感到比较满意时采用。采用这种策略关键是为了控制风险，并且尽可能减少开发失败而造成的损失。维持是指在动态的环境变化中的相对维持，这种策略所采用的革新手段主要表现在市场营销方面和降低产品成本、提高质量方面。其革新的程度是相当有限的。

2. 改革型开发策略

这种策略具有一定的进攻性，因此风险比较大，而且在开发过程中伴随有更多的创造性活动。这种策略的目标是，通过增加产品销量和提高市场占有率从而达到较大的增长。技术革新的程度比较接近开拓型，并且以自主开发为主。这种策略要求把握市场投放时机，要想取得足够的市场份额，只能是要么最先投放市场，要么紧跟第一家。

3. 风险型开发策略

当企业确认若不采取更冒险的策略就根本无法提高市场占有率时，就可选择风险开发策略。风险型开发策略以快速发展为目标，并依赖于雄厚的资源，在投放市场时一定要抢先占领市场或者紧跟第一家投放者投放。以这种策略为指导所开发的新产品，异样化程度应当具有很明显的独特性，否则就不可能实现企业所确定的快速发展的目标。

总之，上述三种新产品开发策略风险递增。至于选择哪种开发策略则要看企业是否能承担新产品开发中的风险。

【案例 13-1】

在通信设备市场上，思科是一个老牌路由器和交换机提供商。"刚柔并济"的战略实质是，思科在变革的新通信市场中成为整合性通信技术服务商。

2005 年，路由器和交换机分别给思科带来了54 亿美元和101 亿美元的收入，二者加起来共占思科总收入的74%。但是，基础硬件市场毕竟不是当年的蓝海市场，将大量技术含量很高的软件从"金属外壳"和"电子腑脏"中剥离出来，在新开辟的市场中独立销售，成为思科战略转型的必然。所以，在软件领域，思科开始加速并购。2006 年11 月，思科与 Orative 达成收购协议，将 Orative 提供的应用软件扩展到思科统一通信方案中。与此同时，与曾经是竞争关系的微软、诺基亚、北电网络也重新建立了基于通信软件技术的合作关系。思科变革的重点直指中国。数据显示，思科系统中国区 2006 财年销售额增长 30%，其中中国内地的增长速度达到了 40%。

正如思科公司全球 CEO 钱伯斯指出的，思科在中国取得的业绩与思科实施的一系列战略变革密切相关。软件已经成为思科主要的收入来源和增长点，作为唇齿相依的整体，软件让思科的路由器和交换机更加灵活，可以延长用户的硬件生命周期。

第二节　新产品开发的原则与程序

一、新产品开发的原则

开发新产品是企业成功的必经之路，能给企业带来巨大的好处，但是由于开发新产品所需的费用高，风险较大，所以，为了使新产品尽可能在技术上可行，在商业上成功，经济效益可观，新产品开发应符合下述原则：

(一) 市场需要原则

开发新产品必须以满足市场需求为其出发点。企业新产品的开发目的是为企业提供适销对路的产品，以使企业扩大市场占有率，提高经济效益。

(二) 经济合理原则

即要实现以最少的综合费用来实现新产品开发的技术目标。这里的综合费用包括两方面的内容：(1) 新产品开发与制造费用；(2) 商品销售费用、产品在使用寿命周期的维护保养使用费。另外，新产品开发还要注重社会效益，有利于节约能源与资源，有利于保持生态平衡，减少和防止环境污染，降低社会成本。

(三) 特色原则

特色是指有新的性能、新的用途或新的式样。产品的式样新，对消费者吸引就大；功能全，就能满足消费者多方面的需要；性能好，就能深得消费者的信任。总之，要让消费者感到这种产品确实与众不同，从而产生购买欲望。

(四) 技术先进性与适宜性相结合原则

产品开发的核心是创新，选择项目首先要考虑其技术先进性。新产品开发时着眼于何种水平，又与技术的适宜性有关。技术适宜性涉及企业的生产条件、技术力量、资金实力、原材料的供应保证程度等方面问题。只有将技术先进性与适宜性相结合，才能取得较好的社会经济效益。

(五) 采用国际标准，提高“三化”水平原则

为适应企业进入国际市场的需要，新产品的设计标准必须与国际标准接轨。不论是产品的技术指标、参数，还是产品的包装、商标等，都力争取得ISO（国际标准化组织）的认证。另外提高产品的“三化”（通用化、标准化和系列化）水平也是在产品开发时要重视的。通用化是将生产量大、使用范围广的不同类型或同一类型不同规格的产品零部件进行合并简化，使其能在一些产品中通用；标准化是将零部件通用范围扩大，并规定出标准的规格型号；系列化将产品合理分档、分级，排成系列。提高“三化”水平的目的在于减少设计工作量，加速新产品开发和制造过程，便于维修，从而降低使用费用，提高企业经济效益。

总之，新产品开发应遵循的准则可归结为：“创新、科学、经济、利民、利国”。

二、新产品开发的程序

开发新产品是一项十分复杂并且风险很大的工作。美国一家咨询公司的一

项调查表明：开发新产品从构思到投入市场，成功率只有1%～2%。因此，为了提高开发新产品的成功率，必须按照循序渐进的科学程序进行。一般说来，一项新产品从构思到成功上市的发展过程，大体上经过以下几个阶段：

（一）市场调研

这是开发新产品的基础。对市场信息进行系统的收集与分析，是新产品开发能否成功的关键。高层调研主要应当了解以下几个方面的内容：

（1）消费者喜欢什么样的产品，需求量有多大；

（2）消费者的收入水平及用于该产品的购买能力；

（3）本企业原有老产品的主要缺陷和竞争对手的主要优点；

（4）当前社会上有哪些先进的技术、新材料、新工艺等可以用于新产品的设计与生产。

（二）寻求创意

新产品开发过程是从寻求创意开始的，所谓创意，就是开发新产品的设想。虽然并不是所有的设想或创意都可以变成新产品，但寻求尽可能多的创意却可为开发新产品提供较多的机会。所以，现代企业都非常重视创意的激发。

企业在寻求创意时应当回答以下几个问题：（1）企业重点投资的领域是什么，应该发展到什么程度；（2）开发新产品要达到什么目的；（3）计划投入多少资金；（4）期望达到多高的市场占有率；（5）若有不同类型的新产品开发意向，应向其中的各个部分投入多大力量等。只有认真思考上述问题，才能减少创意失败率。新产品创意的主要来源具有广泛性，新产品创意的潜在来源有：（1）顾客；（2）科学家；（3）竞争对手；（4）企业管理人员和职工；（5）市场研究公司及广告代理商。

（三）新产品开发创意的筛选

这一阶段是从征集的许多方案中，选择出开发条件好、可行性高的构思和创意，淘汰那些不可行或可行性较低的创意。筛选创意时，一要坚持新产品的开发的正确方向；二要兼顾企业长远发展和当前市场的需要；三要有一定的技术储备。在此阶段，企业要避免两种过失：

（1）“误弃”，即因企业未认识到该创意的发展潜力而将其误弃。造成这种结果的原因有：一是思想上太保守；二是没有统一的评价标准。

（2）“误用”，即企业将一个没有发展前途的创意付诸开发并投放市场。由此造成的产品失败可分为三类：①产品彻底失败，销售额太低，连可变成本都收不回来；②产品部分失败，虽不能收回全部投资，但销售额可以保证收回全部可变成本和部分固定成本；③产品相对失败，只获得比企业通常投资收益率低的利润。

不论是“误弃”还是“误用”都会给企业带来损失，因此，在筛选创意时须特别注意。创意筛选时，还需要考虑两个因素：

(1) 该创意是否与企业的战略目标相适应，表现为利润目标、销售额目标、销售增长目标、形象目标等几个方面；

(2) 企业有无足够的能力开发这种创意。这些能力包括资金、技术、人才、销售等多方面能力。

(四) 决策方案论证和编制设计任务书

产品决策方案论证是根据新产品开发目标要求，对未来产品的基本特征和开发条件进行概括的描述，包括主要性能、目标成本、销售预计、开发投资、企业现有条件利用程度等。决策的目的就是对不同方案进行技术经济论证、比较，决定取舍。所有这一切的实现，都必须有一套科学的论证方法予以保证。

决策方案论证方法有定性方法和定量方法两大类。实践证明有一些比较规范和成熟并有效的论证方法，下面仅介绍成本收益分析法。

成本收益分析法是对新产品开发项目进行投入产出对比分析，从经济的角度对项目作出价值判断。计算分析指标为“收益/成本比率”，其基本含义用公式表示为：

$$收益/成本比率=\frac{收益\times成功概率}{开发成本}$$

上式表明这种分析方法适用于具有独立销售价值的新产品开发项目。这个基本算式中的收益通常是指净收益，是开发成果的出售价格与开发过程中费用支出之差额。开发成本是指开发费用支出，具体计算中要考虑该成果全部寿命周期内的收益与成本。成功概率包括两个方面：一是技术成功概率；二是商业成功概率。因此上式可以具体化为：

$$收益/成本比率=\frac{P_1\cdot P_2\cdot(P-C)\cdot V\cdot L}{开发总成本}$$

式中，分子项中的 P_1 为技术成功概率，P_2 为商业成功概率 ($0\leqslant P_1,P_2\leqslant 1$)，$P$ 为单位售价，C 为单位成本，V 为年销售量，L 为寿命年数。分母为开发总成本，包括开发成本和销售费用，其中销售费用的计算期与分子中寿命年数一致。

成本收益分析法的使用价值决定于以下因素：

第一，对成本作出估算的准确程度。由于费用支出尚未发生，估算难免不够准确。因此提高成本收益分析法的准确度要做到：①考虑未来时期的价格变动，而不是简单地按当前价格水平估价；②考虑货币时间价值，避免立项后不断追加投资。

第二，对技术和商业成功概率的估计。估计这两项成功概率没有绝对成功的数学方法，一般依靠科学方法加以经验判断。其中，对商业成功概率的估计要更困难一些。比如对同类产品过去的销售情况及目标市场的情况作深入考察，推算出最低和最高销售，进而推算出成功概率。从理论上说，对两项成功概率的合计值（乘积）要求为50%，显然其中对商业成功概率的要求应当更高些。譬如技术成功概率为65%，则商业成功概率为77%（50%/65%）。

第三，对市场容量的估计。对商业成功概率的判断与市场有关，因收益/成本比率计算中还涉及市场销售量和寿命期。如果说前面两项因素（成本和成功率估计）在很大程度上企业可以控制的话，市场容量则主要决定于用户。

综上所述，成本收益分析法的计算本身并不难，确定计算式中的诸要素则很难。因此，在尽可能详细地分解成本计算项目和掌握详尽情报资料的条件下，尤其在对两个及两个以上项目进行比较选择时，这种方法是十分有效的。

通过对方案的评价，可能的决策结果有以下几种情况：一是所有方案都不付诸开发；二是因某些情况尚不清楚，方案推迟开发；三是选择两个各有利弊的方案制造出样品，然后依试验结果再决定取舍；四是选择某个真正较优者开发。

新产品开发方案决定后，要组织力量编制设计任务书。设计任务书的内容比产品开发方案要具体。设计任务书是指导产品设计的基础文件。编写任务书的好处是：(1) 立项慎重，审批认真，避免论证不足匆匆上马；(2) 整个工作过程有“法”可依，环节清楚，任务明确；(3) 各种条件和要求预先提出，及早准备，避免开发过程中因条件不成熟而造成资源浪费；(4) 有利于经济核算和合同责任制的实现；(5) 便于科研开发活动业绩考核。

（五）新产品设计

设计任务书经审查批准后，进入产品设计工作阶段。新产品设计一般分为初步设计、技术设计和工作图设计三个阶段。这三个阶段的设计任务重点不同。初步设计的主要任务是对产品的基本原理和结构进行试验研究，然后编制初步设计文件，绘制草图；技术设计是产品的定型阶段，它要确定零部件的结构、尺寸、配合关系、技术条件，编写出各种计算数据和技术经济资料；工作图设计是在技术设计的基础上为新产品试制和生产提供所需全套图纸，如零件图、产品总图、部件装配图和总装图、零部件明细表以及产品使用说明书等。全套图纸和全部技术文件经过审查、会签、批准后要归档。

（六）新产品的试制

新产品的试制一般包括样品试制和小批试制两个步骤。

(1) 样品试制。其目的是考核产品的设计质量，检验产品结构、性能及主要工艺，验证和修正设计图纸，使产品设计基本定型。

(2) 小批试制。其目的是考验产品的工艺，检查图纸的工艺性，验证全部工艺文件和工艺装备，并对设计图纸再进行一次审查修改。

（七）新产品试验与评价鉴定

新产品的鉴定，是对产品从技术上、经济上作出全面评价，以确定新产品能否进入下一阶段试制或成批生产。鉴定一般可分为设计定型鉴定和生产定型鉴定，也可搞一次性鉴定。鉴定的内容包括：检查产品是否符合技术标准；检查工艺文件、工艺装备是否先进合理；检查产品是否达到质量指标；检查产品的一般性能、使用性能、可靠性、安全性、环境性能等，以及对产品进一步进行各项技术经济分析。

（八）市场试销

如果企业决策层对某种新产品开发试验结果感到满意，就可着手准备新产品的品牌、包装和初步营销方案，把产品推向真正的消费市场进行试验。其目的在于了解消费者和经销商对于经营、使用和再购买这种新产品的实际情况以及市场的大小，然后采取适当对策。

市场试销的规模取决于两个方面：一是投资费用和风险大小；二是市场试销费用和时间。投资费用和风险越高的新产品，试验的规模就应大；反之，投资费用和风险较低的新产品，试销的规模就可小一些。从市场试验费用和时间来看，所需商场试销费用越多，时间越长的新产品，市场试销的规模就应小一些；反之，则可大一些。不过，总的来说，市场试销的费用不宜在新产品开发投资总额中占太大比例。

（九）正式生产和销售阶段

产品投放市场，必须以试用试销过程中取得的信息为依据，制定出有效的营销组合策略，以便最快地进入和占领市场，进入产品寿命周期的成长期，迅速达到一定的市场占有率。

产品投放市场之前，还要进行一次全面、系统的分析，包括市场销售状况、产品前景、竞争形势和产品收益性的分析，并与原计划目标进行比较，寻求进一步改进产品设计和营销策略的措施，以达到新产品开发的最佳效益。

第三节　新产品开发的组织管理

新产品开发是一个复杂的系统工程，为了使新产品开发能顺利进行，企业在新产品的规划、评价和组织管理工作方面应进行适当安排，以取得预期成果。

一、新产品开发的规划

新产品开发规划，一方面要根据市场需求和遵循新产品开发的有关方针、政策；另一方面要注意将当前与长远、应用研究与基础研究相结合。规划的内容主要有：

（1）规划目标。主要包括开发新产品所要达到的技术经济指标、赶超国际先进水平的指标、市场销售目标、市场占有率水平、成本目标和利润目标等。在制定技术经济指标时，一定要考虑市场的需求与本企业的可能，并力求在同类型产品中具有本企业的特色。

（2）规划依据。主要是企业内外部的环境分析。从企业的外部环境分析中提出新产品开发的必要性、可以利用的条件，尤其是短时期内高层对新产品的需求情况、价格接受能力、技术发展趋势的预测及国家经济政策的分析等。从企业内部环境的分析中，提出新产品开发的现实可能性，主要是企业内部的人力、物力、财力、技术能力分析，原材料、设备供应前景等。

（3）实施规划。包括实施规划的各项技术措施、组织措施、研制日程、研制方式，以及责任部门、协作单位等。

二、新产品开发的组织方式

（一）新产品开发的组织形式

1. 职能管理与开发设计合一的组织形式

这种形式是企业在总工程师领导下设立技术科（室），负责新产品开发的组织管理工作，从事新产品开发设计、试制及生产技术工作。它一般适用于新产品开发项目较少，且发展产品又不太复杂的中小型企业。

2. 职能管理与开发设计相分离的组织形式

这种形式是企业设立技术科（室），专门负责技术管理工作；此外，另设新产品开发设计单位、开发领导小组，专门从事科研和新产品的设计试制。这样使新产品开发有物质技术保证，同时也便于统一领导、指挥和配合，确保新产品开发各阶段工作的顺利进行。现已为不少企业所采纳，取得了良好效果。

（二）新产品设计的组织形式

1. 单线式

指按新产品成立设计组，由一名主任设计师领导负责，承担新产品的全部设计工作，参与试制、试验活动。这种形式的优点是责任明确，便于管理，但缺点是要求设计人员具有多方面的知识。

2. 复线式

这种形式是将新产品分成两类：一类是独立开发性的；另一类是一般性的，分别组织设计组进行设计。这种形式的优点是重点突出，对发展新产品较有利，但缺点基本上与单线式相仿。

3. 矩阵式

这种形式是既按新产品设置综合设计组，又按不同专业设置很多专业设计组。每个专业组都要承担不同产品的相同或相似的设计任务。其优点是克服了上述两种形式的缺点，有利于提高设计质量和设计人员水平。但是，采用这种组织形式，要求在综合设计组和专业设计组之间必须进行很好的协作配合，对管理水平要求较高。

4.“项目中心”式

这种形式是按新产品开发项目将车间（分厂）里的设计、工艺、试验等有关人员都集中起来，与企业产品设计人员一起组成开发中心。从这些车间来的人员按各自的分工，在项目中参加产品设计、试制工作，一直到产品生产定型。而后他们便将产品设计带到各自车间，组织本单位应负的那部分生产。该形式的优点是：人才集中后，新产品设计快；人才分散下去后，新产品制造快；有利于人才培养和产品开发。

近年来，一些西方国家企业还常采用以下一些组织管理形式用于新产品开发和管理：

（1）由产品线经理兼管新产品开发。该方式的优点是简便易行，缺点是产品线经理的主要工作是管理现有产品线，少有时间考虑产品改良和研究开发等问题，并且他们一般也缺乏开发新产品的专业技术知识。

（2）新产品经理专管新产品开发。该形式的优点是使新产品开发专业化。新产品经理可根据市场情况随时改进现有产品和研制新产品。

(3) 设立新产品开发委员会。即大型企业设有新产品开发委员会，将营销、生产、财务等部门的高级管理人员集中在一起，主要任务是审批新产品开发。

(4) 设新产品开发部门。一些企业通过设专门的管理新产品开发的部门，由企业高层管理者担任主管，负责新产品开发的一系列组织工作，包括构思、筛选、协调研究与开发，以及产品上市前的试销工作。

(5) 大型企业联合开发新产品。例如，美国的 IBM 公司和苹果电脑公司联合开发个人电脑及其软件；美国通用、福特、克莱斯勒三大汽车公司在联邦政府资助下联合研制电动车用的新型电池；德国西门子公司、美国 IBM 公司和日本东芝公司共同研制计算机芯片等。

总之，设立高效精干而又合理的组织机构，是开发新产品的有力的组织保证，可以减少新产品开发中的盲目性和风险性，还可保证企业的设计、营销、财务等各部门在新产品开发中相互配合，提高开发的成效。

第四节 价值工程

价值工程（Value Engineering，VE），是一种以提高对象价值为目标的技术经济分析方法。在产品设计中，重视产品的质量、性能的可靠性，而忽视为此付出的代价的现象普遍存在，这也是一些企业能生产出精良的产品，却经济效益不佳的原因之一。如何在保证产品性能的情况下，尽可能降低产品的成本，将技术与经济结合起来，是一个非常重要的问题。价值工程为此提供了一种行之有效的解决方法。

一、价值工程的定义和特点

价值工程是通过各相关领域的协作，对所研究对象的功能结构与费用进行系统研究，以提高对象价值的思想和方法。价值工程通过功能分析，力求以最低的总成本获得必要的功能，使产品价值得以提高。价值工程中的价值、功能和成本三者关系如下式所示：

$$价值=\frac{消费者所需要所承认的功能}{该功能在产品寿命周期内的总成本}$$

或简单表示为：

$$V=\frac{F}{C}$$

由上式可见，价值工程中所说的“价值”，不是政治经济学中表示商品中的社会必要劳动量的价值概念，而是产品功能与成本两方面相互比较所作的评价。所谓产品“功能”，是指产品的使用价值、功能或满足用户需要的程度。所谓“成本”，是产品寿命周期成本，即从产品的研制、生产、使用、维修，直到最后报废为止的全部成本，而不仅是产品的生产成本。价值工程中的“价值”是产品的功能与其成本的比值。

价值工程从产品的功能与其成本的最佳组合出发，研究以最低的成本实现必要的功能，从而达到提高产品价值的目的。价值工程在其目标、方法、活动领域与组织管理方面有一系列的特点。

(1) 以提高价值为目的。即以最低的寿命周期成本，使某种产品获得必要的功能。它不是单纯地提高产品功能，也不是片面地追求降低成本，而是致力于提高两者的比值。因此，价值工程要从用户利益、社会利益、企业利益相结合的观点出发，从事产品的开发与改进。

(2) 以功能分析为核心。功能分析是以功能为对象，分析产品的功能是否适合用户的要求以及适合的程序，如何用较少的人力、物力资源实现产品的功能。

(3) 活动领域侧重在设计和计划阶段。据统计，产品成本的70% ~80%是由研制阶段决定的，因此设计师的节约是最大的节约。所以，侧重在设计和计划阶段开展工作，是价值工程的一项特征。

(4) 依靠集体智慧进行，技术与经济相结合。价值工程涉及产品设计、制造、销售使用和财务会计等各方面，因此，需要加强各方面的配合，有组织地开展这一活动。

二、提高产品价值的基本途径

通过价值的定义 $V=F/C$，我们不难得出提高产品价值的基本途径有以下几个方面。

(1) $F\uparrow/C=V\uparrow$。即功能加强，成本不变，价值提高。如在成本不变的情况下，手表增加了日历的功能，其价值提高。

(2) $F/C\downarrow=V\uparrow$。即功能不变，成本下降，价值提高。如吊扇的成本由原来的48元降至45元。

(3) $F\uparrow/C\downarrow=V\uparrow$。既提高功能，又降低成本，价值提高。如某机床厂生产的平面磨床的刻度盘，由无光镀铬改为喷砂无光镀铬，提高了字迹的清晰度，又降低了加工费用和废品率。

(4) $F\uparrow\uparrow/C\uparrow=V\uparrow$。即成本有所提高，但功能提高的倍数更大，价值提高。如生产100升的冰箱改为生产160升的冰箱，成本增加1/3，而功能则增加3/5。

(5) $F\downarrow/C\downarrow\downarrow=V\uparrow$。即功能有所降低，但成本降低的幅度更大而价值相应增加。如取消气压式热水瓶的某些多余功能，如镀金、转盘底座等。

三、价值工程的指导原则

价值工程的创始人麦尔斯在长期实践的基础上，归纳总结出了著名的价值工程指导原则。这些原则可以说是价值工程的起点，是在价值工程活动的全过程中必不可少的最基本的指导思想。

(1) 收集一切有用的成本资料。

(2) 使用最可靠的最佳信息。

(3) 充分利用各方面的专家，扩大专业知识。

(4) 尽量利用专业化工厂生产的产品。

(5) 利用和购买专业化工厂的知识和技术。

(6) 有效地利用专业化的生产工艺。

(7) 尽可能采用标准化。

(8) 避免一般化，寻求特殊化。

(9) 打破现有框框，不断提高创新。

(10) 发挥真正的创造性。

(11) 找出障碍，克服障碍。

(12) 对于重要的公差，要换算成加工费来评价。

(13) 以“我是否这样花自己的钱”作为评判标准。

以上13条原则可以概括为四个方面的内容：1~2条是强调收集有关技术经济信息，3~7条讲的是尽可能利用专业化、标准化的技术、工艺和产品，8~11条强调要有创造性，12、13条是能否活动的行动标准。这些原则对新产品的设计毫无疑问具有指导意义，如在新产品中使用专业化、标准化零部件，既可以增加产品性能的可靠性，又可以降低成本。

四、价值工程的活动程序

价值工程的实施过程，实质上是发现问题、分析问题和解决问题的过程。据此，可把VE的工作步骤与对应的问题列表如下，见表13-1。

表 13-1　　价值工程活动的一般程序

阶段	工作步骤	对应问题
一、发现问题	（一）选择对象与搜集情报	1. 这是什么？
二、分析问题	（二）功能分析	2. 它的作用？
	（三）功能评价	3. 它的成本？
		4. 它的价值多少？
三、解决问题	（四）方案创造	5. 有否更好的方法实现同样功能？
	（五）方案评价	6. 新方案成本多少？
		7. 新方案能满足要求吗？

价值工程的实施一般需要按七个大的阶段进行。

（一）价值工程的对象选择

价值工程的对象很广泛。为了满足某种需要，必须获得某种功能。为了获得某种功能，必须付出一定的代价。这里存在一个价值高低的问题，这就是价值分析的对象。在开展价值工程活动时，不可能把企业的全部产品或零部件都作为研究对象，而是要有选择地分轻重缓急，抓主要矛盾予以解决，以有效地提高产品价值。因此，要掌握一定的原则和方法来选择对象，一般可从产量中找多者，从质量中找差者，从成本中找高者，从诸因素中找关键因素。

为了便于抓住重点对象，可采用 ABC 分类法，把产品中的零件分为 A、B、C 三类来确定。例如，某汽车产品通过 ABC 分析法确定，有 10% 的零件占总成本的 60% ~80%，则这 10% 零件就是价值工程中的重点对象。选择重点对象，还可以按产品寿命周期进行研究，如处在投入期的新产品就是价值工程的研究对象。此外，也可以采用经验估计法，研究确定重点对象。

（二）收集信息情报

指围绕所选定对象广泛收集有关产品设计、工艺、生产、销售等方面情报，获得进行价值分析的依据、标准、对比对象，从中获取有益的启示。收集的资料视具体需要而定，要做到可靠和及时。

资料收集后要进行分类、整理和研究。特别是研究用户的意见和市场销售情况，以便分析产品的功能有哪些不能满足需要，予以提高；有哪些是功能过剩，可以适当降低要求。要研究产品的成本构成，把成本按需要细分为零部件成本、工序成本等，以便进行价值分析。

（三）功能分析

价值工程是以功能为中心进行研究的，因此功能分析是价值工程的核心。功能分析的目的是科学地确定产品及其构成要素的必要功能，明确各项功能的性质和重要程度，为功能评价奠定基础。功能分析包括功能定义、功能分类、功能整理和功能评价四个方面的内容。

1. 功能定义

即用准确而扼要的语言对产品及其零部件的各种功能加以描述，以确定其必要功能。对功能下定义，可使产品和零部件所具备的功能得以明确，加深对功能的理解。功能定义要简明、准确。国外经验是用一个动词和一个名词为一个功能下定义，如承受重力、减少摩擦、传递力矩、保护表面，等等。

2. 功能分类

一个产品往往有多种功能，一般可分将功能分为基本功能和辅助功能。基本功能是实现产品用途必不可少的功能，如果不具备这个功能，产品就失去了存在的价值；辅助功能是为了更有效地实现基本功能而添加的功能。此外还可将功能分为使用功能和装饰功能、必要功能和不必要功能、合适功能和过剩功能等。功能分类是为了区别功能的主次。

3. 功能整理

功能整理主要是明确功能的相互关系，按照功能作用的次序排出功能系统图，找出并排除不必要的功能，补充不足功能，并进一步明确和修正功能定义，以便进行功能评价和思考改进方案。功能整理的方法是按功能的次序分为上位功能和下位功能。这种次序是按“目的”和“手段”的逻辑关系加以排列，形成一个功能系统图。上位与下位是相对而言的。目的功能在左，叫上位功能；手段功能在右，是为达成目的而采用的手段，称下位功能。某一功能对其上位功能来说是手段，故属下位；但对其下位功能来说是目的，故属上位。

通过功能系统的分析，有助于分析功能的从属主次关系，以便进行功能评价。一般的功能系统图如图 13-1 所示。

4. 功能评价

功能评价是价值工程中的核心问题，即采用一定的方法，对功能进行定量分析，用一个数值来表示功能的大小或重要程度。功能评价的目的是探讨功能价值，对价值工程对象中的功能过剩还是功能不足进行分析，明确要改进的功能范围；根据目标成本，确定价值工程的重点目标和经济指标；并计算出各产品及零部件功能的价值系统和成本可望降低幅度，其数值为目标成本与必要（最低）成本之差。

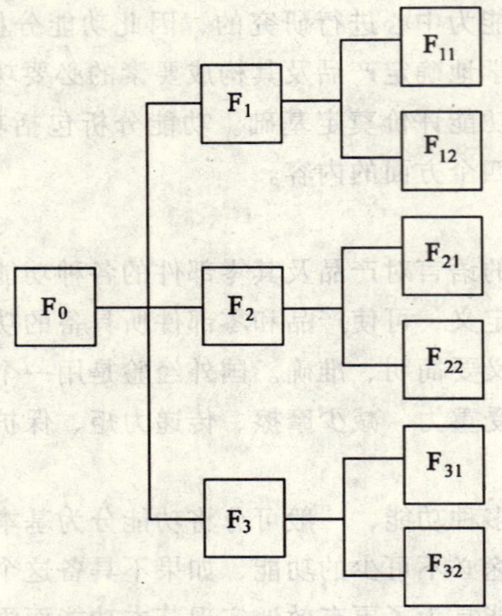

图 13-1　一般功能系统图

$$\text{功能评价系数}=\frac{\text{某一零部件的功能分数}}{\text{全部零部件的功能分数}}$$

如果已确定了目标成本，可进一步计算可望降低成本的期望值，即：

某零件的功能评价值=该零件功能评价系数×目标成本

某零件的改善期望值=该零件的功能评价值-该零件的实际成本

(四) 方案创造

价值工程的基本目标是在功能分析的基础上，提出更为合理的产品设计方案，提高其价值。方案创造是针对价值工程的具体对象，依据已建立的功能系统图和确定的目标成本，通过创造性的思维活动，提出各种不同的实现功能的方案，择优选用。方案创造的过程是一个创新思维的活动过程，应着重发挥组织的作用，广开思路，以便得到脱颖而出的新方案。一般可以采用的方法有：

1. 头脑风暴法

头脑风暴法是一种会议技术，通过大家共同努力寻求对特定问题的解决。会议成员即兴的想法受到重视，把创意和评价分开，即推迟对各种观点进行批评性的评价，以收到更多更好的创意。利用人的大脑的相互启发激荡，能获得对问题的创造性的解决办法。头脑风暴法应遵循下述原则：

(1) 用最基本的词语表述问题，力求简短，且只有一个焦点；

(2) 不要对任何观点横加挑剔，而是不断探求各种思想，不断探索；

(3) 对每一种想法都认真考虑，即使看起来不着边际、离题万里，也不放过；

(4) 对参与者要大力支持、热情鼓励，以便自由发表各人的看法，表明态度。

2. 哥顿法

这是一种使与会人士开阔思路的方法。它的特点是，会议主持人对于所讨论的功能不作具体的介绍，而有意地把问题抽象化，以便能够打破框框，不受原事物的约束。

3. 德尔菲法

这是一种背靠背函询调查的方法。它是将所要讨论的问题和有关资料，用通信的方式向专家们提出，得到答复后，把各种意见归纳、整理再反馈给专家，进一步征询意见。如此反复多次，直到意见比较一致和集中为止。该方法具有匿名性、反馈性和数理统计的特点。

(五) 方案评价

对提出的方案，不论是提出新的产品设计方案，还是改进老产品设计方案，都要对以下问题进行技术与经济方面的分析评价：

(1) 此方案有没有多余或不足的功能？

(2) 除此方案外，是否还有其他方案可以实现这种功能？

(3) 实现各方案的成本是多少？

(4) 新方案是否能实现规定的功能？

方案的评价分概略评价和详细评价两种。

(六) 试验及审批方案

为了保证质量，确保最佳方案先进可行，需要试验验证。验证通过后，作为正式方案，由设计人员将方案优选前后的功能、成本以及其他指标整理出来，形成文件报企业领导部门审查批准后执行。

(七) 方案实施及检查与总结

它包括确定方案实施负责单位和个人；编制具体实施计划；明确分工进度和质量要求；制定验收标准；组织方案实施；进行详细成本核算等。

方案实施后，还要对价值工程活动的结果进行成果评价。一方面要总结价值工程的组织管理工作，吸收经验教训，提高价值工程活动水平；另外还要通过一系列的经济指标来评价活动实施效果。可用价值工程活动费用（活动成本）与改进后的成本节约额进行比较。成果评价的指标主要有：

（1）全年净节约额=（改进前成本－改进后成本）×年产量－价值工程活动费用

$$（2）节约百分数=\frac{改进前成本-改进后成本}{改进前成本}\times 100\%$$

$$（3）节约倍数=\frac{全年净节约额}{价值工程活动费用}$$

上式中，节约倍数大于 1 的方案才是成功的方案，价值工程才算获得成功。

【复习思考题】

1. 产品开发对企业有什么重要意义？
2. 有哪些新产品开发方式可供企业选择？新产品开发应遵循哪些原则？
3. 企业开发新产品应遵循什么程序？新产品设计要经过哪几个阶段？
4. 价值工程的特点和活动程序有哪些？
5. 价值工程的功能分析有哪些内容？

【本章案例】

格兰仕的国际化发展道路

格兰仕自从 1996 年成立海外部之后，其国际化道路一路高歌猛进：当年即在海外销售微波炉 4 万台；1998 年微波炉已经占据法国 25% 的市场；2000 年在美国销售微波炉 100 万台；2005 年格兰仕在小家电领域以 800% 的增长速度抢占全球市场，其中电烤箱、早餐机领先同行程度很高，电磁炉、电饭煲等销量争创世界第一。但是目前，格兰仕的国际化道路也面临着一些重要的战略选择，主要包括：

1. 继续贴牌还是创牌优先

贴牌生产，企业只进行生产投入，而不进行品牌投入，因而投入较低，格兰仕在进入国际市场之初，就是运用这样的品牌策略，使自己的产品占有率在国外市场取得了巨大的突破。但人们对格兰仕仍然存在异议：在国际市场角逐中缺乏自主品牌，纯粹"贴牌"只是一种短视行为，毕竟纯粹制造的附加价值远远低于拥有自主品牌而取得的附加价值，而且随时存在外国品牌拥有企业收回品牌使用权的威胁。格兰仕认为，"贴牌"其实是它"曲线救国"的一个战略：格兰仕进军海外市场是从北欧的个别国家起步，后来慢慢渗透到整个欧洲、北美及世界各地，其中一个重要的方式就是通过与诸多世界名牌、世界主流渠道建立产业链同盟，利用对方的品牌、网络来销售格兰仕的产品，在迅猛提升产品占有率的过程中树立企业形象。

2. 坚持代工还是技术创新

格兰仕通过对比中国与发达国家企业发现，不论是技术还是资金，中国企业都不占优势，唯一可以拼一下的是人力资源，因此格兰仕便把做世界上最大家电生产基地作为自己的发展目标。为了实现这个目标，格兰仕与世界知名企业进行分工合作，将很多大企业如GE、松下等公司的生产线搬到格兰仕，由格兰仕为它们生产产品。在整个经济的价值链上，从研发、设计、采购到生产、库存、营销和运输，各环节缺一不可。任何企业或国家不可能在所有的价值环节上都是世界上最有竞争力的，而中国无疑在生产环节上最具竞争力，所以“中国制造”迅速取代“日美制造”是必然的。然而，如果只会代工，不能自主创新，就无法提高企业的竞争力，永远只能让别人掌握自己的命运。2000年以来，格兰仕的技术研发投入逐年加大。目前，格兰仕已掌握了世界光波尖端技术，并成功应用于微波炉和空调产业，拥有1000多项专利、专有技术。格兰仕已走上从引进、模仿到消化、集成、自主创新的长效发展道路。

3. 精益求精还是多头并进

格兰仕初期的成功，很大程度上源自专心于微波炉行业，没有盲目地跟随其他企业进行多元化。但如今面对格兰仕产品过于单一的缺点，它将何去何从呢？2000年，格兰仕迎来了战略大调整的一年，它做出了一个叫业内大吃一惊的决定，进军空调行业。也许是微波炉的OEM出海经验太过成功，这一经验很快被平行移植到空调领域。无可比拟的成本优势、过硬的产品质量、精耕细作的情感营销，格兰仕空调率先撬开了西班牙市场的大门，紧接着意大利成为格兰仕在欧洲最大的市场。同时格兰仕也开始以黎巴嫩市场为滩头阵地，继而抢占中东市场。格兰仕继打造空调作为第二增长源后，又锁定做大小家电产业。种种迹象表明，格兰仕集团在相关多元化领域正持续尝试，欲改变微波炉单一产业独大的局面。在当今国际环境下，格兰仕当然不能奢望仅仅依靠微波炉这个单一产品永续发展，谨慎地进行相关产业的多元化不失为一种明智的选择。格兰仕可以借鉴微波炉领域的国际化经验，依托建立起来的各种渠道，吸收相关技术，在空调和小家电领域大展鸿图。

近年来，为了支撑公司世界品牌的梦想，以制造为强项的格兰仕对研发工作也开始投入巨资，使每年的研发基金占企业销售收入的5%。除了完善企业自有的研发中心，还寻求与国外专业科研机构和知名企业研发中心的合作。

资料来源：葛方新．格兰仕的出海谋略．经营管理周刊，2004-7-13.

案例思考题

1. 格兰仕的战略选择是如何将外部环境与自身特点结合起来考虑的？
2. 你认为格兰仕采取的是什么样的产品开发策略？其特点如何？

第十四章　质量管理与控制

【教学目的与要求】 了解产品质量的内涵；明确质量管理的内容及质量体系的构成；了解质量管理的发展过程；熟悉全面质量管理的定义与特点；把握质量保证体系的内容；掌握主要的质量控制方法，理解六西格玛管理的本质与特点；明确质量成本的构成及控制；充分认识质量认证的意义与构成；深入了解 ISO 9000 族系列标准的内容及改进。

第一节　质量管理及其发展

一、质量的内涵

质量有广义和狭义之分。狭义的质量指产品的质量；广义的质量除了产品质量以外，还包括过程质量、服务质量和工作质量。质量管理专家朱兰从用户的使用角度出发，将质量定义为产品的“适应性”（fitness for use）。在 ISO 8402-94《质量管理和质量保证——术语》中，质量被定义为“反映实体满足明确和隐含所需的能力的特性总和”。这里的实体是指可以单独研究和描述的事物，可以是过程、产品、组织、体系、人或它们的任何组合。这个定义很广泛，包括了产品的适用性和符合性的全部内容。

二、质量管理与质量体系

（一）质量管理

对于质量管理，ISO 9000：2000 的定义为：指导和控制组织的与质量有关的相互协调的活动。从定义可知，组织的质量管理是指挥和控制组织与质量有关的相互协调的活动。它以质量管理体系为载体，通过建立质量方针和质量目标，并为实现规定的质量目标进行质量策划，实施质量控制和质量保证，开展质量改进等活动。由于组织的基本任务是向市场提供能符合顾客和其他相关方要求的产品，围绕着产品质量形成的全过程实施质量管理是组织的各项管理的主线，所以质量管理是组织各项管理的重要内容，通过深入开展质量管理能推动组织其他的专业管理。质量管理涉及组织的各个方面，是否有效地实施质量管理关系到组织的兴衰。

（二）质量体系

ISO 9000：2000 定义质量体系为：建立质量方针和质量目标并实现这些目标的体系。它包括为实施质量管理所需的组织结构、程序、过程和资源。质量体系是质量管理的核心，它把影响质量的技术、管理与人员等因素都综合起来，使之为了一个共同的质量目标相互配合，努力工作。

任何生产组织或服务组织都有一个质量体系来完成它的使命和目标，也就存在质量管理的组织机构、职责、程序、过程和资源。但是一个组织的质量体系因其产品或服务的不同而不同，因此，质量体系的建立和运行必须结合组织的特点与环境来考虑。

三、质量管理发展简史

质量管理是随着生产的发展和科学技术的进步而逐渐形成和发展起来的，它发展到今天大致经历了三个阶段。

第一阶段是质量检验阶段，也叫事后检验阶段。它是质量管理的初级阶段，一般以 20 世纪初至 40 年代以前为界。当时为了保证产品质量，质量管理职能开始从操作者转移到工长，后来随着企业规模的扩大和产量的增长，大多数企业开始设置专门的质量检验部门，把质量检验职能从生产工序中分离出来成为独立的工种。但只有检验部门负责，没有其他管理部门和全体职工参加，尤其是直接操作者不参与质量检验和管理，就容易和检验人员产生矛盾，不利于质量的提高；事后检验不能事先预防次品的产生和避免所造成的损失，这是检验质量管理的一个重大缺点。

第二阶段是统计质量管理阶段。统计质量管理产生的历史背景是 20 世纪 40 年代以后，生产力进一步发展，大规模生产形成，如何控制大批量产品质量成为一个突出的问题。这时英、美等国相继颁布新的公差标准，对于批量生产产品的互换性和通用性起了一定的保证作用，同时一些统计学家开始着手研究用统计方法代替单纯用检验方法来控制产品质量。这种方法实现了从被动的事后把关到生产过程的积极预防的转变。相对于检验把关的传统管理来说，统计质量管理是概念的更新，检验职能的更新，是质量管理方法上的一次飞跃。

这种质量管理方法是科学的、经济的，但主要问题有：（1）它仍然以满足产品标准为目的，而不是以满足用户的需要为目的；（2）它仅偏重于工序管理，而没有对产品质量形成的整个过程进行控制；（3）统计技术难度较大，主要靠专家和技术人员，难以调动广大工人参与质量管理的积极性；（4）质量管理与组织管理未密切结合起来，质量管理仅限于数学方法，常被领导人员忽视。由于上述问题的存在，统计质量管理也无法适应现代工业生产发展的需要，必须进一步发展。自20世纪60年代以后，质量管理便进入了全面质量管理阶段。

第三阶段是全面质量管理阶段。此阶段从20世纪60年代开始一直延续至今。促使统计质量管理向全面质量管理过渡的原因主要有以下几个方面：

（1）科学技术和工业发展的需要。20世纪50年代以来，世界科学技术发展日新月异，出现了许多大型、精密、复杂的工业工程和工业产品（如火箭、人造卫星、宇宙飞船等），这些产品对安全性、可靠性等要求越来越高，这就使产品质量问题成为企业一个十分突出的问题。原有的管理方法已难以把产品质量管理好，它要求运用“系统”的概念，把质量问题作为一个有机整体加以综合分析研究，实行全员、全过程、全面的质量管理，以达到用最经济的手段生产出用户满意的产品。

（2）20世纪60年代在管理理论上出现了行为学派。该学派主张重视人在管理中的作用，主张改善人际关系，满足人的社会需要，调动人的积极性；在企业质量管理中出现了依靠工人进行自我控制的无缺陷运动和质量管理小组等。

（3）保护消费者利益运动的兴起。广大消费者为了保护自己的利益，迫切要求企业加强质量管理，出具“质量保证单”。这促使企业必须建立生产全过程的质量保证体系，把质量管理水平提高一步。

（4）市场竞争更趋激烈。企业要深入研究市场需求情况，制定合适的质量水平。不断研制新产品，同时还要作出质量、成本、交货期、用户服务等方面的经营决策。因此，企业迫切需要现代经营管理科学作指导，现代质量管理科学也就得到迅速的发展。

正是在这种历史背景和社会经济条件下，费根堡姆和朱兰等人先后提出了全面质量管理的理论。1961年费根堡姆出版《全面质量管理》一书，比较系统地阐明了全面质量管理的理论和方法，很快为世界各国所接受，发展成为风靡当今世界的现代质量管理方式，使质量管理发展到一个新的阶段。

第二节　全面质量管理和质量保证体系

一、全面质量管理的原理及特点

在全面质量管理概念的产生和发展中，其定义和解释也在不断发展中，但基本原理仍基于对生产全过程即质量循环的系统控制，只是在不断加强，使其产生更好的效果。

(一) 全面质量管理 (TQM) 的含义

全面质量管理创始人费根堡姆博士认为，全面质量管理是为了能够在最经济的水平上，并考虑到充分满足顾客要求的条件下，进行市场研究、设计、制造和售后服务，把企业内各部门的研制质量、维持质量和提供质量的活动构成一体的有效体系。

(二) 全面质量管理的原理

全面质量管理的原理，是基于对质量形成的全过程，即质量环的控制，并通过有效的质量体系或系统工程为基础来实施和体现质量目标。质量环和系统工程可以用过程来体现，过程的不稳定性，正是全面质量管理的控制目标。

1. 质量环的控制

费根堡姆博士认为，提供一种顾客所满意的产品或服务，而其质量是在最经济的条件下加以设计、制造、营销和维持的。为实现这样一个目标，需要内容广泛的全公司范围的体系，因为任何产品的质量都受到生产活动循环各阶段工作的影响。因此，必须把企业内各部门的研制质量、维持质量和提高质量的活动构成整体的有效体系。费根堡姆博士基于上述考虑，把生产活动循环即产品质量产生、形成和实现的过程分为 8 个阶段。

(1) 营销：评价顾客想要而又买得起的质量水平；

(2) 策划工程：通过质量职能展开，把营销评价的结果转化为产品的质量标准；

(3) 采购：选择零件和材料的供应商，同供应商保持联系；

(4) 制造工程：选择工装夹具和生产工序；

(5) 加工控制和现场作业：在零件加工、部件装配和总装配中实施控制；

(6) 机械检验和功能试验：检验符合产品质量标准的程序；

(7) 装运：影响到包装质量和运输质量；

(8) 安装和售后服务：正确安装，做好售后服务，保证正常运转。

对上述涉及产品质量的各个环节都必须进行有效控制，这不仅是全面质量管理的基本原理，也是全面质量管理的最终目标。此外，很多质量专家对不同产品质量的形成有不同的理解，所划分的质量环也不完全一样。

2. 系统工程为基础

费根堡姆博士对质量体系的定义是：在保证顾客的质量要求和更加切实可行的、经济的质量成本条件下，对于指导全公司和全工厂人员、机器和信息协调活动的有关技术和管理程序，以及运行机器等所作的统一规定，并用文件加以表示。这就是系统工程。实践表明，系统工程或系统管理的系统技术可以为全面质量管理提供有利条件：

（1）系统工程为质量管理部门和工程师提供基本的管理设计技术；

（2）系统管理可成为质量部门和经理的管理指南；

（3）系统经济学可为总经理提供经营管理的控制重点，特别是质量成本核算。

（三）全面质量管理的特点

在推行全面质量管理时，要求做到“三全一样多”，即全面的质量管理、全过程的质量管理、全员参加的质量管理以及质量管理所采用的方法是科学的、多种多样的。

1. 全面的质量管理

全面质量管理是相对广义的质量概念而言的，它不仅要对产品质量进行管理，也要对工作质量、服务质量进行管理；不仅要对产品性能进行管理，也要对产品的可靠性、安全性、经济性、时间性和适应性进行管理；不仅要对物进行管理，也要对人进行管理；总之，是对各个方面的质量进行的管理。

2. 全过程的质量管理

产品质量有一个产生、形成和实现的过程。为了使顾客得到满意的产品，并使产品能充分发挥其使用价值，不仅要对产品的形成过程进行质量管理，还要对形成以后的过程乃至使用过程进行质量管理。把产品质量形成全过程的各个环节全面地管理起来，形成一个综合性的质量管理体系。

3. 全员参加的质量管理

全面质量管理不仅是质量管理部门质量检验部门的事，不仅是设计、生产、供应、销售、服务过程中有关人员的事，而且也是企业中各个部门所有人员的事。全面质量管理要求企业全体人员都来参加，并在各自有关的工作中参与质量管理工作。

4. 多方法的质量管理

全面质量管理是集不同现代管理科学和工程技术为一体的先进科学管理体系，借鉴了所有先进管理思想和技术方法。其中最为重要的是系统工程思想和统计技术，这是全面质量管理能够形成独立的学科并被广泛接受和发展的基础。

二、质量保证体系

（一）产品质量的构成

企业提供的产品和服务质量是由规划、设计、制造三个阶段的质量合成决定的。所谓规划的质量，是指计划开发的产品如何把握顾客的需要和要求才能达到与此相符的标准。所谓设计的质量，是指设计的产品经制造部门按图纸要求生产出来后能否达到规划（产品开发计划）的要求，是否具有很高的可靠性，会不会给顾客带来麻烦。所谓产品的质量，是指如何才能生产出按图纸要求的产品，即制造的产品能否达到设计的要求。

（二）质量保证的方向和体系

1. 质量保证的方向

顾客和消费者对产品的质量要求包括必要的使用期限、十分的满意以及可靠性和反复适应性。从产品质量和顾客需求的一致性上看，二者所要求的标准是有很大差异的。因此，所谓质量保证，一个是针对避免顾客不满意的产生，另一个是针对提高顾客的满意度而言的。对前者的质量保证，主要由制造部门负责，其对产品质量的控制起到很大的作用。对后者的质量保证，主要由规划部门和设计部门负责，其对产品质量的控制也起很大的作用。假如质量标准分别以0（基本达标）至1（代表完美标准）的分数概算的话，产品的质量是规划、设计、制造三者质量之积，可以用下列公式表示：

$$产品质量=规划质量\times设计质量\times制造质量$$

由上述方程可知：即使制造水平高，也有能力达到设计的要求，由于规划质量（产品开发设计）差，没有把握好顾客的要求，或者设计质量差，不能按规划的要求设计，产品的质量肯定是低的。因此，不仅制造质量要求达到完美标准，而且提高规划水平和设计水平也很重要。

2. 质量保证的体系

为了规划、设计、制造和销售质量达到顾客要求的产品，企业必须具有某种形式，从制度上有机地使企业各部门各生产环节的工作保持协调一致，达到保证其产品的质量，这种形式即为质量保证体系。质量保证体系不是个别部门的工作，需要整个企业纳入其中有机地运作，形成一个完整的质量保证体系。

【案例 14-1】

从一个 1984 年产值仅有 1000 万元、累计亏损却高达 534 万元的小型肉联厂，发展到 2004 年实现销售收入突破 100 亿元的全国最大的肉制品加二企业，双汇集团的崛起不能说不是一个奇迹。双汇集团成功把握了质量管理的真谛，才在竞争激烈的市场中脱颖而出。为了搞好双汇产品的质量管理，该集团率先在国内同行业中开展了 ISO 质量管理体系的认证工作，建立了一套包括 1 个质量保证手册、22 个程序文件、272 种作业规程、108 种产品标准、635 个质量记录的完善的质量保证体系。公司认识到：由于肉类加工企业的特殊性，必须完善和延伸产业链，要从原料开始致力于控制产品品质。因此双汇在确保原料品质上做出了不懈的努力：一方面涉足饲料业和养殖业、建立原料加工基地、严格把好原料接收关。另一方面为了让更多消费者吃上“放心肉”，双汇将欧洲的“冷链生产、冷链运输、冷链销售和连锁经营”的模式引进到中国来，由原来的销售冻肉改为销生鲜的冷却肉，将质量管理的触角伸向了流通领域。

第三节 质量控制方法与六西格玛管理

一、质量控制方法

在质量分析与质量控制的诸多方法中，人们通常将分层法、排列图法、因果图法、调查表法、直方图法、控制图法和散布图法称为“老七种工具”，而将关联图法、KJ 法、系统图法、矩阵图法、数据矩阵分析法、PDPC 法以及箭条图法统称为“新七种工具”。“老七种工具”偏重于统计分析，进行工序质量控制，而“新七种工具”偏重于思考分析过程。下面对关联图法、KJ 图法作简要的介绍。

（一）关联图法

关联图法是用连线图来表示事物相互关系的一种方法，也叫关系图法，如图 14-1 所示。图中的各因素 A、B、C、D、E、F、G 之间有一定的因果关系。其中因素 B 受到因素 A、C、E 的影响，它本身又影响到因素 F，而因素 F 又影响着因素 C 和 G……这样，找出因素之间的因果关系，便于统观全局、分析研究以及拟定出解决问题的措施和计划。

关联图的绘制形式一般有四种：

（1）中央集中型关联图。它是尽量把重要的项目或要解决的问题安排在

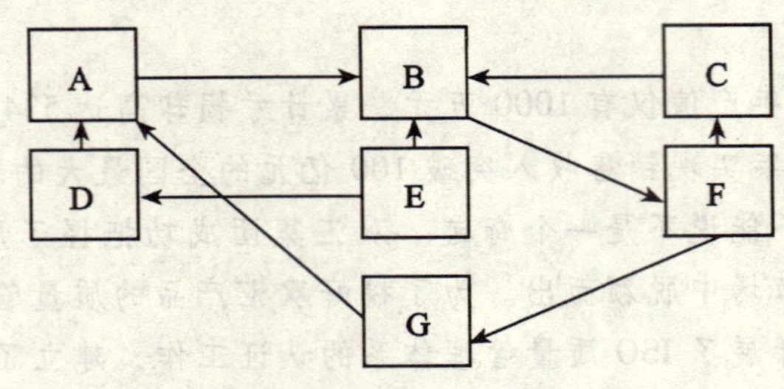

图 14-1　关联示意图

中央位置，把关系密切的因素尽量排在它的周围。

(2) 单向汇集型关联图。它是尽量把重要的项目或要解决的问题安排在右边（或左边），把各种因素按主要因果关系，尽可能地从左（或右）向右（或左）排列。

(3) 关系表示型关联图。它是以各项目间或各因素间的因果关系为主体的关联图。

(4) 应用型关联图。它是以上三种类型为基础而使用的关联图。

关联图的应用范围包括：(1) 制定质量管理的目标、方针和计划。(2) 产生不合格品的原因分析。(3) 制定质量故障的对策。(4) 规划质量管理小组活动的展开。(5) 用户索赔对象的分析。

关联图的绘制步骤包括：

(1) 提出认为与问题有关的各种因素。

(2) 用简明而确切的文字或语言加以表示。

(3) 把因素之间的因果关系用箭头符号作出逻辑上的连接（不表示顺序关系，而是表示一种相互制约的逻辑关系）。

(4) 根据图形进行分析讨论，检查有无不够确切或遗漏之处，复核和认可上述各种因素之间的逻辑关系。

(5) 指出重点，确定从何处入手来解决问题，并拟订措施计划。

在绘制关联图时，箭头的指向通常是：对于各因素间的关系是原因—结果型的，则是从原因指向结果（原因→结果）；对于各因素间的关系是目的—手段型的，则是从手段指向目的（手段→目的）。

(二) KJ 图法

KJ 法是对未来的问题、未知的问题、未经检验领域的问题的有关事实、意见、构思等语言资料收集起来，利用其相互内在的思想联系加以整理归类，从复杂的现象中整理出思路，以便抓住实质，找出解决问题的一种方法。

KJ 法的应用范围包括：（1）认识新事物（新问题、新办法）。（2）整理归纳思想。（3）从现实出发，采取措施，打破现状。（4）提出新理论，进行根本改造，“脱胎换骨”。（5）促进协调，统一思想。（6）贯彻上级方针，使上级的方针变成下属的主动行为。

KJ 法的作图程序包括：

（1）确定对象（或用途）。KJ 法适用于解决那种非解决不可，而又允许用一定时间去解决的问题。对于要求迅速解决的问题，不宜用 KJ 法。

（2）收集语言、文字资料。收集资料的方法有三种：直接观察法、面谈阅览法、个人思考法。通常可根据不同的使用目的对以上方法进行适当的选择。

（3）语言资料卡片化。把所有收集到的资料写出卡片。

（4）整理卡片。把所有卡片汇合到一起，把内容相近的归在一类，无法归类的卡片自成一组，并按顺序进行编号。

（5）做标题卡。同一类卡片放在一起，经编号后集中。并将该类的本质内容用简单的语言归纳出来，记录在一张卡片上，形成标题卡。

（6）作图。把最终汇集好的卡片，按照比较容易寻找的相互位置进行展开排列，并按照既定的位置，把卡片贴在纸上，用适当的记号勾画出其相互关系。

（7）口头发表。按照勾画出的图的内容进行讲解，说明卡片的内容和自己的理解。

（8）写调查报告。按照构思的内容写成文章。

二、六西格玛管理简介

六西格玛是一种能够严格、集中和高效地改善企业流程管理质量的实施原则和技术。它包含了众多管理前沿的成果，以“零缺陷”的完美商业追求，带动质量成本的大幅度降低，最终实现财务成效的显著提升与企业竞争力的重大突破。

西格玛即希腊字母 σ 的译音，在统计学里用来描述正态数据的离散程度。目前，在质量管理领域，用来表示质量控制水平，若控制在 3σ 水平，表示产品合格率不低于 99.73%；可是，根据专家研究结果证明，如果产品达到 99.73% 合格率的话，以下事件便会继续在现实中发生：每年有 20000 次配错药事件；每年不超过 15000 个婴儿出生时会被抛落地上；每年平均有 9 小时没有水、电、暖气供应；每星期有500宗做错手术事件；每小时有2000封信邮寄错误。由此可以看出，随着人们对产品质量要求的不断提高和现代生产管理流程的日益复杂化，企业越来越需要像六西格玛这样的高端流程质量管理标准，以保持在激烈的市场竞争中的优势地位。若控制在6σ水平，表示产品不合格率不超过0.002ppm，也就是每生产100万个产品，不合格品不超过0.002个，考虑1.5倍漂移，不合格率也只有3.4ppm，接近于零缺陷水平。事实上，日本已把“6σ”作为他们品质要求的指标。

六西格玛的管理方法重点是将所有的工作作为一种流程，采用量化的方法分析流程中影响质量的因素，找出最关键的因素加以改进从而达到更高的客户满意度。实施六西格玛对于一个企业不仅仅只是一系列的训练。它意味着整个企业文化从防护性的标准化管理到放开思想、改革创新的突破性理念，为企业培养具备组织能力、激励能力、项目管理技术和数理统计诊断能力的领导者，通过追求零缺陷运行和改善流程达到使顾客满意的快速突破性改善，以实现每一个环节不断改善（continuous improvement）的战略目标。

六西格玛管理的特点是：

（1）以顾客为关注焦点的管理理念；

（2）通过提高顾客满意度和降低资源成本促使组织的业绩提升；

（3）注重数据和事实，使管理成为一种可测量、数字化的科学。

【案例14-2】

20世纪70年代末80年代初，日本产品凭借过硬的品质，从美国人手中抢占了大量的市场份额。美国的摩托罗拉公司在同日本的竞争中，先后失去了收音机、电视机、半导体等市场，到1985年公司濒临倒闭。摩托罗拉公司痛定思痛，得出了这样的结论：“摩托罗拉失败的根本原因是其产品质量比日本同类产品的质量差很多。”当时，根据休哈特的理论，质量水平达到3σ最为经济科学，包括日本组织在内的组织一般都把3σ水平作为追求的目标。为了减少质量波动，显著提高产品质量，摩托罗拉公司雄心勃勃地提出了产品质量要控制在6σ水平上，这就是六西格玛管理方法的由来。20世纪80年代摩托罗拉公司创建了六西格玛管理的概念和相应的管理体系，并全力应用到公司的各个方面，使由于质量缺陷造成的费用消耗减少84%，制作流程失误降低99.7%，因而节约制造费用总计超过110亿美元，公司业务、利润和股票价值的综合收益率平均每年增长17%。

第四节　质量成本与控制

一、质量成本的基本概念

（一）质量成本的由来

20 世纪 50 年代，美国质量管理专家朱兰和费根堡姆等人首先提出了质量成本的概念，进而把产品质量同企业的经济效益联系起来，这对深化质量管理的理论、方法和改变企业经营观念都产生了重要的影响。人们开始认识到，产品质量对企业经济效益的影响至关重要，从长远看更是如此。因此必须从经营的角度衡量质量体系的有效性，而质量成本管理的重要目的正是为评定质量体系的有效性提供手段，并为企业制定内部质量改进计划、降低成本提供重要依据。此后，质量成本管理在世界上许多国家，特别是欧美国家的公司中迅速地开展起来。例如美国的 IBM 公司、通用汽车公司等都相继建立了质量成本管理系统，欧洲许多公司也是如此。我国在 20 世纪 80 年代初期开始引进并在企业中推行质量成本管理。目前，在全世界推行质量成本管理的企业数以万计，其中大部分取得了良好的效益。一些企业或整个行业建立并不断完善质量成本管理的制度和标准，同时积累了丰富的经验。

通常，质量成本管理实施分为两个方面的内容，一是建立质量成本测量系统，二是建立质量成本管理的组织体系。

（二）质量成本的含义

质量成本也称质量费用。迄今为止，对质量成本有两种理解。其一，质量成本是实现质量的成本；其二，质量成本是由于不良的质量而引发的额外成本，本书主要强调后者。实践证明，在这个意义上对有关成本项目进行评估，对于降低成本、增加效益有明显改进。

质量成本不同于其他成本概念，它有特定的含义。曾经有过错误观念，认为一切与保持和提高质量直接或间接有关的费用，都应计入质量成本，结果导致管理上的混乱，成本项目设置很不规范，使企业间缺少可比性。例如，有的企业把技术改造、设备大修、职工一般培训、新产品开发设计，甚至把托儿所的费用一起计入质量成本中，因为这些费用总可以找到它们直接或间接与保持和提高质量的关系。实际上这样计算出来的质量成本和生产总成本没有多少区别。

事实上，质量成本是由两部分构成的，即运行质量成本和外部质量保证成本。而运行质量成本包括：(1) 预防成本；(2) 鉴定成本；(3) 内部故障成本；(4) 外部故障成本。其构成如图 14-2 所示。

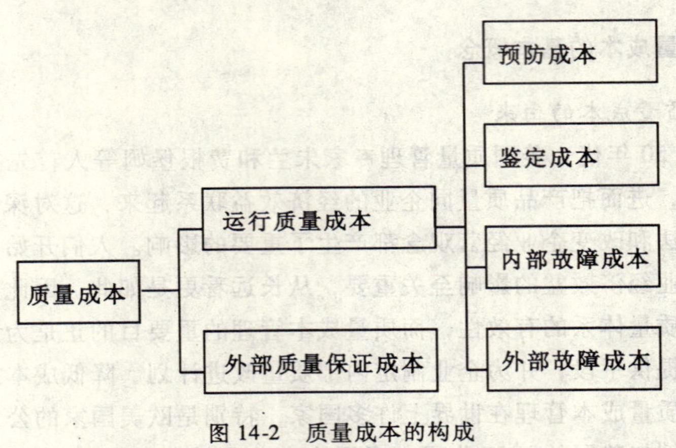

图 14-2 质量成本的构成

(三) 质量成本的费用组成

1. 运行质量成本

(1) 预防成本，即致力于预防产生故障或不合格品所需的各项费用。

(2) 鉴定成本，即评定产品是否满足质量要求所需的费用，包括鉴定、试验、检查和验证方面的成本。

(3) 内部故障成本，即在交货前产品或服务未满足规定的要求所发生的费用。

(4) 外部故障成本，即交货后由于产品或服务未满足规定的质量要求所发生的费用。

以上各种费用属于运行质量成本范畴。

2. 外部质量保证成本

在合同环境条件下，根据用户提出的要求，为提供客观证据所支付的费用，统称为外部质量保证成本。其项目包括：

(1) 为提供特殊附加的质量保证措施、程序、数据等所支付的费用；

(2) 产品的验证试验和评定的费用，如经认可的独立试验机构对特殊的安全性能进行检测试验所发生的费用；

(3) 为满足用户要求，进行质量体系认证所发生的费用等。

鉴于在如何设置质量成本项目方面国内外尚均无统一标准，为了便于参考，下面将国外几位知名学者的观点列表介绍如下（见表14-1）：

表14-1　　质量成本项目比较表

美国:伦德瓦尔	美国:费根堡姆	瑞典:兰纳·桑德霍尔德	法国:让·玛丽戈格
A. 预防成本 1. 质量计划工作费用 2. 新产品评审费用 3. 培训费用 4. 工序控制费用 5. 收集和分析质量资料的费用 6. 汇报质量费用 7. 质量改进计划执行费用 B. 鉴定成本 1. 来料检验 2. 检验和试验费用 3. 保证试验设备精确性的费用 4. 耗用的材料和劳务 5. 存货估计费用 C. 内部事故成本 1. 废品损失 2. 返工损失 3. 复试损失 4. 停工损失 5. 产量损失 6. 处理费用 D. 外部事故成本 1. 申诉受理费用 2. 退货损失 3. 保修费用 4. 折让费用	A. 预防成本 1. 质量计划工作费用 2. 新产品的审查评定费用 3. 培训费用 4. 工序控制费用 5. 收集和分析质量数据的费用 6. 质量报告费 B. 评价成本 1. 进货检验费 2. 零件检验和试验费 3. 产品检验和试验费 4. 测试手段维护保养费 5. 检验材料的消耗或劳务费 6. 检测设备的保管费 C. 内部损失成本 1. 废品损失 2. 返工损失 3. 复验费用 4. 停工损失 5. 降低产品损失 6. 处理费用 D. 外部损失成本 1. 处理用户申诉费 2. 退货损失 3. 保修费用 4. 折价损失 5. 违反产品责任法所造成的损失	A. 预防成本 1. 质量方面的行政管理费 2. 新产品评审费 3. 质量管理培训费 4. 工序控制费用 5. 数据收集分析费 6. 推进质量管理费 7. 供应商评价费 B. 鉴定成本 1. 进货检验费 2. 工序检验费 3. 检测手段维护校准费 4. 成品检验费 5. 质量审核费 6. 特殊检验费 C. 内部故障成本 1. 废品损失 2. 返修费用 3. 复检费用 4. 降级损失 5. 减产损失 6. 处理费 7. 废品分析费用 D. 外部故障成本 1. 索赔费用 2. 保修费用 3. 折扣损失 4. 退货损失	A. 预防成本 1. 审查设计费用 2. 计划和质量管理费用 3. 质量管理教育费用 4. 质量调查费用 5. 采购质量计划费用 B. 检验费用 1. 制造过程中的检验和试验费用 2. 维护和校准费用 3. 确定试制产品的合格性费用 C. 亏损费用 1. 废品损失 2. 修理费用 3. 保证费用 4. 拒收进货损失 5. 不合格品的处理费用

二、质量成本的控制

质量成本管理的有效性，在很大程度上取决于质量成本控制能力。与其他控制活动一样，在实施控制以前先要制定一个控制目标，制定目标是计划的主要内容。因此，质量成本控制就是以质量成本计划所制定的目标为依据，通过控制手段把质量成本控制在计划范围内。

按控制活动中不同的使用信息的方式分类，可以有三种不同的基本控制方式，即事后控制、事中控制和事前控制。

（一）事后控制

这种方式指事情发生以后，回过头来总结经验教训，分析事故原因，研究预防对策，争取在下个计划期把事情做得更好一些。用控制论原理解释，是基于信息的负反馈控制。

（二）事中控制

这一控制方式是在事后控制的基础上发展起来的。它的指导思想是当有迹象表明将要出现质量问题时，及时采取控制措施，避免质量问题的产生。显然这种控制方式比事后控制更有效，它可以减少甚至避免损失。使用这种方法的关键是需要有一种有效手段来监测受控对象，及时发现不正常的征兆，以便采取措施。

（三）事前控制

这种控制方式是在事情开始以前就采取种种措施，完全避免不利因素的冲击。它的控制原理是前馈控制。事实证明，只要能够事前预测到不良因素的发生，及时采取预防对策，就可以取得非常好的控制效果。如设计阶段的工作可以控制住60%的质量问题和产品成本。这是一种防患于未然的思想，是最有效的，但是要能够预见到种种不良的影响因素是不容易的。

在实际工作中，这三种方式往往被结合起来使用。

第五节　质量认证和ISO 9000族系列标准

一、质量认证

（一）质量认证的含义

“认证”是“为确信产品或服务完全符合有关标准或技术规范而进行的第三方机构的证明活动”。质量认证是国际上通行的制度。产品质量认证是商品经济发展的产物。随着商品经济规模的扩大和经济的多元化、全球化，为了提高产品的信誉度，减少产品质量的重复检验，消除贸易技术壁垒，维护供方、需方、顾客、消费者诸方的利益，第三方质量认证就应运而生。这种认证已经发展为一种世界性趋势，形成世界范围内广泛的国际认证。这种不受产、销双方利益支配，以公正、科学的工作态度为基础的第三方认证，已逐步树立起神圣的权威和良好的信誉，成为各国对产品和企业进行质量评价和监督的惯例。

（二）质量认证的构成

质量认证又称为合格评定，由质量认证和机构人员认可这两部分构成。质量认证是合格评定的主体活动，它包括产品认证和质量管理体系认证。产品认证又包含合格认证和安全认证，质量管理体系认证又叫质量管理体系手册。质量管理体系注册又称为“体系注册”。

质量认证是世界各国对产品质量和企业质量管理体系进行评价、监督、管理的通行做法和认证制度。质量认证的本质是“直接或间接的用于确定有关要求得到满足的程序”。由于它是由公正的第三方权威认证机构对产品质量或质量体系作出正确、可靠的评价，对供方、需方、社会的利益都有着不可低估的重要意义。

二、ISO 9000 族系列标准

（一）ISO 9000 的产生与发展

20 世纪 70 年代以来，质量迅速成为商业和工业中的一个重点，各主要工业发达国家都在质量体系领域制定了自己的国家标准或多国标准，这些不同的标准形成了贸易壁垒，无法广泛应用于国际贸易。企业为了获得市场，往往不得不付出巨大的努力去满足形形色色的质量体系要求。而且在不同的标准中，在商业和工业实践中，名词术语也不一致，甚至是混乱的。

1987 年 3 月，由国际标准化组织（ISO）正式发布了 ISO 9000 系列国际标准。1986 年 6 月正式发布了 ISO 8402《质量——术语》国际标准。ISO 9000 系列及与之配合的 ISO 8402 术语标准带来了国际范围内的协调，并促进了国际贸易中的重要因素——质量因素的日益增长。ISO 9000 的发布使质量管理和质量保证的概念、原则和方法统一在国际标准的基础上，它标志着质量管理和质量保证工作规范化、程序化和国际化的新阶段，满足了当今国际贸易中商业和工业应用的需要，所以，一经发布就被许多国家和地区所采用，迅速代替了以工业为基础的国家标准。

（二）ISO 9000 族标准的内容

1. 质量术语部分

ISO 8402《质量管理和质量保证——术语》，本标准阐述了质量管理领域所用的质量术语的含义，共67个词条。

2. 质量保证部分

质量保证标准有三个，分别将一定数量的质量体系要素组成三种不同的模式，用以描述第二方或第三方在具体情况下对组织质量体系的要求，组织对这些要求必须满足并予以证实。

（1）ISO 9001《质量体系——设计、开发、生产、安装和服务的质量保证模式》。本标准适用于组织需证实具有设计和生产合格产品的过程控制能力。

（2）ISO 9002《质量体系——生产、服务和安装的质量保证模式》。本标准适用于组织需证实具有生产合格产品的过程控制能力。

（3）ISO 9003《质量体系——最终检验和试验的质量保证模式》。本标准适用于组织仅需证实最终检验和试验符合规定要求。

3. 质量管理部分

用于指导组织进行质量管理和建立质量管理体系。

（1）ISO 9004-1《质量管理和质量体系要素——第1部分：指南》。本标准全面阐述产品寿命周期内与所有阶段和活动有关的质量体系要素，以帮助组织选择和使用适合其需要的要素。它适用于生产或提供四种通用类别的产品（硬件、软件、流程性材料和服务）的组织。

（2）ISO 9004-2《质量管理和质量体系要素——第2部分：服务指南》。本标准是对ISO 9004-1在服务类产品方面的补充指南。

（3）ISO 9004-3《质量管理和质量体系要素——第3部分：流程性材料指南》。本标准是对ISO 9004-1在流程性材料类产品方面的补充指南。

（4）ISO 9004-4《质量管理和质量体系要素——第4部分：质量改进指南》。本标准阐述了质量改进的基本概念和原理、管理指南和方法（工具和技术）。凡是希望改进其质量体系有效性的组织，均可选择此标准。

（5）ISO 9004-5、6、7、8正在制定中。

4. 质量管理和质量保证标准的使用或实施指南部分

这类标准共有四个分标题，目的是为质量管理和质量保证两类质量标准的选择和如何实施提供指南。

5. 质量技术部分

这类标准是对质量管理和质量保证中的某一专题的实施提供指南。

以上对ISO 9000族标准作了简要的介绍。在这五类标准中，质量管理和质量保证这两类标准是ISO 9000族标准的核心，而质量保证标准（ISO 9001、ISO 9002、ISO 9003）则是企业推行ISO 9000、建立质量体系、寻求质量认证的必选标准。

（三）2000 版 ISO 9000 标准简介

1. 2000 版 ISO 9000 标准的结构

2000 版 ISO 9000 标准由四项基本标准及若干支持性技术报告组成，已颁布的 22 项标准的主要内容被纳入这四项基本标准：

（1）ISO 9000：质量管理体系——概念和术语；

（2）ISO 9001：质量管理体系——要求；

（3）ISO 9004：质量管理体系——业绩改进指南；

（4）ISO 10011：质量管理体系审核指南。

除上述四项基本标准外，其他均为支持性技术报告或技术文件。

2. 2000 版 ISO 9000 标准八项原则

2000 版 ISO 9000 标准采用了八项质量管理原则。尽管这些原则很简单，但对质量管理体系的成功必不可少，这些质量管理原则的目的在于指导组织的管理，它们的实施最终将使组织、顾客和相关方受益。这八项质量管理原则是：（1）以顾客为中心；（2）领导作用；（3）全员参与；（4）过程方法；（5）系统管理方法；（6）持续改进；（7）以事实为决策依据；（8）互利的供方关系。

从上述八项原则可看出，2000 版 ISO 9000 标准与 TQM 原则更加一致。

【案例 14-3】

黄石东贝机电集团有限责任公司是研究开发、生产销售制冷压缩机、商用制冷机械和太阳能热水器等产品的大型企业。2005 年 11 月，东贝公司生产的东贝牌冰箱压缩机以总分第一的成绩，通过“中国名牌”产品复评。公司生产的车载冰箱压缩机填补了国内空白，无氟高效压缩机被专家评价为国际领先水平。东贝公司成功的重要原因是在管理上引进国际先进管理理念和管理方法，几年来先后开展“零缺陷、高档次、精细化”的质量整改活动，对职工要求“上岗先培训，无证不上岗”。从 1995 年底开始进行 ISO9000 质量体系标准贯标培训，1998 年，制冷设备厂和轻工铸造厂的主导产品全部通过 ISO9002 质量体系认证。2000 年在中国质量管理资深专家的指导下，推行全面质量管理，建立大质量体系。2004 年 4 月，集团召开 ERP（信息化技术）评标会。2004 年 5 月，集团被中国质协、全国总工会等四家单位授予“全国质量管理小组活动优秀企业”荣誉称号。在“十五”期间，集团所属公司都通过了 ISO9001：2000 版质量管理体系认证，有的企业还通过了 ISO14001 环保认证或 ISO/TS16949 行业认证。公司努力使东贝跻身全球冰箱压缩机行业十强。

【复习思考题】

1. 如何全面理解质量及质量管理的含义？

2. 质量管理的发展经历了哪几个阶段？

3. 全面质量管理的基本思想是什么？

4. 质量保证应从哪些方面入手？它对企业有何重要意义？

5. 六西格玛管理的本质及特点是什么？

6. 质量成本包括哪些方面？应如何进行控制？

7. 质量认证有何重要意义？

8. ISO 9000 族系列标准由哪几部分组成？适用于何种情况？

9. 2000 版 ISO 9000 标准的八项原则是什么？如何理解“以顾客为中心”？

【本章案例】

五羊—本田创优质品牌之路

五羊—本田摩托车（广州）有限公司从建立之初就提出了“聚五羊灵气，取本田精髓，创世界一流名牌”的发展战略，把质量作为关系企业生死存亡的大事来抓。公司确立了“以一流的技术、一流的管理，向顾客提供满意的产品和优质的服务”的质量方针，以及“追求零缺陷，创世界名牌”的质量目标。五羊—本田通过坚持不懈的努力，走出了一条优质名牌之路。

1. 培养饥饿意识与质量意识相结合的质量教育

五羊—本田公司多年来一直重视教育，以提高员工的质量意识，对员工不断灌输对质量的“饥饿意识”，以“饥饿精神”去追求产品的“终极品质——零缺陷”。

2. 严格的外协标准与外协管理相结合

五羊—本田公司有一本称为“质量蓝皮书”的小册子，即外协供需质量管理文件，公司用它来管理占总量72%的外协件的质量。在与供应商的合作方面，五羊—本田将自己的先进的质量管理思想与方法延伸到供应商，与外协厂一起为提高产品质量共同努力。许多供应商都以能成为五羊—本田的供应商而自豪。

3. 强化质量标准与质量体系的结合

五羊—本田公司重视国际标准化质量管理方法的实施，完善质量管理体系。公司从1996年先后成立了ISO 9000办公室和质量体系管理委员会，在全公司范围内开展ISO 9000质量体系认证和全面质量管理的体制建设。

4. 从废品率目标值到全员利废提案改善制度

在合资的头几年，废品损失一直是困扰公司发展的难题，也是产品成本不断攀升的一大原因，部分车间的不良品率一度达到15%甚至18%，给公司造成了巨大的经济损失。痛定思痛，公司迅速将控制不良品提到议事日程，于1996年开始实施以“核算、分析、控制、考核”为主要内容、以降低产品内外损失为主要目标的质量成本管理。在质量成本管理方面的一个重要举措是实行“废品率目标值”制度。公司制定出各车间（科室）的废品率目标值，由上至下层层分解，最后落实到班组和个人，并对执行情况进行考核。

公司还开展群众性的“利废”提案建议活动，变废为宝。根除废品与利用废品双管齐下，使企业的质量成本大大降低。

5. 以人为本：发挥团队和模范的作用

团队精神是企业精神的一个重要组成部分，也是企业凝聚力的一个重要表现形式，是以人为本的管理思想的体现。五羊—本田的团队活动形式多样，如质量小组、各种各样的质量改善团队，充分发挥了五羊—本田的团队精神。五羊—本田比较注重模范的作用，这些模范人物带动了五羊—本田的质量改善。

案例思考题

1. 为什么说质量关系到五羊—本田公司的生死存亡？

2. 五羊—本田公司在贯彻全面质量管理工作中作了哪些努力？有何借鉴之处？

3. 你将建议五羊—本田公司采取哪些措施进一步加强和完善其质量管理？

第十五章 设备管理

【教学目的与要求】 明确设备的概念与设备管理的分类；了解设备管理的产生与发展过程；熟悉设备选择的经济评价方法；掌握设备大修理的技术经济评价；了解设备更新的形式；明确不同的设备寿命的概念；掌握设备综合工程学的内容与特点；准确把握全员设备管理的内容。

现代企业的生产设备日趋高速、精密、复杂化和数控电脑化，生产依赖于设备的程度日益提高；产量、质量、品种、交货期、成本、安全与环境保护以及劳动者的情绪无不受到设备的影响。科学地管理好设备已成为企业管理的重要内容。

第一节 设备与设备管理概述

一、设备的概念

设备是指人们进行生产所使用的各种机械的总称。它一般包括生产设备、动力设备、传导设备、运输设备、仪器、仪表及各种工具等。机器设备是工业企业从事生产经营活动的主要的物质技术基础。设备的技术状态如何，对企业的生产效率、产品质量、产品成本和其他技术经济指标有着直接的重大的影响。加强设备管理，正确选择设备，保证设备经常处于良好的技术状态，做好设备的更新改造和日常管理工作，对于建立正常的生产秩序，提高企业的经济效果，促进企业技术进步，改变企业技术面貌，都具有十分重要的意义。

二、设备管理的产生和发展

设备管理是随着生产的发展，设备现代化水平的不断提高以及管理科学和技术的发展而逐步发展起来的，其发展过程大致分为五个阶段：

（一）事后修理阶段

事后修理是指设备发生故障后再进行修理，是一种传统的设备管理。由于事前不知道设备故障什么时候发生，也不知道发生在什么地方，因而缺乏修理的准备工作，其停修时间也比较长。同时，由于修理是无计划的，常常打乱正常生产秩序，影响生产任务的完成。这一阶段大体上从18世纪末到20世纪初，当时企业规模不大，生产力水平也低，企业管理主要靠经验，设备修理只能实行事后修理。但用现代观点来看，事后修理对一般设备（低值、非关键设备）还是可以采用的。

（二）预防维修阶段

第二次世界大战后，直至20世纪50年代初，随着工业的发展，设备现代化水平的提高，企业管理进入科学管理阶段，在设备的管理过程中，逐步推行预防维修管理。它要求设备管理以预防为主，在使用过程中做好维修保养和检查工作，根据零件磨损规律和检查结果，在发生故障前有计划地进行修理。这种维修制度可以缩短设备停修时间，提高设备利用率。它比较适宜于关键设备的修理。

（三）改善维修阶段

改善维修又称改进维修，它是以提高企业经济效益为目的，在设备维修的同时或事前对设备进行改进，从而减少设备故障的发生率，提高设备的性能。改善维修产生于20世纪50年代中期，它比较适合于设备的技术改造。

（四）维修预防阶段

20世纪60年代初出现的维修预防制，是设备维修工作的重大突破，第一次提出设计部门也要关心设备的维修，只有在设备设计阶段就考虑设备维修问题，提高设备的可靠性和维修性，才能尽量减少维修工作量，提高维修效率和效果。因此，维修预防制比较适宜设备的设计和研制。

（五）综合管理阶段

20世纪70年代，人们在总结以前设备管理各阶段的基础上，提出从技术、经济、管理三方面来从事设备管理，把设备管理的工作扩大到设备的全过程和企业的全员。因此，设备综合管理是把有关设备的研究、报废等阶段的工程技术、经济和管理方面统筹起来，全面系统地追求设备的最长经济寿命和最高效能。它主要解决使用现代化设备带来的一系列新问题。

三、设备管理的分类

工业企业设备管理内容繁多，用不同的标准可以划分为不同的具体内容。

(1) 从设备范围来分，它包括工艺设备管理、辅助生产设备管理、研究试验设备管理、管理用设备管理等。

(2) 从时间顺序上分为设备添置管理和维修管理，对企业主要生产设备的设计、制造、购置、安装、使用、维修、改造、更新直至报废的全过程实行综合管理。

(3) 从设备的运动形态上可分为设备的物质运动形态与资金运动形态的管理。

(4) 从设备管理归口类别上分为设备技术管理和设备经济管理。设备技术管理包括自制专用设备和外购设备，从投入生产使用、磨损及其物质补偿，直至报废的管理内容。设备经济管理包括设备的研制费用、最初投资、维修费用支出、折旧、更新与改造资金的筹措和使用管理等内容。

【案例 15-1】

日本丰田九州厂在生产管理上进行了新的尝试，主要有人性化的硬件设计。九州厂在建厂初期，就考虑到未来年轻劳动力短缺、技工高龄化的趋势，对硬件设备的设计考虑到作业员的负荷程度，尽量排除严苛费力的作业。例如，为了减少员工以半蹲姿势装配的负担，特别设计了刚好是人体半蹲高度的椅子，让员工坐在椅子上进行作业。现在这种让员工特别吃力的工作项目已从过去的 100 个减少到 50 个。在这个工厂，看不见一般装配厂弯弯曲曲、如长蛇般的装配生产线，而是经过改良，依照车体内装配、车体外装配、融接引擎等功能区分而成的长 100 米的生产线。同时，以往分散在各工序的上螺丝、接线等零碎工作，也集中于一处作业。

第二节 设备的选择与经济评价

一、设备的选择

正确选择设备，是企业设备综合管理的一个重要环节。设备的选购，是指新设备从企业外部经过选择、购买、运输、安装、调试进入企业的生产过程，是设备管理的首要环节。因此，编制设备购置计划应与设备投资计划同步进行，要进行技术经济可行性论证，严格执行审批制度，健全责任制，把技术先进、经济合理、生产上适用作为设备选购的主要原则。

设备选购的程序主要分三步走：

（1）广泛收集设备的市场信息，对其中的可供选择的设备进行详细考察，全面掌握有关数据资料；

（2）通过技术经济论证，从中选择最优方案；

（3）按最优方案购置设备。

选择设备实际上是企业发展的一项长期的投资决策，必须综合考虑下列的主要因素：

（1）设备的生产性。设备的生产性也称设备的生产效率，它是由设备的单位时间的效率和设备的工作时间决定的。设备的效率以单位时间（昼夜、轮班小时）内能生产的产品数量表示，也可用流水线上的节拍表示，往往表现为功率、速率、行程等一系列的技术参数。设备的工作时间是指在一段时间内（如1年）设备被利用的有效工作时间。如果设备利用不充分，设备被闲置，即使单位时间效率很高，也是一种浪费。

（2）设备的可靠性。即保证产品质量的程度，指所选择的设备要能够满足所生产的产品的质量要求。一般可以用所加工的产品的物理、化学性能以及所完成的工程可靠性等技术参数来表示，也常用工序能力指数来表示设备对产品质量（或工程质量）的保证程度。

（3）设备的节能性。指设备在使用过程中对能源和原材料消耗程度。能源的消耗，一般以设备单位开动时间或单位产品的能源消耗量表示，如每小时耗电量、汽车每百吨公里的耗油量等。材料的消耗，是指原材料的利用程度。要选择能源消耗低、原材料利用程度高的设备。

（4）设备的耐用性。设备的寿命有自然寿命、技术寿命和经济寿命之分。在选择设备时，应考虑采用哪种寿命最为适宜，估计其时间的长短。

（5）设备的维修性。设备的维修的难易，是指设备是否可修、易修或免修。维修性好，可以大大节省维修的工作量和维修费用。维修费用是设备的整个寿命周期中的一项主要费用。维修性是与"可靠性设计"相联系的。设备越可靠，故障次数越少，维修费用也低。因此，在选择设备时，应考虑设备是否易修、修理费用大小等因素。

（6）设备的灵活性。设备的灵活性包括两个方面：第一，在工作对象固定的条件下，能够适应不同的工作条件和环境，使用和操作比较灵活方便；第二，能够适应多种加工性能，适应产品品种变化的加工要求，通用性好，如高效率通用机床、组合机床、多能化的复合机床、数控机床等。

（7）设备的安全性。指设备在使用过程中要确保安全。机器设备一旦发生事故，直接威胁着工人的健康和生命，给企业带来巨大的经济损失。因此，在选择设备时，必须考虑设备是否有安全防护装置，保证使用时能安全生产。

（8）设备的配套性。选择设备时要配套，应按工艺技术和生产要求，使设备在性能上，能力上等方面相互配套，以尽快形成生产能力。应考虑单机配套，即备件、配件、随机工具要成套；机组配套，即一组机器的主机、辅机、控制装置等要配套；工程项目配套，即一个新建项目的各种机器设备要配套。

（9）设备的环保性。还要避免不要让环境受到污染，要把排放的有害物质和噪音予以控制和消除，应配有相应的治理“三废”的附属设施，严格遵循环境保护法。

（10）设备的经济性。选择设备时，要进行经济可行性分析，核算设备的投资效果，进行经济评价。投资效果的评价方法很多，主要有投资回收期法、年费用法或现值法等，还可利用价值工程的方法对设备费用效率进行价值分析。

选择设备时，对上述各项因素进行综合分析与研究后，得出比较有利的方案，才进入购买或设计制造阶段。

二、设备选购的经济评价方法

选购设备时，除充分考虑上述因素外，还要通过对几种方案进行经济评价和对比分析，从而选出最优方案。具体评价方法如下：

（一）费用效率分析法

费用效率分析又称寿命周期费用法。它是通过计算、分析和比较不同设备的单位寿命周期费用所取得的有效成果，即费用效率，来评价设备经济性的一种方法。其计算公式有两种形式：

公式Ⅰ：
$$C_1 = \frac{E_1}{C_2}$$

式中：C_1 代表设备费用效益；E_1 代表系统效率；C_2 代表寿命周期费用。

系统效率是指选择和评价设备的一系列因素，如生产性、可行性、节能性等所表现的效果。其中凡可用数量表示的，如设备的生产性（生产率）、节能性（能源节约率）等可作定量分析；凡不能用数量表示的，如设备的维修性、安全性、适应性等，可作定性比较分析。

设备寿命周期费用是按设备一生的总费用，包括设备投入使用前的设置费（或称原始费）和设备投入使用后的维修费两部分。设备设置费是一次支出或集中在短期内支出的费用。外购设备的设置费包括设备的购价、运输费和安装调试费。自制设备的设置费包括研究、设计、制造、安装调试、设备使用和维修技术资料的制作等费用。设备维持费是在设备寿命周期内，由于使用设备而需要经常和定期支出有关费用，主要包括能源消耗费、维修费、操作人员工资和教育培育费、固定资产税、保险费、环境保护费等。

应用公式Ⅰ的评价步骤是：首先对每个效率因素分别按不同的等级（或程度）规定标准，并按各个因素的重要程度对不同等级规定不同的分值；然后对照每种备选设备的各项性能（因素）所达到的等级评定应得的分数；最后以单位寿命周期费用得分最高的设备为最优设备。

公式Ⅱ：
$$C_1=\frac{E_2}{C_2}$$

式中：E_2 为设备的综合效率，包括六个因素：产量（production）、质量（quality）、成本费用（cost）、交货期（delivery）、安全（safety）以及“5M”（材料 material、人力 man、设备 machine、资金 money、方法 method）。

选择设备时，应选择综合效率最高的设备。

（二）静态投资回收期法

它是用年利润（或利税）和折旧额去除投资额得出投资回收期来评价设备的经济性和作为取舍方案标准的一种方法。投资回收期法见第六章内容。

追加投资回收期法。即如果在比较的方案中，有一个方案需要的投资多，而其产品的年成本低；另一方案需要的投资少，而其产品的年成本又较高，这时可采用追加投资除以成本的节约额所得到的追加投资回收期法来评价方案。其计算公式如下：

$$T^*=\frac{K_2-K_1}{C_1-C_2}$$

式中：T^* 代表追加投资回收期；K_2，K_1 代表两个方案的投资额；C_1，C_2 代表两个方案的年产品成本；K_2-K_1 代表追加投资，$K_2>K_1$；C_1-C_2 代表成本节约额，$C_1>C_2$。

（三）动态投资回收期法

动态投资回收期法是在考虑资金的时间价值的前提下，将每种设备投资方案的现金流出与流入，不论是一次性的，还是周期性的，统统化为“每年等额”形式的年金进行比较。具体有以下两种常用的比较方法，即年费用法和现值法。这两种方法已在有关章节中介绍，故不再重述。

第三节 设备的使用、维护与检修

一、设备的合理使用

设备的使用是设备的整个寿命周期中的一个主要阶段，它所经历的时间最长。设备在整个寿命周期中发挥的作用及其经济效果如何，固然取决于设备本身的设计结构和性能，但也在很大程度上取决于人们对设备的合理使用。正确合理地使用设备，可以减轻磨损，保持良好的性能和应有的精度，从而充分发挥设备应有的生产效率。

为了做到设备的合理使用，应切实抓好以下几方面的工作：

(1) 根据设备的结构、性能和技术经济特点，恰当地安排加工任务和工作负荷。不允许精机粗用，严禁超负荷，以保证设备的正常运转，充分发挥设备的效率，保证生产安全。

(2) 为设备配备具有相应熟练程度和技术水平的操作者。操作者应熟练并掌握设备的性能、结构、工艺加工范围和维护保养技术，做到“三好”、“四会”（用好、管好、保养好；会使用、会保养、会检查、会排除故障）。对于新工人，一定要进行技术考核，合格后才允许独立操作。对于精密、复杂、稀有的关键设备，应指定具有专门技术的人员掌握。要实行定人定机，凭操作证操作。

(3) 制定并严格执行设备使用与维护方面的规章制度。设备使用与维护的规章制度是指导工人操作和保养设备的技术文件，如设备的操作规程、设备的润滑规程等。操作者必须自觉地严格执行。

(4) 为设备创造良好的工作条件。根据设备使用与维护的要求，搞好文明生产，保持设备本身和工作环境的整洁；根据设备的需要，安装防护、防潮、防尘、防腐、防震、保暖、降温等装置；配备必要的测量、保险用的仪器装备等。同时，对于相互干扰影响的设备，在设备布置时，要作出合理布局，并采取隔离措施。

(5) 经常对职工进行正确使用与爱护设备的宣传教育。加强职工的思想教育工作提高职工的技术水平，使操作人员自觉地爱护设备，正确地使用设备，使设备经常保持良好的技术状态。

二、设备的磨损规律和故障类型

设备使用过程中必然产生磨损，这就要维护保养和修理，以减轻磨损的程度，恢复设备的性能和效率，延长设备使用寿命。

设备磨损规律是进行设备维护保养和修理的重要依据。设备在运转过程中，由于零件的相对运动产生磨擦，形成磨损。设备在使用过程中，发生磨损大致可分为三个阶段，见图 15-1。

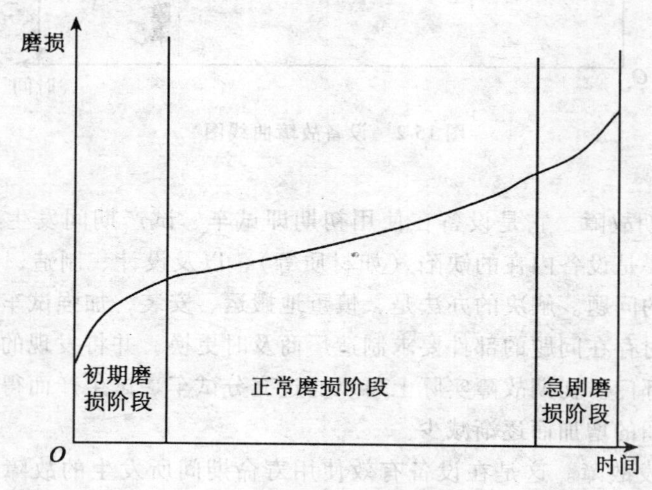

图 15-1　设备磨损曲线图

（1）初期磨损阶段。这一阶段，零件之间表面磨损较快，但不影响设备的技术性能，仅是把表面磨平，逐渐适应生产环境，设备生产效率也逐步提高并趋向于稳定。这一阶段的时间较短。

（2）正常磨损阶段。这一阶段，设备的可靠性基本稳定，零件磨损值增加缓慢，设备容易保持最佳的技术状态，创造出比较稳定的最高生产率。

（3）急剧磨损阶段。这一阶段，设备磨损已达一定限度，零件的正常磨损被破坏，设备的性能、精度迅速降低，如果不及时修复，设备的技术性能下降，生产率也降低，并容易产生生产事故和设备事故。因此，在此阶段以前，就要进行修理。

设备故障，除磨耗故障外，还有初期故障和偶发故障。其变化形状恰似一个澡盆断面，故将设备故障曲线称为“澡盆理论”曲线，如图 15-2 所示。

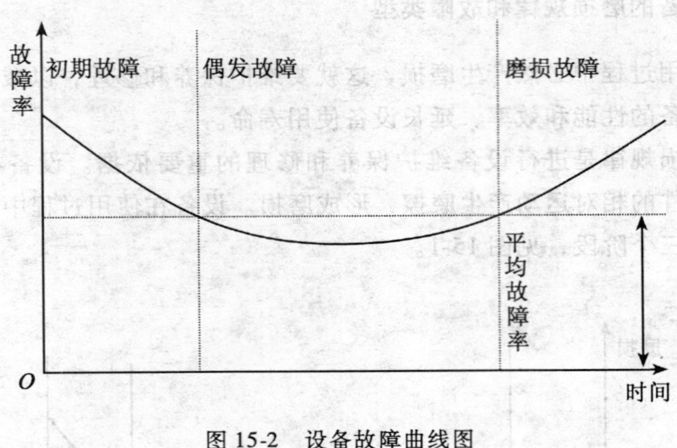

图 15-2　设备故障曲线图

(1) 初期故障。它是设备在使用初期即试车、试产期间发生的故障。产生的原因主要是设备内在的缺陷（如材质等），以及设计、制造、安装、搬运等方面存在的问题。解决的办法是，慎重地搬运、安装，加强试车工作，增加检验次数，对存在问题的部件要求制造厂商及时更换，并将发现的问题反馈给设计、制造部门。初期故障实际上可以通过充分试车、试生产而得到排除。它随着使用时间的增加而逐渐减少。

(2) 偶发故障。这是在设备有效使用寿命期间所发生的故障，它是非渐进性的，而且是偶然发生的，例如，超过极限的应力突然集中、操作者的一时疏忽错误。因此，其对策除了加强操作管理，做好日常维护保养外，还要运用可靠性工程进行管理。目前，在运筹学领域中，一门新兴科学——可靠性工程，是解决此类故障的一种有效方法。

(3) 磨损故障。指在设备超过了有效使用寿命期所产生的故障。它的特点是故障的次数随着使用时间的增加而急剧增加。其产生的原因有设备老化、长期的机械性磨损和疲劳、化学腐蚀以及材质变化等。对于磨损故障，可采取加强日常保养工作或更新部分零件的办法，以降低故障率，延缓劣化速度。在磨损期间，如要进行较大的预防修理或改进修理，必须从经济性的角度考虑是否合算。

三、设备维护与检修的原则和内容

（一）设备维护和检修的原则

(1) 维护保养与计划检修并重，以预防为主的原则；

(2) 专业检修与群众检修相结合，以专业维修为主的原则；

(3) 先检修后生产的原则。

(二) 设备维护保养的内容

设备的维护保养是设备自身运动的客观要求，其目的是及时地处理设备在运动中由于技术状态的发展变化而引起的大量、常见的问题，随时改善设备的使用状态，保证设备正常的运行，延长使用寿命，其内容主要是清洁、润滑、紧固、调整、防腐，或整齐、清洁、润滑、安全。

设备的维护保养工作，依据工作量大小、难易程度，可划分为以下几类：

1. 例行保养，又称日常保养

它的保养项目和部位较少，大多数在设备的外部，由操作工人承担，在交接班时作为检查内容。

2. 一级保养

它的保养内容项目较多，由设备外部进入设备内部。它是在专职检修人员指导配合下，由操作人员承担，定期进行的。

3. 二级保养

它的保养项目和部位最多，主要在设备内部。它是由专职检修人员承担，操作人员协助，定期进行的。

(三) 设备修理的内容

设备修理是指修复由于正常的原因而引起的设备损坏，从而使设备的有形磨损得到局部补偿。根据修理内容、要求和工作量大小的不同，通常分为小修、中修和大修。

1. 小修

一般只需要修复、更换部分磨损较快和使用期限等于或小于修理间隔期的零件，调整设备的局部结构，以保证设备能正常运转到下一次计划修理时间。小修可由专职维修工人在生产现场进行，其修理费用计入生产成本之中。

2. 中修

指对设备进行部分解体、修理或更换部分主要零部件与基准件，或修理使用期限等于或小于修理间隔期的零部件。同时要对整个机械系统进行检查、紧固、校正等工作，以保证机器设备能恢复和达到应有的标准和技术要求。中修费用也计入生产成本。

3. 大修

它是指通过更换、修复设备主要零部件，以消除有形磨损，恢复设备原有精度、性能和生产效率而进行的全面修理。设备大修后，质量管理部门和设备管理部门应组织使用和承修单位有关人员共同检查验收。大修理的费用由大修理基金支付。

四、大修理费用估计

大修理费用主要由两部分构成：一是直接修理费用，即修复或更换已磨损零部件的费用；二是间接修理费用，即由于停机修理而影响生产的损失费用。间接费用可以根据修理停歇时间和对生产影响的程度进行估计，直接费用可以借助于“修理复杂系数”来进行测算。

修理复杂系数是指设备修理复杂程度及修理工作量的假定单位，它是由设备的结构特点、工艺特性、零部件尺寸等因素决定的。设备越复杂，修理复杂系数越高，修理工作量越大，修理费用越多。在已知修理复杂系数和单位复杂系数修理费用的情况下，就可以估算设备的大修理费用。

确定大修理经济界限的两个条件如下：

(1) 经济界限确定的必要条件：

$$C_1<R_1 \quad 或 \quad C_1<R_1-S$$

式中：C_1 代表大修理费用；R_1 代表原设备现在的再生产价值；S 代表原设备残值。

(2) 经济界限确定的充分条件：

$$C_2\leqslant D_1 \quad C_3\leqslant D_2$$

式中：C_2 代表大修理后的年使用费用；D_1 代表更新设备的年使用费用；C_3 代表大修理后的设备加工单位产品的加工费用；D_2 代表更新设备的单位产品加工费用。

因此，如果估计到修理费用将突破以上界限，则应选择不予修理，而采用新设备更新方案。当然在实际工作中，影响方案选择的因素很多，既有经济和技术问题，也有资金和设备来源问题，需统筹考虑。

第四节　设备的改造与更新

长期以来，我国的设备管理制度只考虑设备的有形磨损，而加强设备的维护保养与修理，只能延长设备的使用寿命，不能从根本上解决原有设备的落后陈旧状况，这种设备管理制度只能适应技术进步缓慢的情况。在当今由于科学技术高速发展，现有设备和新设备不断完善，设备无形老化的速度越来越快，陈旧便成为设备的突出问题。因此对现有设备进行改造与更新，既是生产发展的需要，也是技术进步的要求。它有利于加快设备现代化进程，提高产品质量和进行产品的升级换代，又有利于节约能源、保护环境和改善劳动条件；有利于保证新工艺、新技术、新材料的使用，又能提高工效、扩大生产规模。

一、设备的磨损

设备在使用过程中有寿命期限，又有各种磨损引起的经营费用增加，以及设备逐渐贬值等问题，因此，在进行设备更新时，必须对设备磨损问题进行研究。设备在使用过程中，客观上存在两种形式的磨损，即有形磨损和无形磨损。

（一）设备的有形磨损

有形磨损，又称物质磨损。它是设备在使用或闲置过程中所发生的实体性磨损。有形磨损的产生有两个原因：一是使用磨损，即设备的零部件在运行过程中，由于机械磨擦、变形疲劳等造成；二是自然磨损，即设备在闲置过程中，由于自然力作用引起生锈，以及维护不良所引起的工作精度和能力的自然丧失。

（二）无形磨损

无形磨损，又称精神磨损。它是由于非使用或非自然力作用所引起的设备价值上的损失，它主要由以下两个原因造成：一是相同结构设备由于再生产价值的降低而产生的原有设备贬值；二是在技术进步影响下，生产中出现结构更先进、技术更完备的经济效能相对降低，同样使原有设备贬值。无形磨损也可分为经济性无形磨损和技术上无形磨损。

总之，设备在有效使用期内，既有有形磨损的损失，又有无形磨损的损失，两种磨损共同作用于一台设备，称为综合磨损。

设备磨损同改造与更新的关系如图 15-3 所示。

二、设备的寿命

设备的寿命是指设备的使用年限或服务年限。受有形磨损和无形磨损的同时影响，设备的寿命可分为四种。

（一）物质寿命

又称自然寿命或物理寿命。它是指设备从全新状态开始投入使用，因物质磨损使设备老化、坏损，直到报废为止所经历的时间。它与维护保养的好坏有关，可通过恢复性修理（即修复与局部更换）来延长其物质寿命。

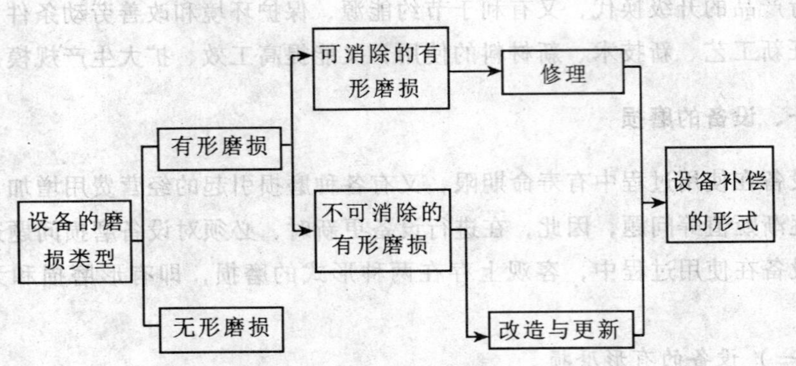

图 15-3　设备磨损与更新改造的关系

(二) 技术寿命

它是指自新设备制造出来时起，因无形磨损而丧失其使用价值，到最终被淘汰时所经历的时间。由于科学技术发展，市场上不断出现技术上更先进、经济上更合理的设备，原来设备的自然寿命尽管尚未结束，但因出现性能更好的设备，使原有设备不得不被淘汰。有时，刚刚制造出来的新设备还没有使用，但由于其技术性能不及其他设备，这时，该设备的技术寿命只能等于零。因此，研制新设备之前，一定要做好预测，特别是技术预测，以便生产出具有竞争力的设备投放到市场。

(三) 经济寿命

它是指新设备自使用开始，直到设备的年平均总费用达到最低的时间。所谓年平均总费用是指在设备使用期限内每年的折旧费和经营费用之和。随着时间的增长，设备的年折旧费逐年变小，年经营费用逐年变大，因而由该两项费用相加来表示的设备年平均费用，是一个随时间的变化而变化的量。当设备使用到一定期限，就会出现设备的年平均总费用为最低的值，与该值相对应的使用年限，即为该设备的经济寿命。

有时，为了维持设备的运转，非支付设备的维修费不可，这时应对继续使用该设备与购置同类新设备进行比较，找出购置新设备的费用低于维修费用的时间，那么这个时间（或年份）就是原设备的经济寿命。

(四) 折旧寿命

它是指由国家有关部门规定的折旧率的倒数。例如，假定设备的年平均折旧率为 5.85%，则其平均折旧寿命为 17 年。折旧寿命一般应介于技术寿命或经济寿命与自然寿命之间。如果折旧寿命规定得太长（即折旧率太小），则对设备更新不利；假如定得太短（折旧率太大），则会增加产品的固定成本。因此，应根据经济形势的发展和技术进步情况，有步骤地修订各类设备的折旧率。

三、设备的改造

（一）设备改造的意义

设备改造指应用现代科学技术成就，根据生产发展的需要，改变原有设备的结构，或对旧设备增添新部件、新装置，改善原有设备的技术性能和使用指标，提高设备的精度和生产效率，使局部达到或全部达到现代新设备的水平。由于现有设备比新型设备的数量大得多，没有任何一个国家能够按照设备更新周期把现有设备一代又一代全部更新。由于设备改造比研制新设备的周期短、费用省、见效快，对发展新产品，促进科技进步十分有利，国外一些企业在发展新产品或增产现有产品时，总是添置一部分反映现代高新技术水平的设备，保留一部分可用的原有设备，改造相当数量的现有设备。对技术老化的设备进行技术改造，能够获得更好的技术经济效益。

（二）设备改造的内容

设备改造的内容很广泛，主要包括：

(1) 提高设备的自动化程度，实现数控化、联动化；

(2) 提高设备功率、速度、刚度，改善设备的工艺性能；

(3) 将设备改装成高效、专用设备；

(4) 提高设备零部件的可靠性、维修性；

(5) 实现加工对象尺寸公差的自动控制；

(6) 改造设备监测监控装置；

(7) 改进润滑、冷却系统；

(8) 改进安全、保护装置及环境污染系统；

(9) 降低设备原材料及能源消耗；

(10) 使零部件通用化、系列化、标准化，提高“三化”水平。

四、设备的更新

设备更新是补偿因有形磨损和无形磨损对设备带来的损耗。更新有两种形式：一是原型更新，又称简单更新，即同型号设备的除旧换新。它用于解决旧设备的损坏问题，不具有更新技术的性质。二是技术更新，即以结构更先进、技术更完善、效率更高、性能更好、耗费能源和原材料更少的新型设备来取代那些技术上陈旧、经济上不宜继续使用的设备。

第五节　设备综合工程学与全员设备管理

设备综合管理也称为设备全面管理，是对设备实行全面管理的一种重要方法。它是在设备维修的基础上，为了提高设备管理的技术、经济和社会效益，适应商品经济的进一步发展，针对使用现代化设备所带来的一系列新问题，继承了设备工程（plant engineering）以及设备综合工程学（terotechnology）的成果，吸取了现代管理理论（包括系统论、控制论、信息论），尤其是经营理论、决策理论，综合了现代科学技术的新成就（主要是故障物理学、可靠性工程、维修性工程等），而逐步发展起来的一种新型设备管理理论体系和方法。它主要包括设备综合工程学和全员设备管理。

一、设备综合工程学及其特点

设备综合工程学是20世纪70年代初在英国首创的，由于推广后效果显著而受到全世界瞩目。英国工商部对其下的定义是："设备综合工程学是这样一门学科，它对适用于固定资产的工程技术、管理、财务等实际业务进行综合研究，以求实现设备寿命周期费用的最大程度节约。工厂机械、装置、建造物的可靠性和有关可靠性的方案、设计、使用和费用的信息反馈，都属于它的研究范围。"因此，设备综合工程学是为使设备的寿命周期费用最经济，而把适用于有形资产的有关工程技术、管理、财务等实际业务加以综合，对设备管理的全过程进行研究的一门科学。设备综合工程学具有以下五个特点：

（1）设备综合工程学把寿命周期费用作为评价设备工作的重要经济指标。它要求寿命周期费用最经济，而不是只研究某一阶段（如制造、维修）费用的经济性。

（2）设备综合工程学对与设备有关的工程技术、管理、财务等问题进行综合研究，成为对现代设备进行全面研究的边缘科学。

（3）设备综合工程学重点研究设备的可靠性、维修性设计。可靠性和维修性设计的理想极限是无维修。逐步接近无维修理想目标的具体步骤是：通过研究和设计，提高设备的可靠性、维修性，减少以至消除故障，使之易于维修保养。

（4）设备综合工程学把设备的一生（制定方案、设计、制造、安装、调试、维修、改造、更新）作为研究和管理的对象。这是系统的观点在设备管理中的运用。

(5) 设备综合工程学重视设备运行过程的信息反馈，是关于设计、使用和费用信息反馈的管理。

二、全员设备管理及其主要内容

全员设备管理，又叫全员设备维修或全面生产维修，简称 TPM。它是 20 世纪 70 年代初，日本在学习美国预防维修的基础上，吸收英国设备综合工程学的主要观点，继承本国传统管理经验，逐步形成和发展起来的一种设备管理和维修制度。其主要内容包括：

（一）全员设备管理的指导思想

其指导思想是“三全”，即全效率、全系统、全体人员。

(1) 全效率是指综合效率，即设备整个寿命周期内的输出与设备整个寿命周期内的费用之比值。

(2) 全系统有两个含义：一是把设备的全过程，即从研究设计、制造、使用，一直到革新改造、报废都管起来；二是指与设备全过程相适应的一套维修方式，即从设备设计、研究开始，采用维修预防，在使用中实行预防维修，对重复发生故障部位采取改善维修等。

(3) 全体人员。指凡是涉及设备的规划研究、设计、制造、使用、维修、供应等所有的部门的有关人员，从厂长（经理）一直到第一线操作工人都组织进来参加设备管理，分别承担相应的职责。

（二）设备维修方式

主要包括：日常维修，即设备的检查（日常点检和定期点检）、清扫、调整、润滑、更换、整理等活动；预防维修；事后维修；改善维修；维修预防等。这些设备维修方式总称为生产维修。

（三）确定重点设备，实行设备分级分类管理

一般以设备在生产中的地位和发生故障后对其综合效果的影响程度作为评价标准，将设备划分为三级：A 级为重点设备；B 级为重要设备；C 级为一般设备。重点设备是指优先安排的日常点检、定期点检等预防维修措施的设备。划分重点设备的具体依据是对产品质量、产品产量、维修保养、交货期、安全生产、产品成本等的影响程度。

（四）设备点检制度

它是为了及时准确地掌握设备运行及其劣化情况，为组织维修工作提供依

据，保持设备规定的性能，把设备检查工作具体化、规范化，由指定人员按照规定标准对设备进行检查的一项制度。一般分为“厂控”点检和“一般”点检，以及日常点检、定期点检和专项点检。

（五）生产维修目标管理

这是小组自主管理活动。它主要是确定生产维修工作的主要方向、目的，以及要达到的具体程度，并衡量工作效果和分析总结工作经验。它的程序包括目标制定阶段、实施阶段、检查和总结阶段。

（六）维修记录及其分析

常用的维修记录有：设备日常点检卡、定期点检卡、精度检查记录表、故障修理记录表、调查启示表、各种维修工作计划执行情况记录以及设备管理台账等。通过平均故障间隔期分析，以确定减少维修作业的项目，选定最适当的修理周期与点检周期，制定或修订点检项目与标准，改善修理方法等。

（七）工作作风

开展五项活动，实现文明生产。五项活动是：整理、整顿、清洁、清扫、素养。整理是把紊乱的东西收拾起来，把不用的东西清理掉，按次序排列好；整顿是把必要的图纸、工具等准备齐全，保持良好的操作秩序；清洁是保持清洁，无污垢；清扫是把工作环境打扫得干干净净；素养是讲文明，懂礼貌，有良好的生产习惯，遵守各种规章制度。

（八）评价指标

对设备维修工作成果规定评价的指标体系。主要指标有：设备实际开动率、故障停机率、维修费用率、单位产品维修费用、单位运转时间维修费用等。

从全员设备管理内容可以看出，全员设备维修非常重视设备的综合效率和设备一生的最大效益的研究，具有明显的经济性；在具体做法上，以定期点检和日常点检、改善修理为主，同时进行部分事后维修，使设备维修工作具有灵活性和针对性，体现了以维修业务为主，提高设备利用效率，为生产服务的思想。

三、设备综合管理与维修型管理的区别

设备综合管理被认为是现代设备管理模式。传统设备管理属维修型管理。它们之间的主要区别表现在设备管理的任务、目标、内容、手段、状态和参加人员等方面。具体区别可见表 15-1。

表 15-1　　　　**维修型设备管理与综合型设备管理比较**

项　　目	维修型设备管理	综合型设备管理
设备管理任务	主要保证设备技术完好	贯彻企业经营方针
设备管理目标	追求个别环节、个别方面的局部效果	追求寿命费用最经济，综合效率最好
设备管理内容	维修及其管理	实行设备全过程管理
设备管理手段	主要运用技术手段	运用技术、经济、组织手段
设备管理状态	恢复既定的出厂标准的静态管理	服务于企业经营方针与技术进步的动态管理
参加管理设备人员	主要依靠设备专业系统	与设备有关的横向、纵向机构人员

【复习思考题】

1. 设备管理的发展经历了哪几个阶段？每个阶段的主要特征是什么？
2. 什么是设备修理？设备修理有哪几种类型？
3. 什么是设备的寿命和寿命周期？为什么要进行设备的更新改造？
4. 什么是设备的无形磨损？其产生的原因是什么？
5. 制定设备购置方案时，主要应考虑哪些主要因素？
6. 计算设备投资回收期的主要方法有哪几种？
7. 简述设备更新、设备改造的区别与作用。
8. 何为设备综合工程学？它有何特点？

【本章案例】

华能大连电厂的设备管理之道

华能大连电厂是由华能国际电力股份有限公司利用外资和辽宁省、大连市共同集资建设的大型火力发电厂，拥有 4 台 350MW 机组，总装机容量为 1400MW，分两期工程建设。多年来华能大连电厂一直努力造就数字化发电企业，建设具有国际竞争力的现代化火力发电厂。华能大连电厂的设备管理经验主要有：

1. 以检修治理为重点

华能大连电厂 1993 年引进一套澳大利亚的设备维护治理软件 MAINPAC

系统，经过几年消化吸收，借鉴国外电厂的先进治理理念，于1995年、1999年两次重新开发，设备检修治理信息系统应用不断扩大完善，基本形成一套较为成熟的具有华能发电企业特色的电厂设备检修治理信息系统。借助这套信息治理系统，华能大连电厂实现了检修过程的自动化控制。

2. 设备缺陷治理

运行和检修人员都可以将发现的缺陷信息录入到设备检修信息治理系统中，做到了谁发现、谁录入，使设备缺陷信息及时通过信息系统被有关人员把握，为缺陷的及时处理提供了前提条件。同时，为了统计分析缺陷，对缺陷进行各种分类，如专业分类、单元分类、作业分类、检修部位分类等，并定义缺陷分类代码，从中找出规律性的信息，避免缺陷重复发生，以保持设备的良好状况，提高设备的可靠性。在缺陷处理上，各种工作票据全部实现计算机网上管理，并根据处理进程设置相应的状态，以监控缺陷处理情况。

网上登录缺陷这一方式在华能大连电厂已取得明显的效果。无论是运行提出的缺陷，还是检修巡检发现的缺陷，统一录入缺陷信息网，这样就把维护治理工作做得更细、更好，使缺陷发生率逐年下降。

3. 设备定检治理

设备定检的计算机治理有利于专业技术传阅和交流。过去传统的工作方法是靠人脑的记忆和手工记录，从近2000个定检项目中找出到期的定检设备及检修级别。另外，岗位、人员的变动，影响了资料数据的完整，某个人调走了，别的人可能因资料不全，无从下手。

现在有了设备信息治理系统，检修项目内容、工作步骤、质量标准等均可由设备检修治理系统提出，既可以实现资料信息共享，又可以克服由于检修人员技术水平的差异而影响检修质量和检修工期，做到修必修好。

几年来，华能大连电厂年年完成或超额完成公司下达的发电任务及各项经济技术指标。安全生产、供电煤耗、厂用电率、实现利润和劳动生产率等主要经济技术指标在国内同类型电厂中始终居于领先地位，有些指标已接近或达到国际同类型电厂的先进水平。

资料来源：http：//www. knowsky. com/375583. html

案例思考题

1. 华能大连电厂的设备管理体现了哪些设备管理原理？

2. 华能大连电厂的设备管理给我们什么样的启示？

3. 你认为华能大连电厂的设备管理还可作哪些改进？

第十六章　企业财务管理

【教学目的与要求】明确财务管理的概念和基本内容；熟悉财务管理的原则；掌握财务分析的内容与方法；了解企业资金筹措分析、企业投资结构分析的内容；正确认识股利分配的影响因素；准确把握股利分配政策。

企业财务管理是对企业资金运行的管理，即对企业资金的筹集与获得、运用与耗费、回收与分配所进行的管理，是对企业生产经营活动进行综合性的管理，是企业管理的一个重要组成部分。企业财务也是商品经济条件下企业最基本的管理活动，商品经济越发展，财务管理越重要。特别是在现代经济全球一体化中，竞争日益激烈，财务管理已成为企业生存和发展的重要环节，也是提高经济效益的重要途径。

第一节　财务管理的基本概念

一、财务管理的基本内容

财务管理是对企业资金运动过程中各项工作的管理，它包括资金筹集管理、资金投放管理、资金耗费管理、资金收入管理和资金分配管理。

（一）资金的筹集

企业从各个渠道筹集资金，它是资金运动的起点。企业从投资者、债权人那里筹集来的资金，一般是货币资金形态，也可以是实物、无形资产形态。

（二）资金的投放

企业筹集来的资金，要投放于经营资产上，主要是通过购买、建造等过程，形成各种生产资料。一方面进行固定资产投资，兴建房屋和建筑物，购置机器设备等；另一方面使用货币资金购进原材料、燃料等，货币资金就转化为固定资产和流动资产。此外，企业还可以以现金、实物或无形资产采取一定的方式向其他单位投资，形成短期投资和长期投资。企业资金的投放无论是在经营资产上还是对其他单位投资，其目的都是为了取得一定的收益。

（三）资金的耗费

资金耗费是指企业在生产经营过程中所发生的以价值形式表现的消费。具体表现为房屋、机器设备的折旧、职工工资、耗费各种材料及其他费用的支出。各种生产耗费的货币表现就是产品的制造成本。成本是生产经营过程中的资金耗费。

（四）资金的收入

在销售过程中，企业将生产出来的产品发送给有关单位，并且按照产品的价格取得销售收入。在这一过程中，企业资金从成品资金形态转化为货币资金形态。企业取得销售收入，实现产品的价值，不仅可以补偿产品成本，而且可以实现企业的利润，企业的自有资金数量随之增大。此外，企业还可以取得投资收益和其他收入。

（五）资金的分配

企业所取得的产品销售收入，要用以弥补生产耗费，按规定交纳营业税，其余部分为企业的营业利润。营业利润和投资净收益、其他净收入构成企业的利润总额。利润总额首先要按国家规定交纳所得税，税后利润要提取公积金和公益金，分别用于扩大积累、弥补亏损和职工集体福利设施，其余利润作为投资收益分配给投资者。企业从经营中收回的货币资金，还要按计划向债权人还本付息。用于分配投资收益和还本付息的资金，就从企业资金运动过程中退出。

资金的筹集和使用，以价值形式反映企业对生产资料的取得和使用；资金的耗费，以价值形式反映企业物化劳动和活劳动的消耗；资金收入和分配，则以价值形式反映企业生产成果的实现和分配。所以，企业资金运动是企业再生产过程的价值方面。资金运动是生产经营业务的反映，也必然会体现一定的经济关系。企业财务关系涉及企业内部和外部，概括起来主要有如下五种关系：

(1) 企业与投资者之间的财务关系；

(2) 企业与债权人、债务人之间的财务关系；

(3) 企业与国家税务机关之间的财务关系；

(4) 企业内部各部门之间的财务关系；

(5) 企业与员工之间的财务关系。

二、财务管理的基本原则和任务

财务管理的原则是企业组织财务活动、处理财务关系的准则，它是从企业财务管理的实践经验中概括出来的、体现理财活动规律性的行为规范，是对财务管理的基本要求。一般在企业财务管理工作中应遵循以下原则：

（一）资金合理配置原则

资金合理配置就是要通过资金活动的组织和调节来保证各项物资资源具有最优化的结构比例关系。

（二）收支积极平衡原则

在财务管理中，不仅要保持各种资金存量的协调平衡，而且要关注资金流量的协调平衡。资金的收支是资金周转的纽带。要保持资金周转顺利进行，就要求资金收支不仅在一定时间总量上求得平衡，而且在每一个时点上协调平衡。

（三）成本效益原则

成本效益原则就是要对经济活动中的所费与所得进行分析比较，对经济行为的得失进行衡量，使成本与收益得到最优的结合，以求获取最多的赢利。

（四）收益风险均衡原则

企业进行财务管理必须全面分析其收益性和安全性，按照风险和收益适当均衡的要求来决定采取何种行动方案，趋利避害，争取获得较多的收益。

（五）分级分权管理原则

在财务管理上实行统一领导、分级分权管理，就是要按照管理物资同管理资金相结合、使用资金同管理资金相结合、管理责任同管理权限相结合的要求，合理安排企业内部各单位在资金、成本、收入等管理上的权限关系。

（六）利益关系协调原则

企业财务管理要组织资金的活动，因而同各方面的经济利益有非常密切的联系。在财务管理中，应当协调国家、投资者、债权人、经营者、劳动者的经济利益，维护有关各方面的合法权益，还要处理好企业内部各部门、各单位之间的经济利益关系，以调动他们的积极性，使他们步调一致地为实现企业财务目标而努力。

企业财务管理的基本任务是：(1) 组织、安排、筹集资本金，提高资本金使用效果；(2) 降低产品成本，增加企业利润；(3) 实现财务监督，贯彻财经法规，维护财经纪律；(4) 建立、健全企业内部财务管理，做好财务管理的基础工作，如实反映企业财务状况，依法计算和缴纳国家税收，保证投资者权益不受侵犯；(5) 按照国家规定，合理地分配收入和使用自有资金，正确处理国家、企业、职工三者之间的分配关系。

为了实现上述任务，企业必须搞好财务决策、计划执行、控制、核算和分析等方面的工作。

【案例 16-1】

作为一家硬件产品分销商，C 公司虽然不算大企业，但企业运营状况还一直不错。凭借多年的客户积累，C 公司在转型后的 7 个月中，先后签了 3 个 300 万元左右的单子，还有若干个 100 万元以下的小单，令同类公司很是羡慕。正当总经理准备借助企业信息化热潮，在市场上小“炒”一下的时候，公司财务总监告诉总经理，账上现金吃紧。更使总经理感到问题严重的是，从公司的负债表、损益表上都查不出现金流向。请教财务管理专家后，总经理明白公司转型后的业务，每一个项目的周期都较长，直接影响资金周转，项目的回款周期比以前拉长了，现金流就成为财务管理的核心。

第二节　筹资与投资

企业筹集资金和对外投资是经常性的财务工作，它们是财务管理的两项重要内容。

一、企业筹集资金

企业筹集资金是指企业向外部有关单位或个人以及从企业内部筹措和集中生产经营所需资金的财务活动。企业进行生产经营活动的先决条件是必须具有一定数量的资金，它是生产经营中资金循环周转的起点，也是企业财务管理的首要问题。

一般来说，在筹资时应充分考虑挖掘企业内部潜力，在此基础上，再考虑从外部获得所需资金。筹资有许多方式和渠道，但要考虑其成本、偿付期限、担保条件、可能性、资金提供者的有关要求、本企业的偿付能力等因素，最后还要考虑其对企业投资收益的影响，然后确定企业筹资的最佳组合方式，即资本结构。

（一）资本结构

资本结构是指企业除短期负债以外的全部永久性和长期性资本占用项目的构成以及构成项目的比例关系。资本结构是财务结构的重要组成部分。资本结构具有相对的稳定性。

资本结构的构成项目有两大类：一是长期负债，其项目主要有企业债券、银行长期借款、融资租赁等；二是自有资本，其项目有优先股、普通股和留用利润。

资本结构中构成项目的比例关系有：各项目在全部资本总额中的比重；长期负债与自有资本之比；长期负债与总资本之比，即负债比率。在资本结构中，负债权益比率是最重要的比例关系，因为长期负债与自有资本保持什么比例涉及企业的财务利益与财务风险。

（二）财务杆杠

在物理学中杆杠是用来增加力的一种器具。在企业财务管理中，其他人的钱是能为所有者增加收益的工具，称之为财务杆杠。在资本结构中，由于借入资本的利息率是固定的，如果企业的投资收益率高于借入资本的利息率，负债权益比率越大，其自有资本收益率越大；如果企业的投资收益率低于借入资本利息率，负债权益比率越大，其自有资本收益率越低。这就是财务杆杠原理。财务杠杆是把双刃剑，它既能使所有者的预期收益增加，也能使他们的风险增大。

财务杆杠的作用与负债权益比率和企业经营状况有着直接的关系。因为，我们借入资本时，对企业的自有资本净收益率产生了影响，这种影响可以概括在以下的公式中：

$$\text{自有资本净收益率}=\left[\text{息税前资本收益率}+\left(\text{息税前资本收益率}-\text{借入资本利息率}\right)\times\frac{\text{借入资本}}{\text{自有资本}}\right]\times\left(1-\text{所得税税率}\right)$$

从该公式可以看出，影响自有资本净收益率的因素有：(1) 企业息税前资本收益率的高低；(2) 借入资本利息率的高低；(3) 负债权益比率；(4) 所得税税率。在这四个因素中，借入资本利息率是筹资时商定的，一旦定下来，一般是不会改变的。所得税税率是国家法定的。因此，影响自有资本净收益率的主要因素只有两个，一是企业息税前资本收益率，它取决于企业的生产经营状况；二是负债权益比率，它取决于企业如何安排借入资本和自有资本的比例，最终还要根据自身的生产条件及管理水平而定。这就是说财务杆杠的作用程度与企业生产经营状况有关。财务杆杠的作用程度，可以用财务杆杠系数来表示，其计算公式为：

$$\text{财务杠杆系数}=\frac{\text{息税前利润}}{\text{息税前利润}-\text{利息额}}=\frac{\text{EBIT}}{\text{EBIT}-I}$$

公式表明，财务杆杠系数是一定的息税前利润变动百分比引起的自有资本净收益变动百分比。财务杆杠比率的难题是在赢利和债务费用之间找到平衡点。

（三）财务风险

企业的财务风险来自经营和筹资两方面。经营风险是企业生产经营的各个方面可能出现的不确定性使企业的利润发生变动而产生的风险。筹资风险是企业因借入资金，要支付固定的利息，由于资金利润率不确定，可能使企业自有资本利润率发生变动而给企业带来的风险。如果企业无负债，全靠自有资本经营，则企业的财务风险就是经营风险。

筹资风险的产生是由于企业筹资过程中借入了他人资本，因其财务杆杠作用而承担风险；在企业资本结构中，负债权益比率越大，财务杆杠利益越大，但筹资风险也越大。

（四）筹资方案的选择

上述分析表明企业为了获得最大的财务杆杠利益，而冒最大的风险，或者因为怕承担风险，而完全放弃借债的做法都是不明智的。企业既要适当利用借入长期资金所带来的好处，又要保证经济发展的持续性和稳定性。因此，企业筹措资金时，应保持适当的负债比率。负债占总资本的比重即负债比率。从某种意义上说，负债比率决定着企业的资本结构。在企业的资本结构中，举债的资金成本率通常较低，企业可以通过增加负债来降低综合资金成本率，但是企业增加负债超过了一定的限度，就可能适得其反。

一般来说，最为合理的资本结构是指财务风险适度，即综合资金成本最低时的负债比率所决定的资本结构，也是所谓的最优资本结构。

负债比率确定后，就面临具体筹资方案的选择。从资本来源结构看，一类是借入资本，另一类是自有资本。下面就这两类资本的选择做简要分析。

1. 借入资本

长期负债的主要方式有：企业债券、商业银行长期贷款、其他金融机构长期贷款、融资租赁等。对于这些筹资方式，应当从时间、数量、利率、适用范围以及取得它们的条件等方面，根据企业的生产要求去选择，如通过发行企业债券借入资金；再如进行某项固定资本投资，筹资方案是选择借款购置还是融资租赁，就应当比较两个方案的净现值，择其大者为筹资方案。

2. 自有资本

企业增加自有资本的方式主要有两种：（1）发行股票；（2）进行内部积累。虽然发行股票能增加自有资本，但并不是每一个企业都能随意发行。因此，企业必须将留用利润的一部分转化为生产积累，这是企业筹资必不可少的方式。

二、企业对外投资

（一）企业对外投资的概念

企业对外投资就是企业在本身经营的主要业务以外，以现金、实物、无形资产方式或者以购买股票、债券等有价证券方式向境内外的其他单位进行的投资，以期在未来获得投资收益的经济行为。对外投资是相对于对内投资而言的，企业对外投资收益是企业总收益的组成部分。

（二）企业对外投资的作用

企业对外投资是它主要经营活动之外的一项重要财务活动。它有一定的积极作用，具体表现如下：

1. 灵活调度资金

将企业暂时闲置的资金用于对外投资，通常是短期证券投资，以谋求高于银行存款利息收益，并保持较强的变现能力。

2. 实现企业扩张

为了参与其他企业的经营决策，控制其他企业的业务，以配合本身的经营。例如企业以实物、商标、专有技术等作为投资与其他企业联营，以保证生产所需能源、原材料、配件的供应，扩大企业产品的销售，实现企业生产规模的扩大。

3. 为特定用途服务

企业往往积累整笔资金，以满足将来的特定用途。如企业为了将来归还长期借款而建立偿债基金、为将来更新厂房、设备而设立专款，以建立的偿债基金和设立的专款投资于证券或其他单位，这样可以使资金保值，又能得到一定的收益。

企业主动、有效地开展对外投资，是企业在市场经济环境中谋求长盛不衰、不断发展的基本要求，并成为重要的理财策略。市场经济的发展使每个企业总是处于广泛的社会经济联系中，每个企业不仅要吸收其他企业的资金、设备、技术等生产要素，也要使自己参与到别的企业经营中去。从财务管理来说，不仅要善于从企业外部各种渠道筹集资金，也要善于从企业外部寻求有效的投资机会，学会运用联营、兼并、信托投资、债券、股票、投资基金等投资形式，为企业争取更广阔的发展空间。

（三）企业对外投资的分类

企业对外投资可以按不同的标准划分，主要有以下三种。

(1) 按照对外投资的经济内容不同划分；

(2) 按照对外投资的目的及涉及的时间长短不同划分；

(3) 按照对外投资的性质和方式不同划分。

将以上对外投资的分类汇总后，可以用图 16-1 表示。

实物、现金、无形资产投资都是直接投资，是指直接用现金、实物、无形

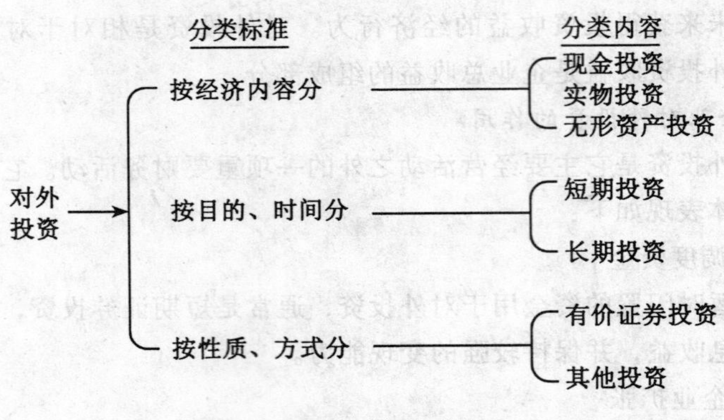

图 16-1　对外投资分类图

资产等投入其他单位，直接形成生产经营活动的能力，为从事某种生产经营活动创造必要条件。

有价证券投资都是间接投资，是指用现金、实物、无形资产等购买或折价取得其他单位的有价证券（如股票、债券等）。

长期投资是指购进不准备随时变现、持有时间在一年以上的有价证券以及超过一年的其他对外投资，后者如为了一定的经营目的，在较长时间内向其他单位直接投入现金、实物、无形资产等。

短期投资是指能够随时变现、持有时间不超过一年的有价证券以及不超过一年的其他投资。短期投资的目的是利用生产经营暂时闲置不用的资金谋求收益，所以，短期投资购入的有价证券通常是证券市场上交易活跃、容易脱手的证券。

【案例 16-2】

作为我国支柱产业的特大型跨国企业集团，首钢集团在我国工业发展中占有十分重要的地位，发挥着显著的示范效应。1992 年国务院给首钢扩大三方面经营权：第一项是扩大投资立项权。以留用资金和自筹资金进行建设、能够自行解决建设和生产条件的，由首钢自主立项。第二项是扩大外经、外贸和外事权。同意组建“中国首钢国际贸易工程公司”，有权经营所需设备、零部件、原材料的进口和自产产品的出口。第三项是资金融通权。同意首钢成立银行，开展人民币和外汇的存贷、结算、汇兑业务；办理国内外融资和租赁业务；办理各项信托、代理、担保、贴现、信用鉴证等金融业务；办理证券、保险、储蓄等业务。允许首钢在国内外设立银行分支机构；同意首钢在香港地区成立或收购一家银行。

经国务院和中国人民银行批准，首钢的华夏银行于1992年10月18日正式开业。它的诞生标志着金融与产业资本的有机结合，也是中国金融体制上的又一重大改革。目前，华夏银行对首钢集团内部的企业系列融资起到了不可忽视的保证作用。

第三节　财务分析

财务分析是指利用财务报表及其他有关资料，运用科学方法对企业财务状况和经营成果进行比较、评价，以利企业经营管理者、投资者、债权人及国家税务机关掌握企业财务活动情况和进行经营决策的一项管理工作。

一、财务分析的方法

对于财务分析人员来说，最重要、最有意义的并不是报表资料中的各项具体数据，而是各项数据的联系及变动趋势。揭示报表中各项数据的联系及变动趋势的方法即财务分析的方法。主要有以下三种。

（一）比较分析法

比较分析法是指将某项财务指标与性质相同的指标标准进行对比，揭示企业财务状况和经营成果的一种分析方法。选择相关指标的评价标准，是比较分析的重要条件。在比较分析中通常采用的指标评价标准有：

（1）绝对标准。它是被普遍接受和公认的标准，无论哪个企业、在什么时间或分析的目的是什么，它都是适用的。

（2）行业标准。它是以企业所在行业的特定指标数值作为财务分析对比的标准，可以是绝对数，也可以是相对数。

（3）目标标准。它是财务管理的目标，是在分析影响财务指标的主、客观因素的基础上制定的。

（4）历史标准。它可以是绝对数，也可以是相对数。期初与期末对比、历史同期对比、历史最好水平对比，财务分析中采用历史标准有利于揭示企业财务状况和经营成果的变化趋势及存在的差距。

采用比较分析法进行财务分析时，应当注意：实际财务指标与标准指标的计算口径必须一致；实际财务指标与标准指标的时间宽度必须保持一致；实际财务指标与标准指标的计算方法必须保持一致；绝对数指标比较与相对数指标必须同时进行。

（二）比率分析法

比率分析法是指利用财务报表中两项相关数值的比率揭示企业财务状况和经营成果的一种分析方法。在财务分析中，比率分析法应用得比较广泛，因为只采用有关数值的绝对数对比不能深入揭示事物的内在矛盾，而采用相对值对比则能做到这一点。

比率分析法能恰当地评价企业的财务状况和经营成果，它在财务分析中占有重要的地位。财务比率有相关比率、结构比率和动态比率。

（三）趋势分析法

趋势分析法是指利用财务报表提供的数据资料，将各期实际指标与历史指标进行定基对比和环比对比，揭示企业财务状况和经营成果变化趋势的一种分析方法。采用趋势分析法通常要编制比较财务报表，即将连续数期的同一财务报表并列在一起比较。具体有两种，一是编制绝对数比较分析表，二是编制相对数比较分析表。编制比较分析表进行趋势分析时应注意：掌握分析的重点；分析时既可以利用绝对数比较，也可以利用相对数比较；分析时既可以采用定基比较的方法，又可以采用环比比较的方法。

以上三种分析方法，都被人们广泛应用于各种财务比率指标之中。

二、财务分析的内容

财务分析的内容决定于企业财务管理内容和不同分析者的要求。企业财务分析的内容有以下几个方面：偿债能力分析、营运能力分析、获利能力分析等。

（一）偿债能力分析

企业偿债能力是反映企业财务状况和经营能力的重要标志。企业偿债能力低，不仅说明企业资金紧张，难以支付日常经营支出，而且说明企业资金周转不灵，难以偿还到期应偿付的债务，甚至面临破产危险。企业的负债包括流动负债和长期负债。企业偿还流动负债的能力是由流动资产的变现能力所决定的，除货币资金以外，变现能力强的流动资产还有有价证券、应收票据及应收账款。如果货币资金及变现能力强的流动资产的数额与流动负债的数额基本一致，或前者大于后者，说明企业是有偿债能力的；如果后者大于前者，则反映出企业的偿债能力差。企业偿还长期负债的能力一方面取决于负债与资产总额的比例，另一方面取决于企业的获利能力。获利能力强，且资产总额大于负债总额，则具有偿债能力，否则，偿债能力差。

按照偿债期限的长短，企业偿债能力分析可分为短期偿债能力分析和长期偿债能力分析。

1. 短期偿债能力分析指标

短期偿债能力是指企业偿付流动负债的能力。流动负债是指需要在一年内或超过一年的一个营业周期内偿还的债务（本息）。一般来说，流动负债应以流动资产来偿还。分析企业的短期偿债能力，可以通过评价流动负债与流动资产之间的比例关系来进行。主要财务指标有：

（1）流动比率。它是指流动资产与流动负债的比率，其计算公式为：

$$流动比率=\frac{流动资本}{流动负债}\times 100\%$$

流动比率说明企业每百元流动负债有多少流动资产可以作为支付的保证。流动比率对于衡量和评价企业及时偿付短期负债的能力是有用的，不过它不是衡量偿付短期债务能力的唯一标准，因为偿债需要现款，如果大量存货不能变现，则仍然难以偿还到期债务。一般来说，200%的流动比率被认为是令人满意的。流动比率过低，企业可能面临清偿到期债务的困难；流动比率过高，表明企业持有不能赢利的闲置的流动资产。

（2）速动比率。它是指企业速动资产与流动负债的比率，其计算公式为：

$$速动比率=\frac{速动资产}{流动负债}\times 100\%$$

上述公式中的速动资产是指那些不需要变现或变现过程较短、可以很快用来偿还流动负债的流动资产，包括货币资金、短期投资、应收票据、应收账款、其他应收款等。为了计算方便，通常把流动资产扣除存货以后的剩余部分视为速动资产。

速动比率是评价企业流动资产中可以很快变现用于偿付流动负债能力的指标，它是对流动比率的补充。一般来说，100%的速动比率是合理的，它说明企业每百元流动负债有多少速动资产作保证。如果速动比率大于100%，说明企业有足够的能力偿还短期债务，同时也表明企业拥有较多的不能赢利的现款和应收账款；如果小于100%，则企业将依赖出售存货或举借新债来偿还到期债务，这就可能造成急需出售存货带来的削价损失或举借新债形成的利息负担。

2. 长期偿债能力分析指标

长期偿债能力是指企业偿还债务期限在一年以上或超过一年的一个营业周期以上的债务偿还能力。偿还长期债务最终是依靠全部资产，因此，评价企业长期偿债能力的主要财务比率有资产负债率、负债权益比率、利息保障倍数。

（1）资产负债率。它是指企业负债总额与资产总额的比率。计算公式为：

$$资产负债率=\frac{负债总额}{资产总额}\times 100\%$$

上述公式中的负债总额是由流动负债和长期负债构成的，资产总额包括企业的流动资产、长期投资、固定资产、无形资产、递延资产和其他资产。

资产负债率表明企业全部资产中负债所占的比重，它不仅是评价企业用全部资产偿还全部负债能力的指标，而且又是衡量企业负债经营能力和安全程度的指标。企业的资金是由所有者权益和负债构成的，因此，企业资产总额应当大于负债总额，如果企业的资产负债率较低（在50%以下），则说明企业有较好的偿债能力和负债经营能力。

当企业资产收益率高于负债成本率时，企业所有者得到的收益会因负债经营的代价较小而增加。所有者总希望利用负债得到财务杠杆利益，倾向于提高资产负债率。而债权人则希望企业的资产负债率低一些，因为债权人的利益主要表现在收取债权的安全方面。如果企业的资产负债率大于100%，说明企业已经资不抵债，债权人为了维护自己的利益可以向法院申请企业破产。由此可见，在资产收益率高于负债成本率的情况下，企业利用负债经营要考虑到偿付债务的风险。

（2）负债权益比率。它是指负债总额与所有者权益的比率。其计算公式为：

$$负债权益比率=\frac{负债总额}{所有者权益}\times 100\%$$

负债权益比率表明所有者权益对债权的保障程度，负债权益比率越小，说明所有者权益对债权的保障程度越高；反之，负债权益比率越大，则说明所有者权益对债权的保障程度越低。一般情况下，负债权益保持在40%～100%为宜。因为，在此区间，一是所有者权益对债权的保障程度较高，债权资金投资风险较小；二是经营者筹资的综合资金成本率也较低。

（3）利息保障倍数。它是指息税前利润与利息费用的比率，其计算公式为：

$$利息保障倍数=\frac{息税前利润+利息费用}{利息费用}$$

上述公式中利息费用是指本期所发生的所有利息支出，包括计入财务费用的利息费用和计入长期资产成本的资本化利息。对于企业内部管理人员来说，本期所有的利息支出可以通过会计账面记录查找。对于财务报表的外部使用者来说，在无法找到足够的原始资料时，可以用损益表上的“财务费用”项目数据代替利息费用。

利息保障倍数越大，反映企业支付债务利息的能力越强。若企业的税前利润减少到一定程度，利息保障倍数过低，就会发生财务危机，即不能按时足额支付债务利息，继而不能偿还负债本金而导致债权人诉诸法律，迫使企业破产。

（二）营运能力分析

营运能力即企业资金的利用效率，它通过资金周转来体现。由于生产经营不断进行而引起资金的不断循环，称为资金周转。

分析企业营运能力的指标主要有应收账款周转率、存货周转率、流动资金周转率、固定资金周转率和总资金周转率等。利用损益表和资产负债表的信息进行比较分析，有助于评价企业的营运能力，进行经营决策和投资决策。

1. 应收账款周转率

它是指一定财务期间内，一定量的应收账款资金循环周转的次数或循环一次所需要的天数。它有以下两种表示方法：

（1）应收账款周转次数。它是指年度内应收账款平均收回的次数，其计算公式为：

$$\text{应收账款周转次数（次）}=\frac{\text{赊销收入净额}}{\text{应收账款平均余额}}$$

$$\text{赊销收入净额}=\text{销售收入}-\text{现销收入}-\text{销售退回折让折扣}$$

$$\text{应收账款平均余额}=\frac{\text{期初应收账款}+\text{期末应收账款}}{2}$$

（2）应收账款周转天数。它是指年度内应收账款平均周转一次所需要的时间，其计算公式为：

$$\text{应收账款周转天数（天）}=\frac{360}{\text{应收账款周转次数}}$$

或：

$$\text{应收账款周转天数（天）}=\frac{\text{应收账款平均余额}\times 360}{\text{赊销收入净额}}$$

上述公式中的 360 天为分析惯例中的一年天数。

2. 存货周转率

存货周转率是指企业一定时期内一定数量的存货所占资金（存货价值的货币形式）循环周转次数或循环一次所需要的天数。企业的流动资产中，存货是其中的重要构成内容，一般约占流动资产的一半以上，它也是企业供、产、销三大环节物质价值的货币形式。所以，评价存货周转率是分析企业营运能力的另一项重要指标。

存货周转率反映的是存货资金与它周转所完成的销货成本之间的比率。存货周转率有两种表示方法：

（1）存货周转次数。它是指年度内存货的平均周转次数，其计算公式为：

$$存货周转次数（次）=\frac{销货成本}{平均存货}$$

$$平均存货=\frac{期初存货+期末存货}{2}$$

（2）存货周转天数 。它是指存货周转一次需要的天数，其计算公式为：

$$存货周转天数（天）=\frac{360}{存货周转次数}=\frac{平均存货\times360}{销货成本}$$

存货周转率是从存货变现速度的角度来评价企业的销货能力及存货适量程度的。存货周转次数越多，或存货周转天数越短，反映企业存货变现速度快，说明企业销货能力强，存货适量，营运资金占压在存货上的量小；反之，存货周转次数越少或存货周转天数越长，反映企业存货变现速度慢，说明企业销货能力弱，存货积压，营运资金沉淀于存货的量大。

3. 流动资产（金）周转率

流动资产（金）周转率是指一定财务期间内流动资产价值的周转次数或完成一次周转所需要的天数。它反映的是企业全部流动资产价值的周转速度。

流动资产（金）周转率是从周转速度的角度反映企业全部流动资金与它周转所实现的商品价值量即产品销售收入之间的比率。其计算公式为：

$$流动资产（金）周转率（次）=\frac{销售收入}{流动资产（金）平均余额}$$

或：

$$流动资产（金）周转天数（天）=\frac{360}{流动资产（金）周转率}$$

流动资产周转率是评价企业流动资金周转状况的一个综合性指标。一般来说，要求流动资产（金）周转率越高越好，该指标越高，表明企业债务的担保程度高，企业面临的市场风险小，也表明用较少的资金占用能实现更大的周转价值，企业短期内生产经营活动通畅，获利能力强。

4. 固定资产（金）周转率

固定资产（金）周转率是指销售收入与固定资产（金）平均占用额之间的比例关系，反映固定资产在经营活动中周转的快慢、变现能力和有效利用程度，以此也可以确定固定资产的投资是否有效或是否继续投资。其计算公式为：

$$\text{固定资产（金）周转率（次）}=\frac{\text{销售收入}}{\text{固定资产（金）平均余额}}$$

或：

$$\text{固定资产（金）周转天数（天）}=\frac{360}{\text{固定资产（金）周转率}}$$

固定资产（金）是指资产负债表中有形固定资产的原价。在这里一般不使用固定资产总额指标，也不使用长期资产的概念。一般来说，固定资产（金）周转率是越高越好，该指标越高，说明企业固定资产的利用效率越高，资产经营的风险越小。

5. 总资产（金）周转率

总资产（金）周转率是指企业的销售收入与总资产（金）平均余额之间的比例关系，它反映在一定期间企业全部资产（金）的运用效率及速度快慢，可以用次数或天数表示。其计算公式为：

$$\text{总资产（金）周转率（次）}=\frac{\text{销售收入}}{\text{总资产（金）平均余额}}$$

或：

$$\text{总资产（金）周转期（天）}=\frac{360}{\text{总资产（金）周转率}}$$

总资产（金）周转率反映了企业全部资产的周转快慢，说明企业全部资产的综合使用效率。因此，该比率总是越高越好，它越高，说明资产的管理水平越高，相应的企业的偿债能力和获利能力就越高。

（三）获利能力分析

企业在一定时期内实现的商品销售利润、营业利润和利润总额，在利润表上均有反映。将利润表提供的经营成果信息与相关的指标进行对比，可以反映出企业赢利水平；将企业的各项赢利指标与同行业的标准指标或先进指标比较，可以反映出企业的获利能力。认真分析利润表提供的信息，有助于评价企业获利能力，制定对策，提高企业经济效益。

企业的获利能力是通过一系列具体指标来反映的，如总资产报酬率、净资产报酬率、销售净利润率、成本费用利润率等。

1. 总资产报酬率

总资产报酬率是指企业一定时期内息税前利润总额与资产总额的比率。它反映企业运用资本总额（借入资本与自有资本）获得的报酬水平，体现企业全部资产获得经营效益的能力。其计算公式为：

$$\text{总资产报酬率}=\frac{\text{息税前利润总额}}{\text{资产平均余额}}\times 100\%$$

$$\text{息税前利润总额}=\text{利润总额（损益表）}+\text{财务费用（无专项说明）}$$

$$\text{资产平均余额}=\frac{\text{期初资产总额}+\text{期末资产总额}}{2}$$

总资产报酬率反映企业总资产的利用效率。在市场经济比较发达，各行业间竞争比较激烈的情况下，企业的总资产报酬率越高，说明总资产利用效果越好，经济效益越高；反之，总资产报酬率越低，说明企业的总资产利用效果越差，经济效益越低。

企业的财务费用中包括支付的贷款利息和其他费用，如果没有专项说明，可以视财务费用为企业的利息支出，其他费用可以忽略不记。

2. 净资产报酬率

净资产报酬率又称股本收益率、自有资金利润率和所有者权益报酬率。它反映了所有者拥有的权益的赢利能力，这项指标衡量的是企业所有者投入资本的收益状况。一般情况下，股东们都关心企业的经营获利水平，但他们更关心的是与自身经济利益密切相关的净资产报酬率。其计算公式如下：

$$\text{净资产报酬率}=\frac{\text{净利润}}{\text{所有者权益平均余额}}\times 100\%$$

其中：$$\text{所有者权益平均余额}=\frac{\text{期初所有者权益}+\text{期末所有者权益}}{2}$$

在通常情况下，总资产报酬率比一般利息率高，净资产报酬率比总资产报酬率高。当然，不一定总是这样，但作为一个企业，净资产报酬率必须要比一般的利息率高，因为毕竟是净资产担负起企业的安危，它是企业实力大小的标准。净资产报酬率超过利息率越高，企业经营的安全性越强，资产利用率越高，企业的获利能力就越强。

3. 销售净利润率

销售净利润率是指企业净利润（即税后利润）与净销售收入的比率。它反映企业实现的净利润水平，所以更受投资者关注。其计算公式为：

$$\text{销售净利润率}=\frac{\text{净利润}}{\text{销售收入}}\times 100\%$$

销售净利润率越高，说明企业获取净利润的能力越强。

4. 成本费用利润率

成本费用利润率是指企业利润总额与成本费用总额的比率。它是通过费用与利润的比较来反映企业的收益能力。其计算公式为：

$$\frac{\text{成本费用}}{\text{利润率}} = \frac{\text{利润总额}}{\text{成本费用总额}} \times 100\%$$

上述公式中的成本费用总额包括产品制造成本和计算期间的所有费用。成本费用是企业生产经营发生的全部耗费。成本费用利润率是反映企业耗费获利水平的重要财务指标，成本费用利润率越高，说明企业的生产经营耗费获利水平越高，资产使用效益越好，企业获利能力越强。

【案例 16-3】

在家电制造企业的利润“薄得像刀片”的背景下，格力多年维持高达20%的净资产收益率。格力电器2007年三季度财务报表显示，其争资产收益率达18.99%，而美的电器只有14.51%，青岛海尔仅有5.43%。格力如此之高的净资产收益率引起了业界广泛的关注，在家电行业利润率趋平的背景下，格力电器的赢利能力为何大大强于其他企业？它是怎样实现的？人们总结发现一是依赖渠道利益捆绑；二是由无息负债推动净利润增加。由此，我们可以看出格力提升净资产收益率的战略路径：经销商利益捆绑的渠道模式→借助强大的品牌及渠道力量占用上下游企业的资金→形成巨额的无息负债→以高负债的方式提高财务杠杆→推动净资产收益率的上升。而这当中，无息负债是其金融战略的核心，而其营销战略也很好地配合了金融战略的实施。

第四节 股利分配政策

股利分配政策是指股份制企业确定股利以及与之有关的事项所采取的方针和政策，其核心是正确处理公司与投资者之间、当前利益与长远利益之间的关系，从实际情况出发，确定股利支付比率。股利分配作为财务管理的一部分，同样要考虑其对公司价值的影响。

一、影响股利分配的因素

公司的股利分配是在种种制约因素下进行的，公司不可能摆脱这些因素的影响。具体有以下几种：

（一）法律因素

为了保护债权人和股东的利益，有关法规对公司的股利经常做如下限制：

(1) 资本保全。规定公司不能用资本（包括股本和资本公积）发放股利。

(2) 企业积累。规定公司必须按净利润的一定比例提取法定盈余公积金。

(3) 净利润。规定公司年度累积净利润必须为正数时才可发放股利，以前年度亏损必须足额弥补。

(4) 超额累积利润。由于股东接受股利交纳的所得税高于其进行股票交易的资本所得税，于是许多国家规定公司不得超额累积利润，一旦公司的保留盈余超过法律认可的水平，将被加征额外税额。

(二) 股东因素

股东从自身需要出发，对公司股利分配往往有一些影响，如稳定的收入和避税，又如控制权的稀释。公司支付较高的股利，就会导致留存盈余减少，这又意味着将来发行新股的可能性加大，而发行新股必然稀释公司的控制权，这是原来持有控制股权的股东们所不愿看到的局面。

(三) 公司因素

就公司经营需要来讲，也存在一些影响股利分配的因素：

(1) 盈余的稳定性。公司是否能获得长期稳定的盈余，是其股利决策的重要基础。盈余相对稳定的公司能够较好地把握自己，有可能支付比盈余不稳定的公司较高的股利，而盈余不稳定的公司一般采用低股利政策。

(2) 资产的流动性。较多地支付现金股利，会减少公司的现金持有量，使资产的流动性降低。

(3) 举债能力。具有较强举债能力的公司因为能够及时地筹措到所需的现金，有可能采取较宽松的股利政策；而举债能力弱的公司则不得不多滞留盈余，因而采用较紧的股利政策。

(4) 投资机会。有着良好投资机会的公司，需要有强大的资金支持，因而往往少发放股利，将大部分盈余用于投资；缺乏良好投资机会的公司，保留大量现金会造成资金的闲置，于是倾向于支付较高的股利。

(5) 资本成本。与发行新股相比，保留盈余不需花费筹资费用，是一种比较经济的筹资渠道。所以，从资本成本考虑，如果公司有扩大资金的需要，也应当采用低股利政策。

(6) 债务需要。具有较高债务偿还需要的公司，可以通过举借新债、发行新股筹集资金偿还债务，也可以直接用经营积累偿还债务。如果公司认为后者适当的话（比如，前者资本成本高或受其他限制难以进入资本市场），将会减少股利的支付。

(四) 其他因素

其他因素有债务合同约束和通货膨胀。

由于存在上述种种影响股利分配的因素，股利政策与股票价格就不是无关的，公司的价值或者说股票价格不会仅仅由其投资的获利能力所决定。

二、股利分配政策

公司的股利分配政策受公司的经营环境、经营方针、股东要求等多方面因素影响，各个公司的股利政策不可能相同。一般来说，股份制企业即公司常用的股利分配政策有以下几种。

（一）剩余股利政策

当公司有收益较高的投资机会，或因扩大生产经营规模需要较多资金时，可采用剩余股利政策，即将公司的税后可分配利润首先用作内部融资，在满足投资需要后，剩余部分用于向股东分配股利。

（二）稳定的股利政策

在这种股利分配政策下，公司支付给股东的股利不随赢利的增减变化而变化，也就是说，不管公司赢利多少，股利总是维持在某一特定水平上。即使在某些情况下有所调整，调整的幅度也很小。

（三）变动的股利政策

在这种股利分配政策下，公司支付给股东的股利随赢利的多少而进行相应的调整，股利额随赢利额变动而变动。变动的股利政策，能使股利支付与公司赢利很好地结合，但它不利于股票价格的稳定。

（四）正常股利加额外股利的股利政策

这种政策是介于稳定股利和变动股利之间的一种股利政策。采用这种股利政策时，公司一般每年按一较低的固定数额向股东支付正常股利，当公司遇到好年景，赢利有较大幅度增长时，再加付一部分额外股利。这种股利政策具有较大的灵活性，既能保持股利的稳定性，又能实现股利与赢利之间较好的配合，因而为许多公司所采用。

【复习思考题】

1. 财务管理的内容、任务和原则是什么？
2. 如何对企业的偿债能力进行分析？
3. 为什么要对企业营运能力进行分析？如何进行分析？
4. 反映企业获利能力的指标有哪些？
5. 企业进行对外投资有什么意义？
6. 财务风险与财务杠杆之间存在着什么关系？

【本章案例】

7 年拥有 34 亿元资产的奇迹

北京建昊集团经过短短的 7 年，就从白手起家变成拥有 34 亿元资产的大型企业集团，其发展轨迹可以概括为以下的“三步曲”。

第一步，抢占科技制高点。1992 年，“建昊”开始了“科研成果”的买卖。在这一过程中，它看中了一个名字叫做“小黑麦”的基因工程项目，并发展成自己的第一个实业，当年的利润达到了 200 多万元。建昊集团设立了第一个控股企业——海尔生生物制品有限公司。

第二步，资本运作以少控多。1995 年，建昊集团花了 500 万元买下资产 1000 多万元的海尔生生物制品有限公司 51% 的股份。接着，建昊集团一口气在怀柔收购了 13 家这种企业。后来“建昊”看上了全国中药行业排名第二、资产额 1900 万元的温阳制药厂。“建昊”以海尔生做抵押，向银行贷款，买下了温阳制药厂 51% 的控股权；接着又以温阳制药厂做抵押，向银行借款，还掉了原来银行的贷款。在控股企业有了足够的赢利之后，“建昊”又把看中企业的全部股份买下，这样借船出海，使自己旗下的优质企业越来越多。“建昊”收购的企业数量最多曾达到了 60 多家，收购的地方遍布全国各地。

第三步，进进出出总自由。“建昊”在参股、控股、收购的过程中，将业务顺利地延伸到证券行业。它先后参股三九胃泰、四川蜀都大厦等企业，后来这些企业纷纷改制成功，股票上市，使股东的利益大幅度升值。在升值之后，“建昊”及时抽身而退，积累了大量资金。到 1996 年，从上市公司年报中，人们惊奇地发现，有近 30 家上市公司位居前十位的大股东是“建昊”。

资料来源：张承耀．中国企业改革与发展案例．北京：经济管理出版社，2000：173-185.

案例思考题

1. 从财务运营中分析建昊集团的成功原因。
2. 建昊集团的融资过程有什么特征？

第十七章　管理信息系统

【教学目的与要求】 明确信息与管理信息系统的定义；掌握管理信息的分类与特点；正确认识管理信息的要求和功能；了解企业信息化的准备工作与风险；熟悉信息系统的设计；熟悉信息系统的开发的内容；了解信息系统的实现、运行与维护的内容；正确认识信息系统的价值。

"新经济"现已成为现代社会的流行语，它有许多同义词，如"数字经济"、"网络经济"、"互联网经济"、"知识经济"等，它表达了一个所有涉及以数字为基础的市场或经济模式。新经济的本质实际上就是知识资本化。在信息经济中，知识成为创造财富的主要资源，人们通过知识的质量，而不是数量创造剩余价值。知识资源被使用得越多反而会更加丰厚。信息可在不增加费用的情况下，通过网络成千上万地发送出去。本章从企业管理的角度出发，简要介绍管理者直接接触的有关信息系统的概念和最新技术动向。

第一节　管理信息与管理信息系统

一、企业管理信息的含义

所谓企业管理信息，是对企业管理有用的情报、指令、意见、消息和数据的总称。数据只有经过处理、解释，才能成为有用的信息。

企业管理信息按其来源可分为外部信息和内部信息。内部信息又可分为客观信息和主观信息。

企业管理信息按其内容变迁可分为固定信息和流动信息。前者相对固定，在管理过程中又可反复使用，如国家法规、企业内各种标准、制度、人事档案、计划合同等；后者不断变动，在管理过程中其价值往往很快消失，如工人的出勤、每日产量、生产过程中的工艺参数，股市行情等。

企业管理信息按其加工处理情况可分为原始信息和加工信息。前者如原始记录，后者如统计、会计报表。原始信息是信息工作的基础，加工信息决定信息的可用性。

管理从某种意义上说是运用信息影响集体活动的过程。离开了信息，计划、组织、指挥、协调和控制就无法进行。美国经济学家西蒙认为，组织的信息如同人体中的神经系统，信息系统不健全，会使组织遭到破坏。企业管理信息系统的状况直接决定管理的及时和有效性，直接决定了一个企业的生存和发展前途。因此，必须高度重视信息系统的建设。

现代企业管理对信息的基本要求有以下四点：

（1）及时。信息的价值贵在及时。对信息的收集、加工、检索、传送要快。对企业来说时间就是金钱，时间就是生命，贻误时间会使企业遭受巨大损失，信息收集要超前。

（2）准确。信息的质量取决于它的准确性。作为企业决策、管理的依据，信息必须准确无误，才能在瞬息万变的市场经济中使企业立于不败之地。错误的信息有时会给企业带来灾难。

（3）适用。企业需要信息是为了使用，应根据实际需要确定信息收集的多少、精度、频率、加工方法等，以适用为宜。

（4）经济。信息的收集、加工、传送、存储和利用都要支付费用。因此，信息管理要贯彻经济实用原则。信息处理是现代化企业管理中劳动量大、复杂又耗资耗时的工作，应进行可行性分析和效益评估，不能盲目追求“信息化”，应从实际出发尽量少花钱多办事。

信息是企业的重要资源，它提供企业过去、现在和未来的知识，对企业管理的决策有直接影响，从这个意义说，企业管理的实质就是对信息的处理和使用的过程。企业管理信息系统的建设必须从管理的需要出发，为企业经营管理服务（见图 17-1），实现信息的及时、准确、全面和经济四个要求。

二、信息系统的概念

信息系统（Information System，IS）是基于计算机技术、通信技术和软件技术且将现代管理理论、现代管理方法及各级管理人员融为一体，最终为组织整体的管理与决策服务的一个人机结合的信息处理系统。在 IS 中输入的是数据，经过加工处理后输出的是对管理与决策有用的信息。对企业组织而言 IS 就是一个企业的产供销、市场、库存、计划、管理、预测和控制的综合信息处理系统。

管理信息系统（Management Information System，MIS）是一个利用计算机

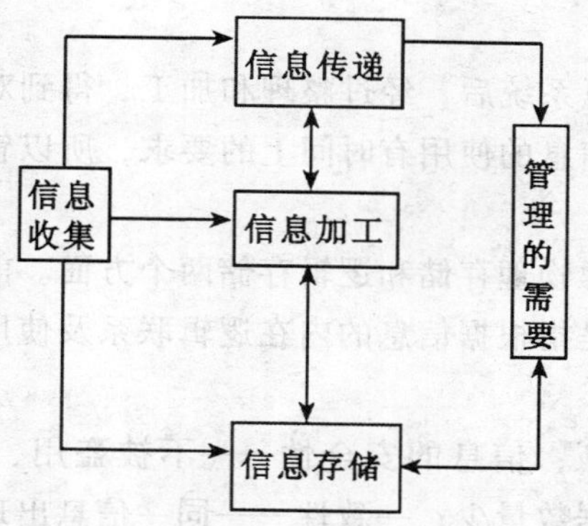

图 17-1　信息系统与管理需要

硬件和软件、手工作业、分析、计划、控制、决策模型、数据库的用户与计算机联合的系统。在这个人机系统中，有些工作给计算机做比较合适，而有些工作交给人——管理者去做更合适。人和计算机各自发挥自己的特长，相互联系、补充，组成一个和谐、有效的系统。

管理信息系统是一门还不尽完善的新学科。它围绕信息的收集、传送、储存、加工、维护、使用，引入了系统观点、数学方法、计算机应用。MIS 在技术上依靠计算机网络和数据库，这二者构成了管理信息系统的两大支柱。这个系统是广大管理者使用的工具，是为管理者服务的，尤其是为决策层的管理者服务。

三、管理信息系统的功能

不论应用在什么类型的企业中，管理信息系统的功能可归纳为五个方面。

（一）数据的收集和录入

反映客观情况的数据通常分布在企业内外不同的地点，管理信息系统首先要用某种方式记录下这些数据，集中起来，经过校验并转换成管理信息系统所需要的形式。这是信息系统工作的基础。

在衡量一个管理信息系统的收集数据性能时，需要考虑，收集数据的手段是否完善；准确程度和及时性如何；校验功能（即对工作人员的失误或其他各种破坏因素的预防及应付能力）是否完备；记录数据的手段是否方便易用；对数据收集人员和录入人员技术水平的要求；当数据收集和录入工作的组织是否严格，等等。

（二）信息的存储

数据进入管理信息系统后，经过整理和加工，得到对管理有用的信息。由于对数据的处理和对信息的使用有时间上的要求，所以管理信息系统要负责信息的存储。

信息的存储要考虑物理存储和逻辑存储两个方面。前者指用适当的存储介质来存放信息；后者是指根据信息的内在逻辑联系及使用方式，把信息组成合理的结构。

信息的存储要保证：信息的安全性——不被盗用、篡改、丢失；低冗余度——重复存储的数据数量少；一致性——同一信息出现在不同位置上，应该具有相同的内容，在一处对该信息做了修改，其他处及由派生的信息应同时做相应的修改；使用方便；完整保持信息的内在联系。

（三）信息的传输

在收集和录入数据、使用信息、管理信息系统内部交换信息等场合，都要发生信息的传输。传输渠道是否畅通，将影响整个管理信息系统的运行质量。信息传输的性能主要从传输速度和准确程度上考虑，使信息的传输既快又准。

（四）信息的加工

进入管理信息系统的数据需要进行加工处理，才能成为有用的信息。信息加工往往需要逐步、分层进行，包括传送、运算、查询、排序、合并等操作，以及模型调试、模型预测等复杂操作。现代化的管理信息系统在信息加工中使用了许多数学工具，涉及学科范围广，具有很强的功能，因此对使用者的技术水平也提出了较高的要求。信息加工能力的强弱，是衡量一个管理信息系统质量的重要方面。

（五）信息的输出

管理信息系统的目的是为管理人员提供信息。为了方便使用，应以尽量符合使用者习惯的方式给出。管理信息系统的输出功能的优劣，直接影响系统的使用和效能的发挥。输出手段的完善程度、输出结果是否易读易懂、直观醒目，是评价管理信息系统的主要指标。

由于管理信息系统的服务对象不同，或者管理信息系统各部分所执行的功能不同，在开发管理信息系统时，往往需要在互相矛盾的性能要求之间决定优先次序，从而作出比较符合实际需要的权衡。

四、电子商务系统和管理信息系统的区别与联系

电子商务是企业信息化建设的目的，是企业管理信息系统的延伸和发展，

而企业信息化是电子商务的基础和前提，即管理信息系统是企业内部的信息系统，电子商务是企业外部的信息系统，内部与外部信息系统的结合才构成现代企业完整的信息系统。当前企业应依托信息管理与信息系统加速发展电子商务，利用电子商务促进信息管理与信息系统的发展。电子商务与管理信息系统相辅相成，既有区别，也有联系。

两者的联系主要有：在电子商务的大环境下，信息呈现数字化、网络化、集成化、智能化、柔性化、行业化和本地化的特点，供应链管理成为必然。为了保证信息在供应链各个环节之间通畅的流通，实现真正的信息共享，要求电子商务企业建立完善的管理信息系统。如果仅仅孤立地进行以上信息系统的构建，企业的电子商务会因为导致信息脱节、管理漏洞、决策失误而以失败告终。电子商务要顺利地开展，必须对各个信息系统进行有效整合。

两者的区别主要有：

（1）从系统功能上看，电子商务系统不仅支持企业内部的生产与管理，而且支持企业通过 Internet 进行的商务活动。

（2）从信息系统服务的范围及对象看，传统信息系统主要服务于特定的客户；但电子商务系统服务的对象不仅包括企业内部管理人员，而且包括企业的客户和合作伙伴。

（3）从技术角度看，电子商务系统基本上是一种基于浏览器/服务器结构的系统，其构造技术还包括一些原有信息系统未曾使用的新技术。

【案例 17-1】

为了加速我国国民经济信息化的进程，国务院批准于 1994 年开始建设中国的“三金”工程。这三项以金字开头的信息工程是金桥、金关和金卡工程。金桥工程由电子工业部牵头，由 19 颗卫星、3600 公里光缆、3400 公里微波组成了覆盖全国的信息中速公路；金关工程由外贸部和海关牵头，实现全国海关系统联网和无纸办公；金卡工程由财政部和银行牵头，在全国大力推广使用电子货币——信用卡。“三金”工程启动不久，1995 年国务院又批准立项建设八大经济信息化重点工程，其中包括国家经贸委的金企工程。

金企工程的总体目标是，将各行业的信息资源整合优化互联共享，用五年时间初步建成既为国家进行综合协调和管理经济运行工作服务，又能面向全国近 860 万家企业进行信息引导服务的信息系统。其效益目标是提高经济管理决策部门的工作效率，减少企业非正常的产品积压，避免政府和企业缺乏信息支持和引导造成的失误。

金企工程是一个信息系统。目前这个信息系统已经有了一定的基础：国家经贸委已经建成联系和监测1000家国有大型优势企业和企业集团的全国生产流通信息网络；各省市经贸委已经建成联系和监控本地区企业的省级生产流通信息系统；有关行业部委已经建成行业企业信息系统。以上构成了金企工程的基础。

第二节　企业信息化与企业竞争力

一、企业信息化与企业竞争力

信息技术、信息系统和信息作为一种资源已不再仅仅支撑企业战略，而且还有助于决定企业战略，信息战略成为企业战略不可分割的一部分。

企业信息化就是信息技术应用于企业生产、技术、经营管理等领域，不断提高信息资源开发效率，获取信息经济效益的过程。企业信息化因信息技术的大量采用，改进和强化了企业物资流、资金流、人员流及信息流的集成管理，对企业固有的经营思想和管理模式产生了强烈冲击，带来了根本性的变革。

（一）推动业务流程重组，促进组织结构优化

20世纪90年代以后，信息技术的飞速发展，从根本上改变了组织收集、处理、利用信息的方式，从而导致组织形式的巨大变革，推动了业务流程再造（BPR）乃至组织结构的重构。原有的塔型结构为精良、敏捷、具有创新精神的扁平化“动态网络”结构所取代。管理方式从控制型转为参与型，实现了充分授权。这种新型组织形式通过水平、对等的信息传递来协调企业内各部门、各小组之间的活动，实现了动态管理，不仅使信息沟通畅通、及时，降低监督协调成本，提高了企业对市场的快速反应能力，而且极大地调动了组织成员的潜能和积极性，从而更好地适应竞争日益激烈的市场环境。

（二）有效降低成本，扩大企业竞争范围

信息技术的应用范围涉及整个企业的经济活动，它可以直接影响企业价值链任何一环的成本，改变和改善成本结构。首先，计算机辅助设计和制造技术不仅可以使企业降低新产品的设计和生产成本，还大幅度降低了对现有产品进行修改或增加新性能的成本。其次，柔性制造技术对库存管理具有替代效应，使信息化企业减少了库存量，降低了管理成本。另外，信息技术的应用尤其是迅速发展的电子商务大大降低了企业的交易成本，从而形成成本优势。信息化企业成本的下降，其实质是通过提高信息资源开发利用效率和扩大信息资源开

发利用范围，使企业能以低信息成本实现共享管理信息，并随着管理规模的扩大形成规模管理效应，从而改变了企业的竞争方式，给企业提供了新的竞争空间，使众多企业尤其是中小企业能通过“虚拟企业”这种战略联盟方式赢得超常竞争优势。

（三）加快产品和技术创新，提高差别化

一方面，Internet 的发展，使全球信息获得前所未有的跨地区、跨国界流动。信息的流动创造了无限商机，尤其是随着电子商务在企业经营管理中的广泛应用，缩短了企业与消费者的距离，提高了企业把握市场和消费者了解市场的能力。另一方面，现代信息技术与制造的结合所形成的各种企业信息技术，实现了企业开发、设计、制造、营销及管理的高度集成化，使企业生产经营趋于并行、敏捷、智能和虚拟化，增强了企业生产的柔性、敏捷性和适应性，使之更为精良、灵活、高效。此外，集成制造技术在产品设计开发中的扩散和渗透，使企业工业化大生产升级为工业化精细生产。其结果不仅使企业“个性化、多品种、小批量”的生产和服务成为可能，而且使过去不能灵活转变的规模生产方式，如汽车、彩电等面临退出历史舞台的生产方式重新焕发了青春。

（四）提高了企业的整体管理水平

信息技术实现了跨越地域的同步信息交换，使企业在获取、传递、利用信息资源方面，更加灵活、快捷、广泛和开放，人的行为与经营流程组成了一个整体的人机系统，形成信息—决策—行为三者高度集成化，极大地增强了决策者的信息处理能力和方案评价选择能力，增强了决策的理性、科学性及快速反应，提高了决策的效益和效率。此外，企业信息化不只是计算机硬件本身，更为重要的是与管理的有机结合，提高了企业的整体管理水平。

二、企业信息化建设中的风险

企业信息化建设的风险主要表现为管理变革风险与实施风险。

（一）管理变革风险

管理变革风险包括管理风险和技术风险。信息化首先是一个管理问题，其次才是技术问题。信息技术和管理技术的不断发展推动了整个企业信息化的变革，从而使企业的经营管理理念发生了本质的变化，它的变革如同“工业革命”一样是历史发展的必然，而如果企业应用信息化的手段不是从理顺自身的管理本身入手，而是寄希望于信息化带动以往的手工操作，用这样的思路去引导信息化的实施，其结果仅仅是计算机的手工实现，并不能给企业带来本质的变革，而且企业在实施信息化的过程中不能面面俱到，因此实施的结果是局部的效率提高了，但是整体的效率没有任何改变。

信息的安全性、唯一性、集成性和共享性是所有关键技术中最难点，它涉及设计数据、生产控制数据、营销数据、财务数据及管理数据等，如何去兼顾这些特性并整合这些数据是存在技术风险的。企业在信息化建设中需要投入巨大精力去关心。

（二）实施风险

实施风险包括组织风险、时间风险、人员风险和使用风险。

企业信息化建设过程是一个非常复杂的过程，涉及范围广、知识综合性强。企业信息化建设项目除了涵盖企业的各个职能部门外，甚至将供应商、客户、运输商、分销中心纳入到系统中，是一个内、外互动的系统，组织实施企业信息化系统，需综合运用计算机知识、项目管理、系统工程论、管理理论、相关软件知识、行业经验和实施方法论。同时，成功的信息化项目还表现在全员的参与，从现场的操作工人、职能部门的专业人员、部门经理直至高级经理，因此其项目组织的难度之大，细节之多是一般项目很难比拟的。

信息化的实施过程是一个长期不断的过程，往往要连续一年以上，随着时间的推移，对企业的相关人员，尤其是领导的积极性是一个很大的考验，有些企业因为看不到暂时的成果，对信息化的实施产生了疑问，更有的领导急于求成，擅自修改实施进度规划或终止信息化项目的建设。企业信息化需要务实而不是务虚，需要企业里的每一个员工和实际操作者切实掌握新的业务流程、养成使用习惯。

虽然信息化建设风险很大，但是历史的潮流又让企业不得不面对现实，知难而上，规避风险要求企业管理者用变革管理和风险管理的思想来指导整个信息化的建设；用发展的眼光来看待信息化所带来的巨大变革；按照项目管理的思路来进行整个信息化项目的管理；提出的项目指标应该具有较强的操作性；在人力、财力和物力等方面确保信息化的实施；项目实施完成后用制度的方式固定下来，强制实行。

【案例 17-2】

我国互联网发展很不平衡。电子商务在过去数年中有了一定发展，但企业上网数量有限。2000 年 12 月，美国采购商联盟等美商联合组织的美国采购团，开始了在华的第一轮采购。按照规则，预计年采购额将高达 4 亿美元。大采购的第一站选在了美方认为国际贸易发展最先进的北京地区，计划中的采购金额为4000万美元。但北京地区企业的电子贸易发展程度太低，无法与美方习惯采用的电子化、网络化国际贸易操作方式相配合，因而不能正常地进行商务沟通和运作，使大好商机随风而去。据中华工商网的统计数字显示，报名的北京企业中大部分既没有自己的网站也没有自己的网页。在众多的北京企业中筛选出勉强符合美方条件要求的企业只有区区26家。最后结果是首轮采购无果告终，4000万美元的订单抛空。

第三节　系统设计、开发及安装

一、确定组织需要的信息需求

为了制定一个有成效的信息系统计划，组织必须对其长期和短期的信息需求有一个清晰的了解。确立一个组织的主要的信息需求通常有两种方法：企业分析法和关键成功因素法。

（一）企业分析法

企业分析法（也称企业系统计划）强调要想了解一个公司的信息需求只能通过研究整个组织，包括组织的结构设置、各个部门的职能、业务流程和所设计的数据。企业分析法的主要做法是在管理者中大量取样，询问他们利用信息的方式、获取信息的地点、他们的工作环境、他们的目标、他们如何做决策以及他们对数据的要求。这个关于管理者的大型调查的结果最后汇总，形成子功能、子过程或是数据表格以利于分析。

企业分析法的长处在于它综合全面地考虑了一个组织对系统数据的使用及不足。企业分析法特别适用于组织新创立或者做重大变动时。企业分析法的另一个优点是靠许多经理和用户的参与来帮助组织内产生一致意见。通过要求众多的经理去考虑信息，企业分析法从信息处理的角度帮助组织确定应该做什么。

企业分析法的缺点是它需要搜集和分析的数据量大得惊人，而花费太高。它是一个耗费巨大、偏重于高层管理部门和数据处理的技术。大多数的访问是在高、中层管理者中进行的，却忽视了在职员和基层管理者中搜集信息。

（二）关键成功因素法

关键成功因素法（又称战略分析法）强调：一个组织的信息需求由管理者的几项关键性成功因素（Critical Success Factor，CSF）决定。CSF是公司中起决定性作用的一些目标。如果这些目标能够实现，公司或组织就必定成功。

CSF是由行业、公司以及大环境所决定的。这种方法之所以标为“战略性”，是因为它较前面提到的方法有更广阔的分析范围。采用这种方法的一个重要前提是存在这样少量的目标，这些目标能被管理者容易地识别并且能得到信息系统的支持。

在CSF分析中用到的主要方法是进行三次到四次人员访问，通过访问高级管理者，了解他们的工作目标以及CSF。这些人员的CSF被汇总形成一个公司的CSF蓝图。然后开发信息系统，使之为实现这些CSF提供信息。

CSF法的有利之处是它要分析的数据比企业分析法少。它只需询问高层管理者并且问题只集中于少量的CSF，而不是询问用什么信息或需要什么信息等范围较大的问题。这种方法可以用于每一个行业结构中，只不过是不同的竞争战略导致产生不同的信息系统罢了。即使是同一行业的两个公司，其CSF也会因它们在行业中的地位不同、地理位置不同产生差异，所以按这种方法开发出来的系统与组织的实际情况更加吻合。

CSF法一个独特之处是它考虑了组织和管理者必须应付的环境变化。这种方法明确要求管理者观察环境，并且考虑到环境变化如何形成对信息的要求。CSF法尤其适用于高层管理部门以及DSS（决策支持系统）和ESS（高级经理支持系统）的开发工作。这种方法的不足之处在于没有一个特定的严格规则用于决定怎样把个人的CSF集中上升为一个公司的CSF，常常就个人CSF与组织CSF产生混乱，对个人来说很重要的因素对组织可能并不那么重要。另外，这种方法明显倾向于高层管理者的意见，因为他们是被访问的那部分人（通常是唯一的一部分）。最后，应该明白的是这种方法不一定能够应付得了环境变化的冲击，或者管理者的变动。由于环境和管理者的变动相当快，信息系统必须相应地进行调整。用CSF法开发系统无法缓和这个矛盾。

二、系统开发

（一）系统分析

系统分析描述了一个系统为满足信息需求应做什么，要描述应怎样做。一个信息系统的设计是系统的总体方案和模型。系统设计有三个目标：

首先，系统设计者要负责考虑用来实现和开发系统分析员所描述的系统的技术配置方案。它包括不同硬件和软件的性能分析系统的安全性分析、网络结构与系统硬件的可扩充性分析。

其次，设计者要负责系统技术实现的管理与控制。它包括详细的程序编制说明、数据代码、文档编制、测试和培训。此外，设计者要负责购买实际的硬件，聘请有关的顾问，获取系统所需的软件。

最后，设计人员要按系统分析中确定的各项系统功能写出详细的设计说明书，说明该方案中涉及的管理、组织和技术问题如何解决。

(二) 逻辑设计和物理设计

信息系统的设计可以分为逻辑设计和物理设计。

逻辑设计确定系统的组成部分以及它们之间的关系，从用户的角度描述了输入输出、处理功能、业务流程和数据模型，规定了可接受的性能标准以及实际测试这些性能标准的方法。

物理设计是把新系统的抽象的逻辑模型转化为特定的技术设计的过程。它包括对实际的硬件、软件、物理数据库、输入输出媒介、人工操作规程的技术设计。物理设计提供一个把抽象的逻辑设计方案转化为一个能实际运作的人机系统的详尽说明。

信息系统设计不能由技术专家独自承担。它要求最终用户的高度参与和控制。正是用户的信息需求决定并且推动着所有的系统开发工作。用户对系统的设计过程必须有足够的控制，以确保系统反映出他们的业务和所需要的信息，而不是技术人员的某种偏见。用户参与设计工作，增加了用户对系统的理解程度和系统的接受性。系统设计阶段，用户不充分地参与是系统失败的主要原因之一。在设计过程中用户的参与性和程度随系统不同而变化。精细复杂、需求定义模糊的系统需要更多的用户参与，对于那些简单明确的需求，则不一定需要。与战略规划、决策支持系统相比，事务处理和操作控制系统需要用户的参与就比较少。结构化程度差的系统需要更多的用户参与，以便共同完成需求定义和对设计方案的修改。

三、系统实现、运行和维护

(一) 系统实现

系统实现是系统分析与系统设计完成以后系统开发中的又一阶段，系统实现的主要内容是将系统分析与系统设计阶段提出的方案说明书转换为一个完全可以操作的实际的信息系统。这一阶段的工作内容包括编程、测试和转换。

编程是把设计说明书转化为计算机软件的过程，提供了操纵机器的实际指令，形成系统的心脏。设计阶段完成的设计说明书里已经含有了关于文件、数据库、事务和报告的详细格式设计，在此基础上，就可以形成系统中每个程序的程序说明书，并将它们转换成具体的程序代码。

测试包括模块测试、系统测试和验收测试。对所有编好的程序都必须开展详尽彻底的测试以确定系统是否能产生正确的结果。在系统的项目规划阶段，往往总是低估了测试工作所需花费的时间。大约有50%的软件开发预算花费在测试上。测试是一项耗费时间的工作：测试用的数据要仔细地准备，结果要反复地检查，要修正系统。为确保系统测试的成功，开发小组与用户应共同做出一个系统的测试计划。该计划应包括上述各项测试的所有准备工作。

转换是用新的管理系统替代老系统的过程。可以采用四种转换策略：平行转换策略、直接转换策略、试点转换策略和分阶段转换策略。

在系统开发周期中，最耗费时间的活动通常是数据的转换。老系统的数据必须转换到新的系统上，通过人工转换或通过特殊的软件把老系统中的数据转换到新系统中，然后对转换后的数据进行仔细的验证，检查其正确性和完整性。

从老系统转换到新系统还要求对使用新系统的用户进行培训。在转换期间要写出培训和将来日常使用所需的详细文档和说明书，应从用户和系统技术人员的角度分别描述该系统是如何工作的。

（二）运行与维护

新系统安装完毕，转换完成以后，系统便投入运行。在此阶段，系统将由用户和技术专家来审查，以确定它在多大程度上满足了最初的目标以及决定是否需要做出一些修正和完善。为修正错误、满足新的要求和提高处理的有效性而在运行阶段对系统硬件、软件、文档所做的修改都被称为“维护”。

信息系统依据其规模、技术复杂程度、外部环境和要解决的问题不同而有所不同。针对这些不同的系统和它们不同的开发背景发展了不同的系统开发方法。

四、信息系统的价值评价

信息系统的建设需要一定的投资。在投资决策做出之前要对该项目进行评价，这必然面临如何评价一个信息系统的价值的问题。对一个公司来说，信息系统可能有几种不同的价值。

从财务上评价信息系统的价值是围绕投资回报的问题来考虑的，通常可归结为信息系统产生的效益是否能抵上开发信息系统的成本。评价时有许多财务模型可以使用。

从企业经营战略上考虑信息系统也有其价值。比如，增强企业的竞争能力，提高对顾客的服务水平。这些价值是难以定量计量的，但往往比财务方面的价值更重要，有时甚至直接影响着企业的生存。例如，不采用EDI系统的国际贸易公司将失去许多的贸易机会。

无形价值是信息系统具有的另一种价值。与节约成本、增加产量等有形价值相比，信息系统具有更多的无形价值。例如，计划准确性提高，企业灵活应变能力增强，市场反应速度加快，员工信心提高等。无形价值同战略价值一样也难以直接用货币量定量计算。

为了满足社会公众的需要或为了满足政府的有关规定而建立的信息系统，体现了另一种非商业性的价值。例如，向管理部门提供的电子报表、地方的税务申报管理系统、环保检测系统等，这种价值在很大程度上体现出的是社会效益，并且常常带有某种强制性。

价值的多样性和多视角性，需要用多种不同的模型和方法来评估。如果考虑到某些价值能否实现的不确定性，还必须在评估中考虑风险因素。这一切使得信息系统价值的评估变得复杂而困难，需要综合运用多种方法，才能做出较正确的投资决策。

【复习思考题】

1. 什么是信息？什么是管理信息？管理信息的作用与特征如何？
2. 为什么管理信息系统的功能有哪些？
3. 为什么可以把一个新的信息系统看做是一个组织的有计划的组织变革？
4. 怎样利用企业分析法和关键成功因素法去导出信息系统的用户需求？
5. 说明信息系统可行性分析的主要内容。
6. 在系统开发中编程、运行和维护都起什么作用？
7. 讨论：

(1) 为什么说信息系统的设计不应该只由专业技术人员进行设计？

(2) 为什么信息系统的测试完成后经常需要重新设计？

(3) 在下面几种情况下，应采用哪一种转换策略？

A. 用于记录股票买卖的系统

B. 化工厂的过程控制系统

C. 有2000名学生的中学的考勤系统

D. 将10个分厂的总分类账进行汇总的会计系统

(4) “要了解组织信息的需求，只能通过对组织各个部门的详细调查研究，分析它们究竟是怎样使用信息的”，对这一说法进行讨论。

【本章案例】

百安居管理信息系统的建设

上海百安居装饰工程有限公司（以下简称“百安居装潢”）系世界500强企业之一翠丰集团下属百安居（中国）装饰工程企业，在创业之初即借鉴英国总部在全球零售系统所建立的先进的信息化管理系统，重视搭建数据基础平台，积极开展信息化建设；在公司的高速发展过程中，经过不断更新和完善，逐步形成了一套符合国情和公司特点的企业管理信息系统，在信息化建设方面居于行业领先地位。

1. 立足长远的信息化战略

百安居装潢选择了世界顶尖的SAP企业管理软件，成为国内第一家采用SAP系统的零售企业。通过实施SAP解决方案，公司的销售、服务和物流仓储（包括促销管理、自动补货、采购计划和配送管理、商品定价等）全面理顺，物流模块与财务管理控制模块完全集成，实现灵活的报表自动生成功能；企业的管理团队可以随时获得关于业务最新的、实时的和全面的信息，进而对业务过程实行了更有效的内部控制，企业整体管理水平和市场竞争力进一步得到提升。公司目前正处于高速发展时期，每家子公司的投资达到340万元人民币，主要用于设备、软件、网络布线和电话系统。

2. 符合企业实际的信息化管理体系

百安居装潢向顾客提供家居设计、施工管理、售后跟踪一条龙服务，根据业务特点和管理需要，公司大力投入资金和人力积极建设信息化企业管理体系：

应用电子化设备、搭建信息化基础平台。百安居装潢建立了覆盖全国的、多层次的计算机网络系统，从业务接单、数码测量、设计预算、合同信息、材料购买、工程进度、竣工时间、决算信息到售后跟踪，实现全过程信息资源在机运行。

局域网络建设。公司于1999年成立之初，即应用Win NT网络支持和Norton防病毒系统，建立了稳定和安全的企业内部网络系统。员工可以随时通过网站获取系统方面的各种即时支持，查询到人力资源、行政、营运、市场、培训、战略发展等各个方面的最新信息，提交各种申请表格（如订票、维修、申购设备等），大大提高了工作效率和管理水平。公司建立了官方网站（网址http：//www.bnq.com.cn），用户可以浏览公司各方面咨讯、行业新闻、装修知识讲座、设计师介绍和优秀设计案例等内容，进一步拓宽了公司与顾客双向互动的沟通渠道。同时，公司支持正版软件，仅在设计软件方面的投资已经超过727万元人民币。

设计集成化系统。百安居装潢根据历年积累的项目资料，自主研发了具有公司特色的百安居装潢装饰设计图集系统。该系统精选100多套百安居优秀设计师的设计图纸、效果图、实景照片等资料；点击“公司简介”、“收费标准”和“业务流程”，顾客即可获取相关信息；接待人员根据客户需要，可通过“设计风格”、“房型”、“造价”等选择项方便地从系统中提取相关图库及造价信息供顾客选择。该系统为设计师、预算员提供了设计和预算参照，可大大提高服务质量和工作效率。目前，该系统在分部的试行过程中已经取得了良好的效果。

工程信息管理系统。百安居装潢目前每天在施工数达到2159户，全国各个分部与总部信息连网，所有的工程信息、材料购买、工程进度追踪、退货原因、供应商信息、产品价格、投诉处理等，均能够通过SAP系统及时反馈、汇总到总部，构成统一的数据平台，为企业的生产、经营、管理、决策提供充分、可靠的依据。

发展电子商务。百安居装潢独立网站于2003年11月8日正式开通网上订单业务。顾客足不出户就可以清楚地了解到百安居装潢的业务操作流程、提交网上订单、完成样板房参观预约。通过在线服务，公司减少中间环节，为顾客提供更加先进、便捷的服务平台，也进一步扩展了销售渠道，为以后的电子商务积累着宝贵的运作经验。

充分利用信息技术来提升公司的运营和管理水平、增强公司的综合实力，成为百安居装潢强大的竞争优势。2003年百安居装潢的销售业绩突破6亿元，比2002年3亿元的销售额翻了一番，在全国建筑装饰行业中继续处于领先地位，并凭借过硬的管理水平荣获英国BSI颁发的ISO9001质量管理证书。

资料来源：孙治山．百安居危机．中国物流，2007（7）．

案例思考题

1. 百安居管理信息系统建设有哪些成功经验？
2. 你对百安居管理信息系统如何进行价值评价？

第十八章　企业管理创新与变革

【教学目的与要求】 明确创新与管理创新的概念与特点；认识管理创新的作用；了解管理创新的领域与内容；掌握管理创新的基本原理；熟悉管理创新的方法与组织；把握知识经济下的管理变革与发展的趋势；对知识联盟、柔性组织、第五代管理、企业再造等内容有更深刻认识。

当前，我们正生活在一个充满变化的时代，变化是这个时代的基本特征。这个时代唯一不变的是“变化”，创新层出不穷，创新无所不在，无处不在。不仅如此，创新正以超速度在改变着我们的生活和生存方式，并正以锐不可挡的势头蓬勃发展，世界因此出现翻天覆地的变化。在这个以知识为基础、以对知识资源进行优化配置为主的“新经济时代”，创新是其基本的特征。网络是新经济的主力，而将网络和生产手段相结合，发展出创新的企业运作方式，正是不少企业得以创造高获利产品的重要原因。

第一节　管理创新概述

管理创新，是指按照现代企业制度的要求，放弃传统的管理模式及相应的管理方式和方法，创建新的管理模式及其相应的方式方法，通过改变原有的生产函数，或建立起新的函数，从而在要素不变的情况下，提高产出水平，或者在用较少要素投入的条件下，获得同样高的产出水平。

管理创新带有“整合”的特征，从这一角度出发，管理创新是一种新的更有效的整合范式，这种范式既可以是新的有效整合资源以达到企业目标和责任的全过程管理，也可以是新的具体资源整合以及目标体系等方面的细节管理。在此应提出的是，管理创新有双重含义，即管理的创新及创新的管理。因此，可以说管理创新就是根据客观规律和现代科技发展的态势，在有效继承的前提下对传统的管理进行改进、改革、改造和发展。创新管理就是指对各种创新活动的组织及创新过程的管理。创新是一个系统，是一个过程，创新有风险，为提高创新的成功率，创新活动过程需要加强组织管理。

管理创新对现代企业的发展具有重要的作用。

一、管理创新是现代企业生机和活力的源泉

这是由管理创新内在的功能和作用决定的。

（一）管理创新是企业在内外因素作用下的一种自觉的“内功修炼”

它通过对管理的观念、体制、方法、手段的变革和更新，使企业的管理不断地完善和健全，从而增强企业解决问题的能力，增强企业抵御风险的能力和对市场的应变能力，提高企业的市场竞争能力和整体经济效益水平。

（二）管理创新具有整合功能

它通过对模式、管理体制的变革和革新，自觉地扬弃陈旧的东西和阻碍企业发展的消极因素，最大限度地吸纳积极因素，形成企业的凝聚力和向心力，向着企业的目标迈进。

（三）管理创新具有约束功能

任何创新体制之下的管理模式、管理制度、管理体制都是开放式的，特别是它的用人制度、分配制度和考核制度都是公开的，也是公正的。这种体制下，积极的、健康的、美好的、善的东西将得到张扬，而那些不健康的、消极的、腐朽的思想和行为则无处藏身，因而弃恶从善、追求进步将成为人们的自觉行为。

（四）管理创新具有激励员工的作用

管理创新的根本任务之一，就是要激发企业员工劳动的主动性和创造性。管理创新通过对企业人才、资本等要素的重新整合，通过对管理体制、管理制度特别是分配投诉调整，使其达到最合理的状态，让能者有用武之地，使庸者自奋，从而激发企业员工以主人翁的意识，认真负责并创造性地做好每一项工作。

二、管理创新是企业不断发展的动力

工业生产能力过剩是一个世界性的普遍现象，买方市场已全面形成。面对这样的一个过剩时期，企业再靠数量式的扩张和发展已没有多少市场空间，没有了市场，企业的发展也就受到了限制。企业发展的机遇在于市场，在于企业谋求市场领先。市场领先的核心是企业提升其市场竞争优势，而企业获得竞争优势的基础在于创新。由于人的偏好、技术、产品、市场等变动的永恒性质，与这些因素相关的管理方式方法的效率只能在相对意义上理解。换言之，一旦

引进时间概念，就不存在一成不变的最佳的、最有效率的管理。这就要求企业不断追求更加卓越的管理，而这只能通过管理创新才能实现。

经济学大师熊彼特对资本主义运作曾经做过深入的观察。他认为，“创新”是资本主义经济飞跃向前的主要原因。不论是何种形式的创新，都能为企业带来巨大的利润。据美国联邦储备委员会的调查，美国近年来经济增长的动力，有2/3来自于创新；此外，企业在创新上支出比重也越来越高。创新带来了企业快速成长，也带来了营运成本的下降。

近代最具代表性的一次管理创新是现代股份公司兴起，它实现了“所有权与管理权的分离”，这种分离导致管理等级制成为现代工商企业的一个显著特征，其管理创新的主要目标是试图设计一套规则和服从程序以降低交易费用。因为随着现代化大生产的兴起、专业化和劳动分工程度的提高，导致生产过程中交换次数的指数倍增，大量的资源耗费到了交易费用上。大公司出现的必然后果是经理阶层的职业化和科层式管理方式的引入，从而实现了人类历史上最伟大的一次管理创新。

三、现代科技的进步给管理创新带来压力和可能

技术的进步使得规模经济效应成为可能，从而增加了对管理的需求和依赖，同时也为管理创新提供了新的物质基础和工具，如电子计算机和信息技术的发展，使得新的管理方法成为可能，CIMS、ERP、MIS等，大大提高了管理的效率和对产出的贡献率。

【案例18-1】

绝大多数人把亨氏公司与婴儿营养奶粉、营养米糊联系在一起，认为它是一个婴儿食品公司。其实不然，婴儿食品只是亨氏公司诸多生产部门中的一个，甚至是一个比较小的部门。如果你向美国人问起亨氏公司的产品，他会如数家珍一一道来：番茄沙司、罐装金枪鱼、青豆罐头、醋、泡菜……因为亨氏公司的产品已渗透到美国人的每一间厨房、每一张餐桌，成为美国人生活的组成部分。除了南极洲外，亨氏公司的分公司和工厂遍及世界各地，是一个年销售额高达60亿美元的超级食品王国。从20世纪80年代开始，越来越多的公司进入食品市场。这些后来的公司虽然不能推倒亨氏公司的霸主地位，但它们的产品逐渐挤进了亨氏公司以前独占的领域，使公司的销售额下降了10%，利润下降了15%。面对这种群狼斗恶虎的局面，公司总裁奥赖利提出了“一分一厘做文章”的经营思想。例如，亨氏公司把包装用玻璃瓶的瓶壁变薄，

既减少了包装成本又减少了运输成本，去掉瓶子背面的标签；对工厂排放的热能和废水重新利用……新闻界把亨氏公司的这种做法形象地称为“从骨头里省出了肉钱”。仅免去瓶子背面标签一项就为公司节约了700万美元。

第二节　管理创新的领域与内容

现代企业管理创新领域是指现代企业在管理方面可以创新或应该创新的领域。创新总的可分为思想观念创新和实际创新两大类。实际创新又可分为生产力创新和生产关系创新。生产力创新主要包括原材料、生产工具及生产工艺的技术创新和劳动者人才的创新。具体有管理制度、经营机制、销售市场等的创新。管理也是生产力，所以生产力创新中包括管理创新。而广义地讲生产关系创新都是管理创新。下面对企业管理创新的主要领域和内容进行介绍。

一、观念与思路的创新

观念即思想认识，是人们对客观世界的理性思维的结果产生的概括印象、形成的看法、认识及觉悟等。观念是不同行为存在与相互区别的依据，是衡量比较事物行为的标准，是管理文化中最核心的内容。观念一旦形成但会对人的行为有导向，驱动和制约作用。

观念创新就是适应客观世界的发展变化，科学准确地认识把握客观变化规律与发展趋势，以正确的方式及时构建新的思维、新的观念与新的思想。观念创新是人们适应客观世界发展变化的能力表现。其着眼点不仅是适应客观世界的变化，更在于预见发展变化的未来趋势，有超前的意识领先潮流。

（一）观念创新的导向作用

观念属文化，管理观念是组织经营管理活动的理念、认识、思维和思想的总称，对整个管理活动起导向作用，从而引导带动事物向预定的目标方向发展。观念具有主观性、动态性、能动性和层次性特征。观念创新，对事物才有新认识，形成新观念，才能形成适应环境变化的价值取向，才能对管理创新进行策划，并努力去实现。管理创新首先要有观念创新，中国与发达国家的差距、中国西部与东部的差距是多方面的，但首先是观念上的差距。

（二）观念创新系统

观念创新就意味着观念要适应客观世界的变化。观念创新包括一系列新观念，构成一个观念系统。

1. 以人为本观念

世间一切最重要的就是人，创新也是如此，离开了人一切创新都毫无意义，离开人也无法创新。只有以人为本，创新才有明确的目标与方向，才能成功实现创新。以人为本的观念，就是管理的基本观念及基本原则、方法都要从人出发以人为核心，以人为目的而取舍。为此，就要尊重人的价值，满足人的需要，提高人的素质，研究掌握人的规律，激励人的积极性和创造性。

这时所讲的人是广义的，不仅有组织内的职工还有社会的服务对象，即顾客至上的观念。

2. 改革开放的观念

中国长期受封闭集中的计划经济体制的束缚，形成了几十年一贯制的思维习惯及一定程度的思想上的保守僵化。只有改革开放，打破常规，充分发挥人的想象，才能使人的思想完全得到解放，与客观世界的变化相适应。

3. 明确目标的观念

做任何事都要有明确的目标，观念创新的目标会导致管理创新的成效。把握创新的目标是进一步发展社会生产力，为社会造福。具体目标则应明确且有限，发挥想象力并不是胡思乱想，考虑与环境的约束和自身条件的许可，制定切实可行的有限目标。

4. 主体观念

创新是人去做的，只有树立起人的主体观念，体现出人的价值，才能变消极为积极，变被动为主动。

5. 利益观念

社会的主体是人，一切要人去做一切又都是为了人。而人是有需求即追求利益的，这是世界上一切活动的根本动力所在。要正视人的利益，满足人的利益，并通过人对利益的追求，调动人创新的积极性与聪明才智。

6. 竞争协作观念

优胜劣汰是自然、社会的普遍规律。竞争以战胜对方为目的。完全竞争只适合于个人及小范围的创新，现实生活中需要大范围的综合性创新，这就需要多数人的集体智慧共同合作完成。创新要有竞争的观念，以调动人的积极性，更要有从长远大局考虑的合作协作观念，以避免恶意竞争，集中更多人的智慧。世界上创新的实践也证明了这一点。

7. 效率效益观念

市场变化知识更新速度加快，产品生命周期迅速缩短，这一切要求快速反应，为此要有时间速度即效率观念。我们所做的一切都应该有价值，即要有效益，所以要有效益观念。效率是效益的基础，效益是效率的前提。没有效率自然无效益可言，没有效益也就失去了意义，但效率决不是效益。为追求效率而增加成本、不讲质量是没有效益的，应该是追求最大效益前提下的最大效率的观念。

8. 规范的观念

没有规矩不成方圆，社会需要法律，市场要有秩序。创新要打破旧的过时的秩序规范，但更是为了建立新的秩序新的规范。首先创新要在法律的范围内进行，要有“游戏规则”，要遵守国家的大政方针、社会公德，要采用国际标准、国家标准，否则会造成混乱。另外创新成果的推广必须要有管理制度与规范。

9. 创造需求的观念

需求是人购买产品、努力工作，积极创造的基础与根本所在。被动地适应市场满足需求还远远不够，挖掘需求、创造需求才能引导潮流。创造需求要靠推销。

10. 信息知识观念

信息技术的飞速发展，知识的爆炸、网络向社会生活各个方面的渗透，正日益改变着各种游戏规则及人们的工作生活方式。信息知识作为一种特殊的资源，作为一种生产力其作用日益突出，创新更是离不开信息与知识。要对信息知识进行管理，实现有效的交流共享进而整合升华创新。

11. 管理层次发展观念

随着科技的发展社会的进步，管理也不断深化发展提高，从低到高管理可分为不同的发展阶段不同的层次。有学者认为管理发展已经历了九个阶段，分别是经验管理、效率管理、成本管理、质量管理的初级阶段、柔性管理、知识管理、创新管理的中级阶段、文化管理、战略管理的高级阶段。

各层次各阶段之间并非绝然分开，而是相互交叉渗透、逐渐过渡的。另外，管理适应环境条件才有效，并不是阶段层次越高越好，而要根据组织内外的实际情况选择相应的管理，同时要注意创新要从低到高的方向逐步推动管理。

12. 创新无限的观念

客观世界的发展变化，决定了人的认识观念不断创新。环境变化无限、人的需求无限、科技水平发展无限、质量提高无限、服务改进无限，即客观世界发展变化无限，决定了创新无限。要根据环境条件的变化持续不断地创新。

现代企业在经营思路方面的创新具体要把握以下一些方面：（1）新的经营方针、经营战略；（2）新的经营理念及其推行；（3）新的经营策略；（4）

资本营运新思路；（5）新的方式方法。

经营思路的创新一旦实现就会成为企业致胜的法宝。福特汽车公司在20世纪初提出“让工薪阶层都拥有一部车”的新思路，不仅使福特汽车从此有了巨大的发展，也使得这一思路的实质——“价廉物美”、“薄利多销”的经营管理思想成为日后众多企业学习的榜样。

二、管理制度创新

企业组织制度是组织为实现既定目标及内部资源环境的协调，在财产关系、组织结构、运行机制及管理规范等方面一系列的制度安排。主要有产权制度、经营制度和管理制度。

制度属生产关系是上层建筑。体制、制度、政策有一定的能动性与惰性，因而一旦建立以后就有一定的稳定性，而且往往会超过其应存在的时间，唯有创新才能改变这种状况。制度创新就是改变乃至否定原有制度中过时的不适用的部分，建立新的制度体制，使之更有利于调动人的积极性、创造性发展生产力，使各种要素合理配置发挥最大效能。如通用的分权制、丰田的准时制及微软的几乎没有规范等都是制度的创新。对企业组织而言，管理制度的创新包括下列主要内容：（1）各类企业管理制度的创新；（2）管理制度的效用评价；（3）管理制度的制定方式；（4）系统化管理制度的创新等。

三、组织机构的创新

组织创新是指随着生产的不断发展而产生的新的企业组织形式。组织是对资源的一种配置方式，它包括对人力、物力与财力资源及其结构的稳定性安排。组织的基础是其目标的认同性，而这种认同必须建立在对其成员责、权、利关系的合理界定上。

组织创新的类型有三种：市场交易型（A型）、行政指令型（B型）和混合型（AB型）（指市场交易与行政手段相结合）。A型组织的创新主要依靠个体利益的诱导；B型组织创新主要依靠权力的驱动；AB型创新介于其中，它广泛存在于组织与市场共存的相互作用体系中。组织创新在不同经济体系下有不同的主导形式，其完成的手段归结为三个：兼并、分割、创建全新组织。组织机构方面的创新主要有以下一些具体方面：（1）组织机构的基本形态的发展；（2）部门机构职责、权限的发展；（3）集权分权的新方式；（4）组织机构中信息网络重构；（5）组织机构中人际关系安排等。

四、管理风格和手段创新

管理风格和手段直接涉及企业资源的有效整合。第二次世界大战后，许多管理学家和企业家把当代科技成果引入企业管理，发展了许多“现代管理方法”，如线性规划、价值工程、全面质量管理、预测技术、决策技术、可行性分析技术等。这些方法的产生对企业有效整合资源产生效益起了相当的作用。管理方式方法创新包括以下几个方面：（1）新的领导风格；（2）对人的管理的新发展；（3）生产、经营、服务等方面的管理方法的发明；（4）新的管理手段；（5）企业生产组合的创新等。

五、管理模式创新

结合企业的特点创造出全新的管理并获得成功，这就是管理模式的创新。这是对管理模式大的方面的理解，管理模式的创新实际上还可以在企业某一方面做出，如生产管理模式、财务管理模式等方面的创新。管理模式的创新可以有以下几个方面：（1）企业管理综合性创新；（2）企业管理某一方面的综合性创新；（3）综合性管理方式方法的创新；（4）管理方法手段的综合性创新等。

六、组织文化创新

文化管理是现代管理的高级阶段。组织文化通过员工的价值观与企业组织价值观的高度统一及独特的管理制度、体制和行为规范来提高管理效率。文化是企业行为管理的深层基础。

组织文化形成创新动力机制、运行机制并使之高效运转。要提高管理的水平层次，文化必须不断发展提升创新。创新是组织文化的重要支柱，文化创新是组织文化的根本特征，是其他创新的基础、前提与根本动力，也是效率与效益的源泉。文化创新在于建立关心创新、尊重创新、支持创新并主动创新的创新文化。文化创新主要包括观念创新与行为规范创新。文化要随着时代的发展而不断创新提升，如从封闭保守到开放的创新，从平均主义到竞争再到双赢的创新。这包括自身文化的提升、外来文化的吸收及多文化的融合。

七、形象创新

市场经济是一种信誉经济，形象等无形资产的作用至关重要。形象创新成为企业竞争的重要方面。企业形象是企业在长期的生产经营活动中，给社会及内部职工留下的具体印象，有产品形象、管理者形象、职工形象、环境形象及营销形象等具体形象和公众的观察、记忆、评价等心理活动，对上述具体形象的抽象思维而升华的综合抽象形象，主要表现为信誉声望。

商誉是企业及其产品服务在社会公众心目中的形象，包括建立的业务关系、名声、特权、商标、品牌、专利权及特殊原材料的独家控制等。商誉在生产经营中具有推动力、组合力、凝聚力、增值力和竞争力等。

八、市场营销创新

（一）市场创新

伴随新技术的出现和新产品的开发，必然带来企业对新的市场的开拓和占领，继而引起市场结构的新变动和市场机制的创新问题。所谓市场创新是指企业从微观的角度促进市场构成的变动和市场机制的创造以及伴随新产品的开发对新市场的开拓、占领，从而满足新需求的行为。

市场创新包括创造市场和适应市场两方面。

（二）营销创新

产品只有通过营销才能进入市场被顾客消费。营销是为满足消费者和用户的各种需求以获得满意利润为目的，从事的与市场交易有关的经营销售活动。营销连着产品与市场，要使顾客接受产品服务，就必须不断有营销的创新。

营销创新主要有营销观念、思维模式、营销策略、营销渠道、方法、促销时机等方面的创新。产品要求新异价值要求适宜、分销渠道要求通畅、促销方式要求灵活，思维新奇、策划准确。

综上所述，对企业而言，各种创新都很重要。其中观念创新是前提，技术创新是核心，管理创新是基础，机制创新是生命线，制度创新是保证。制度、机制创新也可归为管理创新。

第三节　知识经济下的管理变革与发展

21世纪是知识经济的时代。工业经济正让位于创造性经济，传统经济价值观正经历彻底的变化，传统的竞争因素的重要性正在减少，智力附加值在产品价格中占的比重越来越大。“创造性破坏”是新经济的基本的特征，网络是新经济的主力，而将网络和生产手段相结合，发展出创新的企业运作方式，正是不少企业得以创造高获利产品的重要原因。

企业的变革是近20年来世界各国都在努力推行的运动。企业家们正试图以新的组织方式和运作方式来适应知识经济的环境。于是，基于知识经济时代的企业管理模式与方法应运而生。近年来，世界各主要发达国家正在发生以下主要的创新与变革的趋势，值得我们关注。

一、重视人力资本价值

以人为本建立在“自我实现人”假设之上，这是马斯洛人性假说的最高层。在这种假设基础上，许多企业进行了大胆探索与创新。比如美国萨洛维尔公司废除了工厂的等级制，发动员工广泛参与领导和管理计划，取消主管阶层，成立员工小组自行管理。又如沃尔玛公司实施的“工作内容丰富化”，一改过去生产线单调枯燥的操作和心理压抑，大大激发了员工的积极性和创造性。以人为本的管理方法能够大大改进管理绩效，这一点已被管理学家所认同。许多企业已认识到人力资本的重要，认识到在信息社会中人力资本将取代金融资本成为战略资源。人力资本的重要性使过去以财务管理为重心的管理体系必须进行改变，成为以人为本的管理体系。

二、柔性组织

柔性指适应变化的能力和特征。柔性组织是指有灵活性和可变的能力来于不同的事和适应不同的需求。有人认为这些柔性组织的最大特点是组织系统处于不断的变化之中，不像正规的企业有明确的上下级负责关系、明确的技术部门、明确的职责和权利。其实，这只是一个方面。柔性组织其实是一种二元型的组织系统。二元型组织系统的一部分类似传统标准结构中的基础组织单元，它提供一种稳定的机制，使雇员有很强的安全感和稳定感，但这一部分难免不适应变化的环境。而临时性、可变化的另一部分——暂时的项目组，针对各种项目开展工作。任务完成之后，这些项目组织便宣告解散。这意味着每个成员并非固定属于某一个项目小组，而且个人在项目小组中的角色也因为个人特长和项目需要而时常变化。这种二元结构，使企业既能保持一定的稳定性，又能为建立合适的组织作出有效、快速的反应。员工也能在不同的小组中发挥自己的特长，实现自身的价值。

现代企业已不再把组织机构看作一个刚性的东西，而是把它看作一个柔性的东西，一个有学习能力的有机体。因为，僵硬的组织机构已不再适应现代世界多变的状态。从刚性的组织机构到柔性的组织机构，再到学习性的组织机构本身就是企业管理创新的重要结果。

三、知识管理

知识管理是以增强组织竞争能力为目标的生产、加工、传播和利用知识（资源）的过程。知识是对信息的提炼和推理而获得的有用的结论。按照经济合作与发展组织（OECD）的定义，知识可分为四大类：知事（知道是什么）；知因（知道为什么）；知窍（知道怎样做）；知人（知道谁有知识）。前两类知识即事实知识和原理知识，是可表达出来的知识，亦称为显性知识；后两类知识即技能知识和人力知识，则难以用文字明确表达，亦称隐性知识。一般来说，显性知识相对易于管理，而隐性知识则较难管理。对显性知识的管理主要是编码化、数据库化，而对隐性知识的管理则主要是显性化。

国外学者将知识管理职能归纳为五个方面：

（1）外化。将员工头脑的隐含知识转化为可供共享的公司知识库中的知识。

（2）内化。从外部知识库中提炼知识进行过滤，从而为知识寻求者提供高度相关的知识，发现与特定需求相关的知识结构。

（3）中介。又称知识经纪，旨在实现知识拥有者和知识寻求者之间有效的知识传播，以使后者获取最切合其需要的知识。

（4）认识。是知识管理的终极目标，即在前三项功能的基础上对知识的运用和决策。

（5）评测。评估、量化和描绘组织知识资源及知识管理活动的业绩，是组织知识管理的一项重要职能。

现代企业的知识管理要遵循三条原则：一是积累原则。知识积累是实施知识管理的基础。二是共享原则。知识共享是组织员工能接触和使用公司的知识和信息。三是交流原则。知识管理的核心就是要在公司内部建立有利于交流原组织结构和组织氛围。一个组织要进行有效的知识管理，关键在于建立起系统的知识管理组织体系。

四、知识联盟

所谓知识联盟就是两个独立的公司按照一定的协议，由科技人员和经理层相互协作，共同开发研究、交流知识和信息，所得的成果由两公司分享。常用的获取知识和技术的方法是企业依靠自身实力进行开发和研制，但这样做成本往往非常高，而且未必能开发成功。通过在市场购买，往往是落后的信息或淘汰的技术。而企业真正需要的最先进知识和信息很可能被同行和对手垄断。为此许多公司创建了知识联盟，使自己能够获得其他组织的技能和能力，并且可以与其他企业合作创造新的能力。

知识联盟可以是战略上的，也可以是战术上的。战术上知识联盟仅仅作为一种组织手段，帮助公司克服通过市场联系和独自行动等传统方法来获取和创造交叉知识的困难，而战略上的知识联盟能够使一家公司在某个或者更多的方面扩展它的专长，改变公司的核心能力，甚至改变其产业竞争地位。知识联盟具有以下特征：

（1）学习和创造知识是联盟的中心工作。知识联盟有助于两个公司的专业能力相结合，以创造新的交叉知识；能使一个公司帮助另一公司建立技能和能力，这种技能和能力以后将有益于两家公司。

（2）知识联盟比产品联盟更紧密。

（3）知识联盟的参与者范围极其广泛。知识联盟能够使多方共享创造过程的经验知识，共同提高产品质量和市场份额。

（4）知识联盟比产品联盟具有更大的战略潜力。

知识联盟与产品联盟两者的区别是：产品联盟属于比较单纯的一种联盟，这种联盟中学习并不重要，得到产品、销售现存产品是最主要的目的；知识联盟在发展新产品的同时，参与者更加关注学习和创造新的能力和知识，这一点比获取短期利润或者一定的市场份额更为重要。

五、适应知识经济时代的管理模式——第五代管理

第五代管理理论的构建者是美国人查尔斯·萨维奇（Charles Savage）。他在1990年出版的著作《第五代管理》(*Fifth Generation Management*) 的序言中指出，自90年代以来，变化最大的是人们管理和领导企业的方式，计算机和联网的思维使过去许多深受欢迎的观念被废弃，并认为，工业时代魅力正在丧失，工业社会所遗留下来的等级制和直线式管理方法与计算机时代和网络技术不相符合，因此应进行变革。

“第五代管理”对应于第五代计算机概念，它是适应知识经济时代的一种管理方法。第五代计算机的关键是并行处理技术，它指的是多个处理器之间的联网工作。在并行处理中，两个或更多相互连接的处理器可以同时自理同一个应用程序的不同部分，然后将处理结果组合成一个完整的答案。另外，计算机网络化也使多任务工作方式成为可能，通过将分布式数据库联网，不同计算机处理器就可以并行处理多个应用程序。

第五代管理有三个重要概念，以适应知识经济时代的需要。

(1)“虚拟企业”，是指联合多个企业的才能和能力共同创造某项产品和服务的过程。

(2) 动态协作。指通过在公司内部或公司之间进行资源重组来把握和传递具体的市场机遇。

(3) 知识联网。指通过不断变化的、互利的方式联合各个企业的知识、经验、技巧和能力。

从现存的工业时代管理模式迈向知识经济时代早期，需要实现以下转变：(1) 从顺序命令链到并行网络化的转变；(2) 从命令和控制到集中和协调的转变；(3) 从职位权威到知识权威的转变；(4) 从顺序活动到同步活动的转变；(5) 从纵向交流到横向交流的转变；(6) 从不信任到信任和诚实的转变。

六、企业再造（reengineering）

企业再造是20世纪80年代初源于美国的一种企业变革模式，是美国主要工业企业在全面学习日本制造业全面质量管理（TQM）、精益生产（lean produce）、及时制造（just-in-time）、零缺陷（zero defect）等优秀管理经验的基础上发展出的一种全面变革企业经营，提高企业整体竞争力的变革模式。

企业再造也叫企业流程再造。按照企业再造概念的创始人汉默（Hammer）和钱皮（Champy）所下的定义：再造就是推倒重来。再造的实质就是通过对流程再造，将以职能为核心的传统企业改造成为以流程为核心的新型企业。

所谓流程，是指做事情的顺序。企业的流程，简而言之就是企业完成其业务获得利润的全过程；企业的流程再造，就是对这一过程的顺序进行重新设计塑造。企业再造的核心思想，即企业再造的两个不同层次的目标是：

(1) 对企业原有的业务流程的重新塑造，包括进行相关的资源结构调整和人力资源结构调整，使企业在赢利水平、生产效率、产品开发能力和速度以及顾客满意程度等关键指标上有一个巨大的进步，最终提高企业整体竞争力。

(2) 对企业业务流程的重新塑造，使企业不仅取得经营业绩上的巨大提高，更重要的是，使企业形态发生革命性的转变，其内容是：将企业由以职能为中心的传统形态转变为以流程为中心的新型流程导向企业，实现企业经营方式和企业管理方式的根本转变。

企业再造的最主要原则是：以流程为导向的原则、坚持以人为本的团队式管理、顾客导向，即再造的目的始终围绕将企业由过去的以任务为中心改造成为以流程为中心。以流程为中心的企业意味着企业形态的弹性特征，流程是直接面对客户需求的，随着市场的变化，流程也必须随时变化。这样企业才能与不断变化中的企业环境的要求相协调，见表 18-1。

表 18-1　　企业再造核心原则与传统企业原则比较

企业再造核心原则	传统企业原则
以流程为中心	以职能为中心
以人为本的团队式管理	以工序为基础的部门式管理
以顾客为导向	以成本为导向

(一) 以流程为中心的导向

要求企业必须做好四项工作：

第一，企业必须识别和命名它的各种流程。

第二项工作的关键步骤是要使企业中的每一个人都意识到这些流程以及它们对企业的重要性。清楚企业流程的投入、产出和相互关系。以流程为中心并不会改变人们所执行的任务，但它会改变人们的心理定势。

第三，重新设计企业流程体系。要实现以流程为中心，一个极其重要的方面就是打破职能框架，将这些破碎的流程重新组合起来，以一种全新的完整的方式运转起来。从另一角度而言，这种流程运营方式的转变，也有助于流程组织中的个人学会以新的流程的观点来看待企业的运营。

第四，流程管理的实现。确保流程是在发挥其潜力，寻找使流程得到改进的机会，并把这些机会变成现实。专注于流程是管理层首要和持续的责任。

(二) 团队式管理

传统企业所面临的相对静止的市场环境决定了细致分工的任务型管理是高效率的，传统企业中除了领导人以外，其分阶段思考问题的出发点是如何完成本职工作，衡量一个职员称职与否的标准也是他是否努力，是否能完成本职工作，而不用去关心顾客有什么反映，市场前景如何。以流程为中心的企业，每个人都关心整个流程的运转情况。在这里，企业领导者的角色是将主要流程编制在一起，要分配资源，还要制定战略，并要调动大家的积极性。

(三) 顾客导向

以顾客为导向，意味着企业在判断流程的绩效时，是站在顾客的角度考虑问题。企业存在的理由是为顾客提供价值，而价值是由流程创造的。只有改进为顾客创造价值的流程，企业的改革才有意义。顾客要的是流程的结果，过程与顾客无关，所以任何流程的设计和实施都必须以顾客标准为标准，以顾客为中心，这是企业再造的成功关键。

【案例 18-2】

2005 年 8 月，雅虎公司宣布同意支付 10 亿美元，并将旗下中国业务转让给阿里巴巴，以换取阿里巴巴 40% 的股权和 35% 的投票权。交易成功后，雅虎成为阿里巴巴最大的单一股东，并将获得合并阿里巴巴财务报表的权利。这桩并购对于雅虎中国来说是一桩非常划算的买卖。由于雅虎中国的发展不太理想，通过这种方式入主阿里巴巴，不仅可以盘活雅虎中国这块业务，同时还可以获得阿里巴巴现有的 500 万中小企业用户。对于把雅虎中国纳入旗下的阿里巴巴，则将成为国内互联网行业的巨无霸级企业：除了当当和卓越所在的 B2C 电子商务购物网站没有进入外，其余的行业均有涉足。雅虎是全球第一家提供搜索服务的互联网公司，此前其曾出资 20 亿美元收购四家搜索引擎公司，技术上并不比 Google 弱。雅虎品牌在全球所向披靡，但在中国的经历却颇为尴尬：做过门户，拼过搜索，更是经历几度易手，却始终没有冲上“第一集团”的位置。阿里巴巴 CEO 马云接管雅虎中国之后对其做了一系列“手术”，包括裁掉无线增值业务部门，雅虎中国首页三度“变脸”，内部人员培训整顿，等等。目前中国网商人数已经超过 2000 万，阿里巴巴希望为广大网商们搭建一个交流平台。

【复习思考题】

1. 管理创新的内涵是什么？企业管理创新的主要动力是什么？
2. 企业管理创新主要涉及哪些方面？企业中各类创新活动有何特点？
3. 管理创新的原理有哪些？并举例说明。
4. 管理创新的方法有哪些？其中管理创新的激励方法有何特点？
5. 为什么说“创新的本质是创造性地破坏”？你对这话如何理解？

【本章案例】

联想集团的组织变革

联想集团总喜欢把自己比喻成一条船，在暴风骤雨的市场环境中不断自我调整，适应变化的环境。联想集团的发展与壮大是物竞天择、适者生存的商业生态环境下企业生存之道的最好例证。其组织结构经历了三个重要的变化：平底快船模式、大船模式、舰队模式。

1. 平底快船模式

平底快船模式是联想创业阶段的体制模式。联想成立初期，公司主要是以贸易和服务积累资金，然后开发联想式汉卡。针对当时公司规模小、产品少、资金少、人员少和经营额小的特点，联想采用了非正规化、没有权力等级的简单结构，即所谓的“平底快船”结构，主要通过个人权威实行集权控制，即总经理直接领导，权力高度集中，以维持组织的灵活性和快速作出决策的能力。由于当时人员少、部门少，所以能保证彼此之间的沟通和信息反馈，领导也有能力和精力对为数不多的下级实施监督和控制。实践证明，平底快船模式适应了当时环境和企业发展战略的需要，促进了企业的发展。

2. 大船模式

联想通过几年的发展，完成了资本的原始积累，积累了上千万元的自有资金，人员和产品都大幅增加。柳传志看到中关村一些新兴企业因内部出现管理脱钩导致企业停滞不前的现象，深刻认识到：没有一支组织严密、战斗力强的队伍，企业就形成不了气候，也就无从谈起成就番事业了。在这种情况下，经过深思熟虑，联想提出了“大船模式”。这是联想集团的第一次结构大调整。

大船模式的特点就是“集中指挥，分工协作”。具体包括五个方面的含义：

(1) 集中指挥，统一协调。公司以开发、生产、经营三大系统为主体，围绕这三大主体，公司设置了一个决策系统、一套服务系统，实行人员统一调动、资金统一管理。企业内部实行目标管理和指令性工作方式，统一思想，统一号令。

(2) 各“船舱”实行经济承包合同制。1988 年，联想公司按工作性质划分各专业部，如业务部下设汉卡、微机、网络、小型机、CAD 工控、软件和资料等专业部，实行“船舱式”管理。任务明确，流水作业，按劳分配。

(3) 逐步实现制度化管理。从 1988 年起，公司开始建立和完善各种企业管理制度，如财务制度、“接口”制度、职工培训制度、干部聘用制度和库房管理制度等，有意识地进行规范化的企业管理，为创建大型外向型企业做准备。

(4) 实行集体领导。董事会下设总经理室，总经理室有四名成员，两个在香港，两个在国内，实行海内外统一指挥。公司非常重视领导班子的团结和表率作用。

(5) 思想政治工作与奖罚严明的组织纪律相结合。公司实行总经理室与职工对话制度，与职工及时沟通思想，交流感情。公司高度重视人的观念的转变和思想认识上的统一，关心职工的思想成长与切身利益，改善各种福利待遇并有意识地培养骨干队伍和年轻人才。同时，公司严格规定员工不许从事第二职业，不许吃回扣，不许收红包，不许利用工作关系牟取私利等。对表现优秀、做出贡献的职工给予奖励，对犯错误或违反纪律的职工给予批评、扣奖金、退交人事部甚至开除等处罚。

大船模式的实行，使联想集团在社会上产生了良好的影响和声誉，赢得了广大用户的信任，取得了国家各部门的支持。大船模式使联想人开发出了一系列高技术拳头产品，并逐步形成技、工、贸、信息、服务五位一体的产业结构，增强了企业的竞争能力和抗风险能力，也为联想培养了大量的外向型企业管理人才。

3. 舰队模式

面对国际电脑市场的极大冲击，柳传志等联想人明显感觉到大船模式的管理结构已严重影响到联想的发展。为了适应新的市场环境，联想果断地进行了新的结构调整，决定成立微机事业部，把联想电脑的研发、采购、生产、销售、服务全部环节都统一管理起来，并制定了以市场为导向、以市场为龙头的战略，向事业部充分放权。从此联想的管理模式由大船模式转变为舰队模式，实现了生产力的又一次解放。正是在这一正确战略的指导下，联想的销量迅速增长。以后几年的销量和利润持续保持在100%以上的增长速度，实现了联想的腾飞。

资料来源：孙健，王东．中国四大企业的管理模式．北京：企业管理出版社，2007.

案例思考题

1. 不同时期的市场环境对联想集团的组织结构提出了什么样的要求？

2. 联想集团组织结构变革的指导思想是什么？

主要参考文献

1. 加里·德斯勒．人力资源管理．北京：中国人民大学出版社，1999.

2. 韦恩·蒙迪，罗伯特·M. 诺埃．人力资源管理．北京：经济科学出版社，1998.

3. 罗宾斯．管理学（第四版）．北京：中国人民大学出版社，1997.

4. 赵曼．人力资源开发与管理．北京：中国劳动社会保障出版社，2002.

5. 陈文安，穆庆贵．新编企业管理．上海：立信会计出版社，2003.

6. 高程德，张国有．企业管理．北京：企业管理出版社，1996.

7. 李自如．现代企业管理学．长沙：中南大学出版社，2002.

8. 陈朝阳，林玉妹．中国现代企业制度．北京：中国发展出版社，2002.

9. 陈晓剑．企业管理创新图解．合肥：中国科学技术大学出版社，2000.

10. 邵一明，马嫣．现代企业管理．上海：立信会计出版社，2001.

11. 王文章，林友孚，郭礼江．现代企业管理概论．武汉：湖北科技出版社，1995.

12. 刘侃．企业管理原理．北京：经济管理出版社，2000.

13. 周三多，陈传明，鲁明泓．管理学．上海：复旦大学出版社，1999.

14. 郭跃进．现代企业制度概论．武汉：湖北科技出版社，1997.

15. 徐二明．企业战略管理．北京：中国经济出版社，1998.

16. 德鲁克．管理：任务、责任、实践．北京：中国社会科学出版社，1987.

17. 波特．竞争优势．北京：中国财政经济出版社，1989.

18. 彼得·圣吉．第五项修炼．上海：上海三联书店，1994.

19. 帕斯卡尔，阿索斯．日本的管理艺术．北京：科学技术文献出版社，1987.

20. 孙非．组织行为学．大连：东北财经大学出版社，2003.

21. 关培兰．组织行为学．武汉：武汉大学出版社，2001.

22. 加雷思·琼斯，珍妮弗·乔治，查尔斯·希尔．当代管理学．北京：

人民邮电出版社，2003.

23. 加里·德斯勒．人力资源管理（第六版）．北京：中国人民大学出版社，1999.

24. 韦恩·蒙迪，罗伯特·M. 诺埃．人力资源管理（第六版）．北京：经济科学出版社，1998.